T0335607

Xpert.press

Weitere Information zu dieser Reihe finden Sie auf
http://www.springer.com/series/4393

Die Reihe **Xpert.press** vermittelt Professionals
in den Bereichen Softwareentwicklung,
Internettechnologie und IT-Management aktuell
und kompetent relevantes Fachwissen über
Technologien und Produkte zur Entwicklung
und Anwendung moderner Informationstechnologien.

Jürgen Lemke

C++-Metaprogrammierung

Eine Einführung in die Präprozessor- und
Template-Metaprogrammierung

Springer Vieweg

Jürgen Lemke
Hilchenbach, Deutschland

ISSN 1439-5428
Xpert.press
ISBN 978-3-662-48549-1   ISBN 978-3-662-48550-7   (eBook)
DOI 10.1007/978-3-662-48550-7

Die Deutsche Nationalbibliothek verzeichnet diese Publikation in der Deutschen Nationalbibliografie;
detaillierte bibliografische Daten sind im Internet über http://dnb.d-nb.de abrufbar.

Springer Vieweg

Gedruckt auf säurefreiem und chlorfrei gebleichtem Papier

Springer-Verlag GmbH Berlin Heidelberg ist Teil der Fachverlagsgruppe Springer Science+Business Media
(www.springer.com)

Dieses Buch widme ich meiner Frau Heike sowie unseren Kindern Annelie, Frieda und Torsten.

Vorwort

Kann man eine Programmiersprache wie C++ mit seinen Templates komplett beherrschen? Selbst Bjarne Stroustrup, der Erfinder von C++, musste sich vom Template-Mechanismus der Turing-Vollständigkeit eines Besseren belehren lassen. Auf dem C++-Standardisierungstreffen 1994 in SanDiego präsentierte Erwin Unruh zum ersten Mal ein rekursives C++-Metaprogramm zur Berechnung von Primzahlen.

Gibt es heute noch Grenzen von C++, wo liegen sie und was ist mit C++ möglich bzw. unmöglich? In meiner Arbeit mit C++-Schnittstellen (Interfaces) wurde ich mit der Behauptung konfrontiert, dass sich atomare (native) C++-Strukturen nicht automatisch innerhalb der Programmiersprache generieren lassen, im Gegensatz zu managed Strukturen von Java, C# und C++/CLI. Weil ich diese Aussage so nicht im Raum stehen lassen wollte, beschäftigte ich mich intensiv mit der Metaprogrammierung in C++. Das Ergebnis ist ein Konzept zur automatischen Generierung von atomaren Strukturen, einschließlich deren Serialisierung und Visualisierung, sowie eine große Sammlung von Template-Metafunktionen.

Doch wie kann nun der neue Stoff dem Leser vermittelt werden? Ein Nachschlagewerk für die C++-Metaprogrammierung zu schreiben ist kaum möglich, da die Metaprogrammierung stärker mit Programmiertechniken als mit C++-Sprachstandards verbunden ist. Eine Beschränkung auf die Darstellung von Programmiertechniken schränkt wiederum den Leserkreis zu stark ein, da bestimmte Vorkenntnisse der Präprozessor- und Templateprogrammierung vorhanden sein müssen. Aus diesem Grunde versuche ich einen Spagat zwischen beiden Ansätzen zu erreichen.

In den ersten Abschnitten des Buches werden die Grundlagen in Form eines Nachschlagewerkes sowohl für den Präprozessor als auch für den Templatemechanismus beschrieben. Diese Beschreibung zielt bereits auf die spätere Verwendung in der Metaprogrammierung ab, sodass diese Abschnitte in der Beschreibung der Grundlagen bereits deutlich umfangreicher sind, als sie in Standard C++-Büchern sein können. In den weiteren Abschnitten werden dann Programmiertechniken und Anwendungsbeispiele vorgestellt, die auf die Grundlagenabschnitte aufbauen. Viele dieser Beispiele und Techniken ziehen sich dann wie ein roter Faden durch das gesamte Buch.

Bei der Untersuchung von Laufzeitfehlern fällt häufig auf, dass eigentlich schon der Compiler auf bestimmte Fehler hätte aufmerksam machen müssen, weil alle Informationen bereits zur Kompilationszeit zur Verfügung standen. Leider gehen zum Beispiel Längeninformationen von Feldern oder Typinformationen von Objekten bei der Parameterübergabe in Funktionen verloren. Mit Templates lassen sich solche Informationen in andere Programmcodes übertragen. Ein Schwerpunkt der Metaprogrammierung liegt daher auch in der Erzeugung von sicherem Programmcode.

Der interessierte Leser wird nach dem Studium des Buches einen erweiterten Blickwinkel auf die Möglichkeiten des C++-Compilers, der Sicherheit und der Effizienz von Programmcode erhalten. Er wird schon vor dem eigentlichen Schreiben von neuem Programmcode tiefergreifende Überlegungen anstellen, welche Programmteile generiert und welche Teile bereits zur Kompilationszeit erledigt werden können.

Auch dem .NET-Anwender steht die C++-Metaprogrammierung mit seinen Templates, über die erweiterte Programmiersprache C++/CLI, zur Verfügung. Damit können .NET-Anwendungen im Hinblick auf ihre Laufzeit beschleunigt werden. Mit Hilfe von Generatoren ist es leicht möglich, Strukturen nach .NET zu konvertieren und die Daten von unmanaged zu managed Objekten zu kopieren bzw. zu konvertieren.

In der vorliegenden Arbeit dreht sich aber nicht alles nur um die reine Metaprogrammierung. Das ist auch kaum möglich, denn die Metaprogrammierung ist immer auf Hilfsklassen angewiesen. Gerade dieses Zusammenspiel soll dargestellt werden, um den Leser für eigene Ansätze zu inspirieren.

Hilchenbach, 2015   Jürgen Lemke

Inhaltsverzeichnis

Einleitung

1

Die Softwaretechnik ist einem ständigen Wandel unterzogen. Um heute effizient und wirtschaftlich Software entwickeln zu können ist es notwendig, einen großen Teil des Quellcodes aus allgemeingültigen Bibliotheken zu benutzen, um den kundenspezifischen Anteil möglichst gering zu halten. Software aus freien und tausendfach bewährten Bibliotheken, wie der Standard Template Library (STL) oder der Boost Bibliothek, sind dabei zu bevorzugen. Bei der Entwicklung von neuer Software sollte die erste Überlegung immer in Richtung einer allgemeingültigen Umsetzung gehen. So entstehen mit der Zeit Softwaresystemfamilien, die flexibel für unterschiedlichste Anwendungen eingesetzt werden können.

Auf die Entwicklung der Softwaresystemfamilien baut die generative Programmierung auf. Sie zielt dabei auf die nahezu automatische Erstellung von Softwaresystemen auf Grundlage der flexiblen Softwaresystemfamilien. Hierbei kommen vor allem Generatoren zum Einsatz, die auf Grundlage von Konfigurationswissen das Softwaresystem erzeugen.

Die Metaprogrammierung lässt sich wiederum als Programmierung des Generators auffassen, deren Ergebnis ein neuer Quellcode ist. Aber auch eine Erweiterung der Programmiersprache um neue Funktionalitäten oder optimierten Quellcode ist mit ihr möglich. Die griechische Vorsilbe *meta* steht dabei für *über* oder *hinter* und deutet auf eine übergeordnete Programmierung hin. Die hier vorgestellte C++-Metaprogrammierung beschreibt die Technik der Metaprogrammierung nur mit Mitteln der Programmiersprache C++ selbst. Hierfür stehen in C++ zwei unterschiedliche Mechanismen zur Verfügung, die Präprozessor- und die Template-Metaprogrammierung.

Die Präprozessor-Metaprogrammierung befasst sich mit dem Generieren und Einsetzen von Codesegmenten in den vorhandenen Quellcode vor dem Kompilieren. Es erfolgt dabei weder eine Typ- noch eine Syntaxprüfung, weshalb der Einsatz des Präprozessors auf diejenigen Einsatzfälle zu beschränken ist, die mit der Template-Metaprogrammierung nicht abgedeckt werden können.

© Springer-Verlag Berlin Heidelberg 2016
J. Lemke, *C++-Metaprogrammierung*, DOI 10.1007/978-3-662-48550-7_1

Die Grundidee der Template-Metaprogrammierung besteht darin, dass Templates während der Kompilationszeit ausgewertet werden und daraus erst der eigentliche Quellcode generiert wird. Sie kann wie eine Programmiersprache zur Kompilationszeit mit Verzweigungen, Schleifen und Berechnungen angesehen werden. Die Template-Metaprogrammierung von C++ wurde bereits intensiv erforscht. Mit dem neuen C++11-Standard wurden zudem viele Neuerungen, wie zum Beispiel variadische Templates (Templates mit einer variablen Anzahl von Argumenten), neue Schlüsselwörter wie *constexpr* und *static_assert*, sowie neue Metafunktionen in der Standard Template Library eingeführt, die die Metaprogrammierung weiter unterstützen. Aus Gründen der Abwärtskompatibilität ist es leider manchmal notwendig, auf einige der neuen Features von C++11 zu verzichten.

1.1   Ziel und Zweck des Buches

Das vorliegende Buch soll dem C++-Programmierer helfen, die Metaprogrammierung zu verstehen und die Vorteile für den täglichen Gebrauch zu erkennen. Das Buch bietet einen strukturierten Einstieg, für den Grundkenntnisse in C++ ausreichend sind. Es werden neben den Grundlagen der Präprozessor- und Templateprogrammierung Programmiertechniken und Beispiele vorgestellt, die das Grundverständnis für die Metaprogrammierung wecken sollen. Alle Beispiele sind kompatibel zum Standard C++98 es sei denn, sie sind explizit für den Standard C++11 gekennzeichnet.

Ein Schwerpunkt des Buches liegt in der Realisierung von sicheren und performanten Schnittstellen. Es wird in Kap. 5 gezeigt, wie Schnittstellen geprüft oder mittels Generatoren sicherer bedient werden können. In Kap. 8 wird ein mit Templates realisiertes Einheitensystem vorgestellt, bei dem die Einheitenrechnung bereits zur Übersetzungszeit durch den Compiler durchgeführt wird. Auch die Umsetzung von Bitfeldern mit Templates in Kap. 9 ermöglicht die sichere Benutzung von Bitfeldern in Schnittstellen.

Ein zweiter Schwerpunkt des Buches liegt in der effektiven Realisierung von Modulschnittstellen mit Hilfe der Metaprogrammierung. In den Kap. 6 und 7 wird gezeigt, wie Schnittstellen generiert und serialisiert werden können. Gerade die Verbindung zu einer beliebigen Datenbank oder einer graphischen Oberfläche machen den Einsatz der Modulschnittstellen sehr komfortabel.

1.2   Vergleich zur Codegenerierung außerhalb von C++

Gegenüber der Codegenerierung mit Generatoren und deren domainspezifischer Sprache (DSL) außerhalb von C++ bietet der Einsatz der Metaprogrammierung folgende Vorteile [1]:

- Es ist kein zusätzlicher Aufwand für das Erlernen einer neuen domainspezifischen Sprache bei einem verhältnismäßig eingeschränkten Anwendungsbereich erforderlich.

- Es besteht keine interne Bindung an den Entwicklungsstand der Generatoren.
- Es ist keine externe Bindung an den Anbieter der eingesetzten Softwaretools (zum Beispiel von Office-Anwendungen) erforderlich. Weiterhin fallen keine zusätzlichen Lizenzkosten an.
- Es besteht kein Zwang, den gesamten Sourcecode zu generieren. Es können jederzeit effizientere Alternativen oder andere Abstraktionsmöglichkeiten herangezogen werden.
- Der Anwender muss nicht ständig zwischen unterschiedlichen Sprachen und Entwicklungstools wechseln.
- Eine weitere Typspezialisierung oder Schnittstellenerweiterung ist schnell umsetzbar.

Gegenüber dem Einsatz von .NET-basierten Generatoren bietet die Meta-programmierung zusätzlich die folgenden Vorteile:

- Es ist keine Laufzeitumgebung auf den Zielsystemen erforderlich.
- Es gibt keine Performanceverluste durch das Umwandeln von Datentypen zur API von Betriebssystem oder Datenbanken.
- Die Softwaresysteme bleiben unabhängig vom Betriebssystem.

1.3   Syntax der verwendeten Beispiele

In C++ gibt es eine Reihe unterschiedlicher Schreibweisen und Programmierrichtlinien. Zum besseren Verständnis der Beispiele in diesem Buch sollen die wichtigsten verwendeten Schreibweisen vorgestellt werden.

Variablen werden groß geschrieben
Variablen sind Substantive bzw. eigenständige Namen und werden daher groß geschrieben. Der Name sollte so gewählt werden, dass er lesbar den Inhalt beschreibt, der auch ohne zusätzlichen Kommentar zu verstehen ist.

```
long  MaterialId;   // material id
char  Unit[16];     // unit
float Price;        // price in EURO
```

Variablen von Klassen beginnen mit dem Präfix m_ (engl. member variable). Damit kann die Zugehörigkeit einer Variablen zu einer Klasse leicht erkannt werden.

```
struct SMaterial
{
  long  m_MaterialId;   // material id
  char  m_Unit[16];     // unit
  float m_Price;        // price in EURO
};
```

Zeigervariablen beginnen mit dem Präfix p (engl. pointer).

```
SMaterial *pMaterial;
```

Wenn sich eine Zeigervariable gleichzeitig innerhalb einer Klasse befindet, dann wird das Präfix m_ zusätzlich vorangestellt.

```
SMaterial *m_pMaterial;
```

Globale Variablen beginnen mit dem Präfix g (engl. global).

```
const char gVersion[] = "version 1.00-02";
```

Enumeratoren beginnt mit dem Präfix e (engl. enumerator).

```
enum {eValue = 1};
```

In Metafunktionen wird der Enumerator häufig klein und ohne dem Präfix e geschrieben, um die stärkere Zugehörigkeit zu Funktionsnamen zu verdeutlichen (siehe Funktionsnamen).

```
// meta function for type information
template <typename T>
struct TypeInfo
{
  enum {isInt   = 0,
        isFloat = 0};
};
```

Funktionsnamen beginnen mit einem Kleinbuchstaben

Funktionsnamen sollten mit einem Verb beginnen welches beschreibt, was die Funktion macht. Sie werden daher klein geschrieben. Zudem erhöht die Kleinschreibung des Verbs die Lesbarkeit des Sourcecodes, weil sich somit Funktionen und Variablen deutlich voneinander unterscheiden lassen.

```
static const char* getNamespace();
void sort(int &Value1, int &Value2);
```

Klassennamen beginnen mit einem Präfix

Klassennamen beginnen immer mit einem Großbuchstaben als Präfix, welches den Typ der Klasse beschreibt. In der Tab. 1.1 sind für ausgewählte Klassentypen die Präfixe dargestellt.

Tab. 1.1 Überblick über den Präfix von Klassen

Präfix	Klassentyp	Deklaration
I	Interfaceklasse mit abstrakt definierten Funktionen	class
C	Klasse mit Konstruktor und Funktionen	class
S	Struktur nur mit Variablen, ggf. mit statischen Funktionen	struct
U	Union	union
T	Klassentemplate	template <typename T> class
E	Enumerator	enum

```cpp
// structure
struct SMaterial
{
  long  m_MaterialId;  // material id
  char  m_Unit[16];    // unit
  float m_Price;       // price in EURO
  ...
};

// class
class CMaterial
{
public:
  CMaterial(SMaterial *pMaterial) {}
  ...
};

// class template
template <typename T>
class TMatrix
{
  ...
};

// interface class
class IDBAccess
{
public:
  virtual ~IDBAccess() {};
  virtual bool open() = 0;
  virtual void close() = 0;
  virtual bool isOpen() const = 0;
  virtual bool execSql(const std::string &SqlStatement) = 0;
  ...
};

// enumerator
enum EDatabaseType
{
  eOracle,
  eMySQL,
  eSQLite
};
```

Das Präfix T als Kennzeichen für ein Klassentemplate wird manchmal als Gründen der Lesbarkeit weggelassen, wenn sich das Template im Namensbereich *tmp* für (template meta programming) befindet.

```
namespace tmp
{
    // static class for if condition
    template <bool Condition, typename Then, typename Else>
    class If
    {
        ...
    }
}
```

Makros bestehen nur aus Großbuchstaben
Makros werden durch den Präprozessor vor dem Kompilieren aufgelöst. Um sie von Funktions- und Klassennamen eindeutig unterscheiden zu können, bestehen Makronamen nur aus Großbuchstaben und zulässigen Sonderzeichen.

```
#define VERSION v3.02-13
#define PI 3.141592653589793
```

Englischer Sourcecode und Kommentar
Wie bereits in den oben aufgeführten Beispielen zu erkennen war, wird der Sourcecode und die Dokumentation in englischer Sprache geschrieben. Das erleichtert die Zusammenarbeit am Sourcecode mit ausländischen Mitarbeitern.

Verzicht auf Fehlermeldungen und Ausnahmebehandlungen
Der Sourcecode sollte zur Laufzeit sicher sein. Daher besteht ein realer Sourcecode aus einer Ausnahmebehandlung und zusätzlichen Ausgaben im Fehlerfall. Hierauf wird in den folgenden Beispielen der Einfachheit halber verzichtet. Es würde zudem die Lesbarkeit und das Verständnis der Beispiele stark einschränken.

Dokumentation für Dokumentationsgeneratoren vorbereitet
Die Dokumentation des Sourcecodes beginnt häufig mit drei Schrägstrichen ///, damit Dokumentationsgeneratoren den Sourcecode parsen und Informationen über die jeweiligen Variablen, Klassen oder Funktionen herausfiltern können.

```
/// structure SMaterial
struct SMaterial
{
  /// material id
  long  m_MaterialId;
  /// unit
  char  m_Unit[16];
  /// price in EURO
  float m_Price;
  ...
};
```

Verzicht auf die Darstellung der #ifdef Makros

In vielen Beispielen wird aus Gründen der Übersichtlichkeit auf die Darstellung der notwendigen *#ifdef*-Makros oder *#pragma once*-Direktiven in den Headerdateien verzichtet.

Kursive Schreibweise

Ein kursiver Name oder eine kursive Wortgruppe im Text deutet auf einen Text im Sourcecode des Beispiels hin. Daher ist dieser Text in der Regel in englischer Sprache.

Geschweifte Klammern

Jeder öffnenden und schließenden geschweiften Klammer wird eine separate Zeile spendiert. Der Sourcecode innerhalb der geschweiften Klammern wird eingerückt. Diese Schreibweise ist übersichtlicher und lesbarer als eine geöffnete Klammer am Ende der vorherigen Zeile.

```
struct SMaterial
{
  ...
};
```

Wenn innerhalb der geschweiften Klammer nur eine Zeile Sourcecode vorhanden ist, dann wird innerhalb von Headerdateien der gesamte Sourcecode in einer Zeile geschrieben.

```
class CODBCAccess : public IDBAccess
{
private:
  /// data source name
  std::string m_DSN;
  /// user id
  std::string m_UserId;
  ...
public:
  ...
  /// set data source name
  void setDataSource(const std::string &DSN) {m_DSN = DSN;}
  /// get data source name
  const std::string& getDataSource()         {return m_DSN;}
  /// set uer identification
  void setUserId(const std::string &UserId)  {m_UserId = UserId;};
  /// get user identification
  const std::string& getUserId()             {return m_UserId;}
  ...
}
```

Literatur

1. Wikipedia. 2014. Domänenspezifische Sprache. *Domänenspezifische Sprache*. [Online]. http://de. wikipedia.org/wiki/Domänenspezifische_Sprache. Zugegriffen am 03.05.2014.

Teil I

Grundlagen

C-Präprozessor

2

Der C-Präprozessor ist Bestandteil der Programmiersprache C und damit auch C++. Mit ihm ist es möglich, den Quelltext in einem ersten Übersetzungsschritt zu verändern, bevor der Compiler den daraus entstandenen Quellcode übersetzt. Nach Bjarne Stroustrup [1] sollten Makros in C++ nur benutzt werden, wenn es unabdingbar ist, denn sie demonstrieren eine Schwäche in der Programmiersprache selbst, im Programm oder beim Programmierer.

Bei der Metaprogrammierung gehen wir oft bis an die Grenzen des Machbaren von C++ und seinen Templates. In solchen Situationen bietet uns der Präprozessor häufig die einzige Möglichkeit, die „Schwäche der Programmiersprache" zu umgehen. So ist es beispielsweise mit Templates nicht möglich, den Namen von Variablen zu generieren. Aber auch zur übersichtlichen Darstellung von Sourcecode bietet sich der Einsatz des Präprozessors an. Der C-Präprozessor ist somit ein wichtiges Hilfsmittel der C++-Metaprogrammierung.

In diesem Kapitel wird gezeigt, dass der C-Präprozessor ein leistungsfähiges Werkzeug ist, um schnell Quellcode generieren zu können. Seine Einsatzmöglichkeiten werden dabei häufig unterschätzt. Mit dem Präprozessor lassen sich, wie bei Programmiersprachen auch, bedingte Verzweigungen und Schleifen realisieren. Leider können Makros nicht rekursiv aufgerufen werden, weshalb Rekursionen über Schleifen nachgebildet werden müssen. Weiterhin werden variadische Makros (Makros mit einer variablen Anzahl von Argumenten) vorgestellt, um den zu generierenden Quellcode übersichtlicher und allgemeingültiger definieren zu können. Schließlich wird gezeigt, dass auch einfache Grundrechenarten zur Übersetzungszeit realisiert werden können, um die Flexibilität der Makros weiter zu steigern. Zur Bestimmung von Primzahlen werden abschließend die vorgestellten Verzweigungen, Schleifen und Grundrechenarten in einem komplexen Beispiel zusammenfassend dargestellt.

© Springer-Verlag Berlin Heidelberg 2016
J. Lemke, *C++-Metaprogrammierung*, DOI 10.1007/978-3-662-48550-7_2

2.1   Einbinden von Dateiinhalten

Die sicherlich bekannteste Anweisung des C-Präprozessors ist die *#include*-Direktive.

```
#include <iostream>
```

Der Präprozessor durchsucht die Standardverzeichnisse des Compilers nach der in spitzen Klammern angegebenen Datei, hier im Beispiel *iostream*, und ersetzt die Zeile *#include <iostream>* mit dem Inhalt der Datei.

```
#include "Typelist.h"
```

Wird der Dateiname mit doppelten Anführungszeichen angegeben, durchsucht der Präprozessor zusätzlich das aktuelle Verzeichnis. Alle Header-Dateien eines Projektes sollten mit doppelten Anführungszeichen angegeben werden, um die Zugehörigkeit der Dateien zum Projekt zu verdeutlichen. Header-Dateien anderer Projekte oder Bibliotheken sollten in spitzen Klammern angegeben werden.

2.2   Einfache Makros

Makros werden mit der *#define*-Direktive deklariert. Die einfachsten Makros sind symbolische Konstanten und bestehen aus einem Makronamen (Makrosymbol) und einer Zeichenkette, die sich bis zum Zeilenende erstreckt. Ein Semikolon wird dabei wie ein Zeichen der Zeichenkette behandelt. Der Präprozessor ersetzt vor dem Kompilieren den Makronomen durch die Zeichenkette. Mit einfachen Makros kann der Sourcecode übersichtlicher und lesbarer gestalten werden.

```
#define VERSION v3.02-13
#define PI 3.141592653589793
```

Die Verwendung von Makros hat aber den Nachteil, dass beim Debuggen der Inhalt der Makrosymbole nicht sichtbar ist, da dieser im Quellcode bereits ersetzt wurde [2]. Für die Deklaration von PI und anderen konstanten Zahlen wäre es daher besser, diese als konstante Variable zu deklarieren.

```
const double Pi = 3.141592653589793;
```

Der Name von Makros sollte neben Zahlen und zulässigen Sonderzeichen nur aus Großbuchstaben bestehen, um sie von Funktionen deutlich unterscheiden zu können.

Es gibt bereits einige ANSI-C-kompatible vordefinierten Makros [3], die in der Tab. 2.1 dargestellt sind.

Zusätzlich stehen viele compilerabhängige vordefinierte Makros zur Verfügung. In der Tab. 2.2 werden einige wichtige Microsoft-spezifische vordefinierte Makros vorgestellt [4].

Tab. 2.1 Auswahl von ANSI-kompatiblen vordefinierten Makros

__DATE__	Kompilierungsdatum der aktuellen Datei
__FILE__	Name der aktuellen Datei
__LINE__	Zeilennummer der aktuellen Datei
__TIME__	Kompilierungszeit der aktuellen Datei
__STDC__	Liefert 1, wenn der Compiler sich nach dem ANSI C-Standard richtet

Tab. 2.2 Auswahl von Microsoft-spezifisch vordefinierten Makros

__cplusplus_cli	Definiert, wenn es sich um ein C++/CLI-Programm handelt, d. h. der Compilerschalter auf / clr gesetzt ist
_MSC_VER	Versionsnummer des Microsoft Compilers
_WIN32	Definiert für Win32 und Win64 Anwendungen
_WIN64	Definiert für Win64 Anwendungen

2.3   Makros mit Parametern

Ähnlich wie bei einem Funktionsaufruf in C/C++ können Makros auch Parameter in runden Klammern übergeben werden. In der *#define*-Anweisung ist zwischen dem Makronamen und der öffnenden Klammer kein Leerzeichen zulässig, da sonst das Makro als Makro-symbol mit dem anschließenden Text als Inhalt definiert wird (siehe Abschn. 2.2).

```
#define MM_TO_INCH(mm) (mm) / 25.4

#define CONVERT_C_TO_F(Celsius) (Celsius) * 1.8 + 32
#define CONVERT_F_TO_C(Fahrenheit) ((Fahrenheit) - 32) / 1.8
```

Die Parameter werden ohne jegliche Typüberprüfungen in das Makro substituiert. Dieses wird im folgenden Beispiel deutlich.

```
double Inch = MM_TO_INCH(This is not a number);
```

Durch die Parametersubstitution entsteht folgender Text:

```
double Inch = (This is not a number) / 25.4;// from Preprocessor
```

Die Parameter von Makros sollten grundsätzlich in Klammern gesetzt werden. Durch die Parametersubstitution entsteht beispielsweise mit dem gleichen Makro:

```
double Length = 50.8;                    // [mm]
double Inch   = MM_TO_INCH(Length + 25.4);  // [inch]
```

der folgende Quellcode:

```
double Inch   = (Length + 25.4) / 25.4;      // from Preprocessor
```

Ohne Klammersetzung sieht die Gleichung anders aus und führt demzufolge zu einem falschen Ergebnis.

```
#define MM_TO_INCH(mm) mm / 25.4
```

```
double Length = 50.8;                        // [mm]
double Inch   = MM_TO_INCH(Length + 25.4);   // [inch]
```

```
double Inch   = Length + 25.4 / 25.4;        // from Preprocessor
```

In einigen Fällen ist es notwendig, einem Makro einen Parameter zu übergeben, der in der Definition ein Komma enthält. Ein Beispiel hierfür wäre die Containerklasse *std::map*, dem zwei Templatargumente übergeben werden müssen.

```
#define SETTYPE(Type, String) Type String
```

```
SETTYPE(std::map<std::string, double>, m_MapValue);
```

Der Präprozessor gibt eine Warnung aus, dass zu viele Parameter dem Makro *SETTYPE* übergeben wurden. Weil das Komma in der Typdefinition fehlt, ist die Definition falsch und würde sich nicht kompilieren lassen.

```
std::map<std::string double>;   // from Preprocessor
```

Wird die Definition der Klasse *std::map* in runde Klammern gesetzt, erkennt der Präprozessor diese als ein Argument an und würde folgenden Code generieren, der sich auch kompilieren lässt.

```
SETTYPE((std::map<std::string, double>), m_MapValue);
```

```
(std::map<std::string, double>) m_MapValue; // from Preprocessor
```

Eine weitere Möglichkeit besteht darin, die Definition der Klasse *std::map* in ein separates Makro zu verlagern. Allerdings funktioniert das nicht bei den GNU Compilern.[1]

```
#define MAPTYPE(T1, T2) std::map<T1, T2>
```

```
SETTYPE(MAPTYPE(std::string, double), m_MapValue);
```

Der Präprozessor würde das Makro *MAPTYPE* als ein Argument dem Makro *SETTYPE* übergeben. Das Ergebnis ist ein korrekt generierter Code.

---

[1] gcc Debian 4.6.3.

```
std::map<std::string, double> m_MapValue;   // from Preprocessor
```

Bei geschachtelten variadischen Makros (siehe Abschn. 2.8) würde diese Lösung aber fehlschlagen, da das Makro *MAPTYPE* bereits substituiert wurde, obwohl noch weiteren Makros die Parameter übergeben werden müssen. Eine Lösung hierfür wäre eine Typdefinition mit *typedef*.

```
typedef std::map<std::string, double> MapType;

SETTYPE(MapType, m_MapValue);
```

Mit einer Typdefinition lassen sich die Kommaprobleme sicher beheben. Der Präprozessor erzeugt folgenden kompilierfähigen Code.

```
MapType m_MapValue;   // from Preprocessor
```

Die Makros mit Parametern bilden die Grundlage für die weitere Verwendung in der Metaprogrammierung, weil sie sowohl Typen als auch Bezeichner verarbeiten können. In den gezeigten Beispielen wurde durch das Makro *SETTYPE* sowohl der Typ *std::map <std::string, double>* als auch der Bezeichner *m_MapValue* verarbeitet. Das ist mit C- bzw. C++-Funktionen so nicht möglich. In den weiteren Abschnitten dieses Kapitels wird diese Fähigkeit der Makros noch weiter detailliert beschrieben.

2.4 Mehrzeilige Makros

Der C-Präprozessor erlaubt es, Makros über mehrere Zeilen zu definieren. Damit können lange und komplexe Makros übersichtlicher dargestellt werden. Mit dem \-Zeichen am Ende einer Zeile wird festgelegt, dass das Makro in der nächsten Zeile fortgesetzt wird. Für die Lesbarkeit des Makros ist es förderlich, die \ -Zeichen untereinander auszurichten.

```
#define OUTPUT(X, Y, Z)                       \
std::cout << std::setiosflags(std::ios_base::fixed) \
        << std::setprecision(4)               \
        << "x = "  << X                       \
        << ", y = " << Y                      \
        << ", z = " << Z                      \
        << std::resetiosflags(std::ios::fixed) \
        << std::endl;
```

Mehrzeilige Makros werden durch den Präprozessor als nur eine Zeile interpretiert. Dieses kann das Debuggen erschweren, da der Compiler im Fehlerfall nur eine Zeilennummer kennt.

2.5   Umwandlung und Bearbeitung von Zeichenketten

Makroparameter können mit dem #-Makrooperator im Ersatztext des Makros in eine Zeichenkette umgewandelt werden. Hierzu wird der Parameter in doppelte Hochkommata eingeschlossen. Im folgenden Beispiel definiert das Makros *SETNAME* eine statische globale Variable.

```
#define SETNAME(Name) extern const char Name[] = #Name
```

Mit diesem Makro können nun sehr einfach globale Variablen festgelegt werden.

```
SETNAME(MaterialId);
```

Der Präprozessor schließt die Zeichenkette *MaterialId* in doppelte Hochkommata ein.

```
extern const char MaterialId[] = "MaterialId";   // from Preproc.
```

Zwei Zeichenketten können mittels des ##-Makrooperators zu einer neuen Zeichenkette verbunden werden. Das Makro *SETNAME* wird hier erweitert, um das Präfix *g* der globalen Variablen voranzustellen.

```
#define SETNAME(Name) extern const char g ## Name[] = #Name
```

Der Präprozessor erweitert den Namen *MaterialId[]* zu *gMaterialId* und erzeugt somit die folgende Definition:

```
extern const char gMaterialId[] = "MaterialId"; // from Preproc.
```

Mit dem ##-Makrooperator können auch Verzweigungen realisiert werden. Im folgenden Beispiel wird in Abhängigkeit des Parameters *Flag* entschieden, welches der beiden Makros aufgerufen wird.

```
#define CONVERT_C_TO_F(Celsius) (Celsius) * 1.8 + 32
#define CONVERT_F_TO_C(Fahrenheit) ((Fahrenheit) - 32) / 1.8

#define CONVERT_TEMP(Celsius, Flag) CONVERT_ ## Flag(Celsius)
```

Das Makro verbindet die Zeichenkette *CONVERT_* mit dem Inhalt des Parameters *Flag*. Anschließend wird das entsprechende Makro herangezogen. Im folgenden Beispiel wird zunächst die Temperatur von 20 °C in Grad Fahrenheit umgerechnet und das Ergebnis dann wieder zurück in Grad Celsius.

```
double C   = 20.0;
double ToF = CONVERT_TEMP(C,   C_TO_F); // convert to Fahrenheit
double ToC = CONVERT_TEMP(ToF, F_TO_C); // convert to Celsius
```

Im ersten Schritt erzeugt der Präprozessor den Namen des Makros.

```
double C   = 20.0;
double ToF = CONVERT_C_TO_F(Celsius);   // 1. Step from Preproc.
double ToC = CONVERT_F_TO_C(ToF);       // 1. Step from Preproc.
```

Im zweiten Schritt wird dann das entsprechende Makro ersetzt.

```
double C   = 20.0;
double ToF = (20.0) * 1.8 + 32;         // 2. Step from Preproc.
double ToC = ((ToF) - 32) / 1.8         // 2. Step from Preproc.
```

2.6   Bedingte Ersetzung

Die Direktiven *#if*, *#ifdef*, *#elif*, *#else* und *#endif* ermöglichen es, Zeilen im Quelltext gezielt zu implementieren oder zu ignorieren. Im folgenden Makro wird eine statische globale Variable angelegt, wenn das Makrosymbol *DEF_GLOBAL_NAME* deklariert wurde. Andernfalls wird auf die globale Variable verwiesen.

```
#ifdef DEF_GLOBAL_NAMES
  #define SETNAME(Name) extern const char g ## Name[] = #Name
#else
  #define SETNAME(Name) extern const char g ## Name[]
#endif
```

Mit der *#if*- bzw. *#elif*-Direktive kann der Inhalt eines Makrosymbols ausgewertet und der entsprechende Quelltext implementiert werden. Im Beispiel wird die Fakultät der im Makrosymbol *NUM* zugewiesenen Zahl berechnet und ausgegeben.

```
#define NUM 4
#if NUM == 4
  std::cout << "The factorial of 3 is " << 1*2*3*4 << std::endl;
#elif NUM == 3
  std::cout << "The factorial of 3 is " << 1*2*3 << std::endl;
#elif NUM == 2
  std::cout << "The factorial of 2 is " << 1*2 << std::endl;
#else
  std::cout << "The factorial of 1 is " << 1 << std::endl;
#endif
```

Innerhalb von Makros ist es nicht zulässig die *#if*-Direktiven zu benutzen.

```
#define NUM 4

// wrong macro
#define FACTORIAL_OUTPUT std::cout \
<< "The factorial of NUM is "      \
#if NUM == 4                       \
1*2*3*4                            \
#elif NUM == 3                     \
1*2*3                             \
#elif NUM == 2                     \
1*2                               \
#else                             \
1                                 \
#endif                            \
<< std::endl
```

Um dennoch die *#if*-Direktiven innerhalb von Makros benutzen zu können, müssen neue Hilfsmakros mit den gleichen Namen innerhalb der *#if*-Direktive definiert werden, die dann von den Makros aufgerufen werden können. Im folgenden Beispiel wird das Hilfsmakro *FACTORIAL* angelegt, welches in Abhängigkeit des Makrosymbols *NUM* die Fakultät der Zahl definiert. Das Makro *FACTORIAL_OUTPUT* kann nun das Hilfsmakro aufrufen und die Ausgabe des Ergebnisses korrekt zusammenstellen. In den folgenden Abschnitten wird von dieser Art der bedingten Textersetzung häufig Gebrauch gemacht.

```
#define NUM 4

// correct macro
#define FACTORIAL_OUTPUT std::cout \
<< "The factorial of NUM is " << FACTORIAL << std::endl;

#if NUM == 4
#define FACTORIAL 1*2*3*4
#elif NUM == 3
#define FACTORIAL 1*2*3
#elif NUM == 2
#define FACTORIAL 1*2
#else
#define FACTORIAL 1
#endif
```

2.7   Iterationen mit Makros

2.7.1   Einfache horizontale Iterationen

Die Iteration mit Makros zielt hauptsächlich darauf ab, Codesegmente durch Wiederholung und Variation zu erzeugen. Eine einfache horizontale Iteration zur Berechnung der Fakultät einer Zahl bis 5 ist dem folgenden Beispiel zu entnehmen.

```
#define FACTORIAL_1 1
#define FACTORIAL_2 2 * FACTORIAL_1
#define FACTORIAL_3 3 * FACTORIAL_2
#define FACTORIAL_4 4 * FACTORIAL_3
#define FACTORIAL_5 5 * FACTORIAL_4

std::cout << "Factorial of 5 is " << FACTORIAL_5 << std::endl;
```

Das Makro *FACTORIAL_5* definiert die Multiplikation der Zahl 5 mit dem Ergebnis des Makros *FACTORIAL_4*. Diese wiederum definiert die Multiplikation der Zahl 4 mit dem Ergebnis des Makros *FACTORIAL_3* usw.

Für den Compiler sieht der sichtbare Quellcode so aus:

```
std::cout << "Factorial of 5 is " << 5*4*3*2*1 << std::endl;
```

Ein allgemeingültigeres Makro zur Berechnung der Fakultät einer Zahl benutzt den ##-Operator (siehe Abschn. 2.5). Der Inhalt des Parameters x wird dabei mit der Zeichenkette *FACTORIAL_* verbunden. Daraus entsteht das entsprechende Makro, welches zur Berechnung der Fakultät herangezogen werden soll.

```
#define FACTORIAL(x) FACTORIAL_ ## x
```

Die Berechnung der Fakultät von 5 sieht nun wie ein gewöhnlicher Funktionsaufruf aus.

```
std::cout << "Factorial of 5 is " << FACTORIAL(5) << std::endl;
```

Die Iteration lässt sich auch auf Makros mit Parametern anwenden. Im folgenden Beispiel wird die Potenz einer Zahl *x* berechnet.

```
#define POWER_1(x) x
#define POWER_2(x) x * POWER_1(x)
#define POWER_3(x) x * POWER_2(x)
#define POWER_4(x) x * POWER_3(x)
#define POWER_5(x) x * POWER_4(x)
#define POWER(x, y) POWER_ ## y(x)
```

Die Potenz 3^5 kann entweder mit dem Makro *POWER_5(3)* oder etwas allgemeingültiger mit dem Makro *POWER(3,5)* berechnet werden.

```
std::cout << "Power of 3 ^ 5 is " << POWER_5(3) << std::endl;
std::cout << "Power of 3 ^ 5 is " << POWER(3,5) << std::endl;
```

2.7.2   Iterationen mit #include

Es gibt noch weitere Iterationstechniken mit Makros, die ähnlich aufgebaut sind. So können die Iterationsschritte auch in einer separaten Schleifendatei ausgelagert werden, wobei jeder Iterationsschritt mit Hilfe einer *#if*-Bedingungen gezielt erreichbar gemacht wird.

Als Schleifenzähler dient das Makro *COUNT*. Zum Dekrementieren des Inhaltes des Makros *COUNT* wird die Hilfsdatei *CountDec.h* benötigt. Mit jedem Aufruf von *#include* *„CountDec.h"* wird der Inhalt von *COUNT* um eins verringert.

```
#if COUNT == 1
#undef COUNT
#define COUNT 0
#endif

#if COUNT == 2
#undef COUNT
#define COUNT 1
#endif

#if COUNT == 3
#undef COUNT
#define COUNT 2
#endif

#if COUNT == 4
#undef COUNT
#define COUNT 3
#endif

#if COUNT == 5
#undef COUNT
#define COUNT 4
#endif
```

Die separate Schleifendatei *Loop.h* führt nun die Iteration aus. Solange der Inhalt von *COUNT* größer als 0 ist, solange wird das Makro *CALL_MACRO* aufgerufen, andernfalls das Makro *CALL_MACRO_FINAL*.

```
#if COUNT == 0
CALL_MACRO_FINAL
#endif

#if COUNT > 0
CALL_MACRO(COUNT)
#include "CountDec.h"
#include "Loop.h"
#endif
```

Zur Berechnung der Fakultät von 5 muss der Inhalt von *COUNT* auf 5 gesetzt werden, sowie die beiden Makros *CALL_MACRO* und *CALL_MACRO_FINAL* definiert werden. Die Berechnung erfolgt nun durch das Einbinden der Schleifendatei *Loop.h*.

```
#define COUNT 5
#define CALL_MACRO(x) (x) *
#define CALL_MACRO_FINAL 1

  std::cout << "factorial of 5 is " <<
#include "Loop.h"
            << std::endl;
```

Die Schleifendatei *Loop.h* lässt sich nun für eine Vielzahl von Berechnungen verwenden. Im folgenden Beispiel wird die Potenz von 3^5 bestimmt.

```
#define COUNT 5
#define CALL_MACRO(x) 3 *
#define CALL_MACRO_FINAL 1

  std::cout << "Power of 3 ^ 5 is " <<
#include "Loop.h"
            << std::endl;
```

In diesem Beispiel ruft die Datei *Loop.h* sich so lange rekursiv selbst auf, bis der Zähler *COUNT* gleich null ist.

2.8   Variadische Makros

2.8.1   Einführung in variadische Makros

Variadische Makros sind Makros mit einer variablen Anzahl von Argumenten. Der Ellipsenoperator (. . .) in der Parameterliste gibt dabei an, dass an dieser Stelle die Anzahl der Argumente variabel ist. Auf alle variablen Argumente zusammen kann mit dem vordefinierten Makro _VA_ARGS_ (Abkürzung für variable arguments) zugegriffen werden. Der Begriff Argumente wird hierbei für tatsächlich auftretende Parameter verwendet [5].

```
#define PRINT(s, ...) printf(s, __VA_ARGS__)
```

Der C99-Standard [6] legt fest, dass mindestens ein variables Argument dem Ellipsenoperator zuzuordnen ist (siehe §6.10.3 Punkt 4). Wird ein variadisches Makro ohne variable Argumente aufgerufen, kann es beim Übersetzen zu einem Syntaxfehler kommen, weil die Parameterliste der Funktion mit einem Komma endet. Daher bieten einige Präprozessoren die Möglichkeit an, denn ##-Operator zu benutzen, der bei nicht vorhandenen variadischen Argumenten das Komma aus der Parameterliste entfernt.

```
#define PRINT(s, ...) printf(s, ## __VA_ARGS__)
```

Variadische Makros treten häufig in Verbindung mit variadischen Funktionen auf. Die sicherlich bekannteste variadische Funktion ist die Funktion *printf()*. Im folgenden

Beispiel wird gezeigt, wie mit Hilfe des variadischen Makros *LOG_MESSAGE* und der variadischen Funktion *print()* schnell eine einfache Loggingausgabe auf die Standardausgabe erzeugt werden kann. Nach diesem Prinzip können auch komplexere Ausgaben einer Fehlerbehandlung entwickelt werden.

```
#include <stdarg.h>

#define LOG_MESSAGE(id, s, ...) \
  Print(id, s " (file: %s, line: %d)\n", \
  __VA_ARGS__, __FILE__, __LINE__)

enum ErrorId{eInfo = 0, eWarning, eError};

void Print(ErrorId id, const char *Msg, ...)
{
  va_list list;
  va_start( list, Msg );

  switch (id)
  {
  case eInfo:
    printf("Info:    ");
    break;
  case eWarning:
    printf("Warning: ");
    break;
  case eError:
    printf("Error:   ");
    break;
  }

  vprintf(Msg, list);

  va_end( list );
}
```

Weil der Präprozessor das Makro dort ersetzt, wo es im Quelltext aufgerufen wird, kann mit den vordefinierten Makros *__FILE__* und *__LINE__* genau die Stelle beschrieben werden, an der die Fehlermeldung generiert wurde.

```
const char *pFilename = "Readme.txt";
...
LOG_MESSAGE(eError, "Cannot open file: %s",  pFilename);
```

2.8.2   Bestimmung der Anzahl der variablen Argumente

Es ist bei variadischen Makros oft sehr hilfreich zu wissen, wie viele Argumente dem Makro übergeben wurden. Diese Information ist für den Aufbau von Schleifen innerhalb der Makros sehr wichtig. Leider ist im Standard kein derartiges Makro vorgesehen. Mit Hilfe zweier bzw. dreier einfacher Makros ist es möglich, die Anzahl der Argumente dennoch zu bestimmen [7]. Im folgenden Beispiel werden dem Makro *VA_NUM_ARG* drei Argumente x, y und z übergeben.

```
char Count = VA_NUM_ARGS(x, y, z);
```

Das erste Makro *VA_NUM_ARGS* übergibt einem zweiten Hilfsmakro *VA_NUM_ARGS_HELP2* die variable Anzahl der Argumente über das Makro *__VA_ARGS__* sowie in absteigender Reihenfolge alle Zahlen ab einer festgelegten Zahl, in diesem Beispiel 5. Dem Hilfsmakro werden also im Beispiel die Argumente in der Reihenfolge (x, y, z, 5, 4, 3, 2, 1) übergeben.

```
#define VA_NUM_ARGS(...) \
    VA_NUM_ARGS_HELP2(__VA_ARGS__, 5, 4, 3, 2, 1)
```

Das Makro *VA_NUM_ARGS_HELP2* wiederum definiert die 5 festgelegten Argumente, bevor das nächste Argument *N* die Anzahl der Argumente definiert.

```
#define VA_NUM_ARGS_HELP2(A1, A2, A3, A4, A5, N, ...) N
```

Im Beispiel werden die drei Argumente *A1*, *A2*, *A3* den Argumenten *x*, *y*, *z* zugeordnet. Das Argument *A4* verweist auf die Zahl *5* und das Argument *A5* auf die Zahl *4*. Das folgende Argument *N* verweist auf die Zahl *3*, die dann im Makro definiert wird.

```
VA_NUM_ARGS_HELP2( x,  y,  z,  5,  4, 3, 2, 1)    // call
                                       ↕
VA_NUM_ARGS_HELP2(A1, A2, A3, A4, A5, N, ...) N   // definition
```

Dieser Algorithmus funktioniert jedoch nicht für null Argumente, da er dennoch die Zahl 1 zurückliefern würde. Für die meisten Anwendungsfälle ist es nicht notwendig, null Argumente zu prüfen. Im Internet sind aber unterschiedliche Lösungsansätze hierfür zu finden.

Bei den Präprozessoren von Microsoft werden die Argumente über das Makro *__VA_ARGS__* gebündelt als ein Argument an das nächste Makro weitergegeben. Daher muss mit einem dritten Hilfsmakro *VA_NUM_ARGS_HELP1* das zusammengefasste Makro wieder aufgelöst werden. Hierzu ist es notwendig, alle Argumente zusätzlich in eine zweite runde Klammer zu setzen.

```
#define VA_NUM_ARGS(...) \
  VA_NUM_ARGS_HELP1((__VA_ARGS__, 5, 4, 3, 2, 1))
#define VA_NUM_ARGS_HEL1(tuple) VA_NUM_ARGS_HELP2 tuple
```

Das Argument *tuple* enthält alle Argumente in Klammern (x, y, z, 5, 4, 3, 2, 1). Nun kann im dritten Hilfsmakro das zweite Hilfsmakro mit *VA_NUM_ARGS_HELP2 tuple* aufgerufen werden.

Da einem Makro maximal 127 Argumente übergeben werden können, sind maximal 63 Argumente bestimmbar, wenn die Makros bis zur festgelegten Zahl von 63 erweitert werden. Eine plattformunabhängige Lösung für die maximal 63 Argumente könnte so aussehen.

```
#define NUM_DEC                            63, 62, 61, \
                60, 59, 58, 57, 56, 55, 54, 53, 52, 51, \
                50, 49, 48, 47, 46, 45, 44, 43, 42, 41, \
                40, 39, 38, 37, 36, 35, 34, 33, 32, 31, \
                30, 29, 28, 27, 26, 25, 24, 23, 22, 21, \
                20, 19, 18, 17, 16, 15, 14, 13, 12, 11, \
                10,  9,  8,  7,  6,  5,  4,  3,  2,  1

#ifdef _MSC_VER
  #define VA_NUM_ARGS(...) \
    VA_NUM_ARGS_HELP1((__VA_ARGS__, NUM_DEC))
  #define VA_NUM_ARGS_HELP1(tuple) \
    VA_NUM_ARGS_HELP2 tuple

#else
  #define VA_NUM_ARGS(...) \
    VA_NUM_ARGS_HELP2((__VA_ARGS__, NUM_DEC))
#endif

#define VA_NUM_ARGS_HELP2                                \
  ( A1,  A2,  A3,  A4,  A5,  A6,  A7,  A8,  A9, A10, \
   A11, A12, A13, A14, A15, A16, A17, A18, A19, A20, \
   A21, A22, A23, A24, A25, A26, A27, A28, A29, A30, \
   A31, A32, A33, A34, A35, A36, A37, A38, A39, A40, \
   A41, A42, A43, A44, A45, A46, A47, A48, A49, A50, \
   A51, A52, A53, A54, A55, A56, A57, A58, A59, A60, \
   A61, A62, A63,   N, ...) N
```

Mit einer einfachen Ausgabe kann die richtige Arbeitsweise der Makros schnell überprüft werden.

```
std::cout << "Number of arguments is: "
          << VA_NUM_ARGS(x, y, z) << std::endl;
```

Wie kann nun die Grenze der maximal 63 bestimmbaren Argumente aufgehoben werden? Die Lösung liegt in der Aufteilung der Argumente von 1 bis 63 bzw. 64 bis 126. Das Makro *VA_NUM_ARGS_H* bestimmt die Anzahl der höheren Argumente ab 64.

```
#define NUM_DEC_HIGH                126,125,124, \
        123,122,121,120,119,118,117,116,115,114, \
        113,112,111,110,109,108,107,106,105,104, \
        103,102,101,100, 99, 98, 97, 96, 95, 94, \
         93, 92, 91, 90, 89, 88, 87, 86, 85, 84, \
         83, 82, 81, 80, 79, 78, 77, 76, 75, 74, \
         73, 72, 71, 70, 69, 68, 67, 66, 65, 64

#define VA_NUM_ARGS_H \
        ( A1,  A2,  A3,  A4,  A5,  A6,  A7,  A8,  A9, A10, \
        A11, A12, A13, A14, A15, A16, A17, A18, A19, A20, \
        A21, A22, A23, A24, A25, A26, A27, A28, A29, A30, \
        A31, A32, A33, A34, A35, A36, A37, A38, A39, A40, \
        A41, A42, A43, A44, A45, A46, A47, A48, A49, A50, \
        A51, A52, A53, A54, A55, A56, A57, A58, A59, A60, \
        A61, A62, A63,...) \
        VA_NUM_ARGS_HELP1((__VA_ARGS__, NUM_DEC_HIGH))
```

Zur Einhaltung der Syntax müssen auch die Makros für die unteren Argumente bis 63 umbenannt werden. Das Makro *VA_NUM_ARGS_L* bestimmt die Anzahl der unteren 63 Argumente.

```
#define NUM_DEC_LOW                 63, 62, 61, \
        60, 59, 58, 57, 56, 55, 54, 53, 52, 51, \
        50, 49, 48, 47, 46, 45, 44, 43, 42, 41, \
        40, 39, 38, 37, 36, 35, 34, 33, 32, 31, \
        30, 29, 28, 27, 26, 25, 24, 23, 22, 21, \
        20, 19, 18, 17, 16, 15, 14, 13, 12, 11, \
        10,  9,  8,  7,  6,  5,  4,  3,  2,  1

#define VA_NUM_ARGS_L(...) \

VA_NUM_ARGS_HELP1((__VA_ARGS__, NUM_DEC_LOW))
```

Abschließend wird noch ein Makro benötigt welches prüft, ob mehr als 63 Argumente vorhanden sind oder nicht. Hierzu wird der Algorithmus zur Bestimmung der Anzahl der Argumente ab 64 leicht verändert übernommen. Das Makro *VA_CHECK* gibt den Buchstaben *L* (für Low) zurück, wenn 63 oder weniger Argumente vorhanden sind, andernfalls den Buchstaben *H* (für High). Mit den *VA_GLUE_*-Makros wird der Präprozessor veranlasst, erst das Makro *VA_CHECK* vollständig aufzulösen, um dann den zurückgelieferten Buchstaben *L* oder *H* an den Makronamen *VA_NUM_ARGS_* anzufügen.

```
#define VA_GLUE_3(X,Y) VA_GLUE_2(X,Y)
#define VA_GLUE_2(X,Y) VA_GLUE_1(X,Y)
#define VA_GLUE_1(X,Y) VA_GLUE_(X,Y)
#define VA_GLUE_(X,Y) X ## Y

#define VA_NUM_ARGS(...) \
VA_GLUE_3(VA_NUM_ARGS_,VA_CHECK_((__VA_ARGS__)))_((__VA_ARGS__))

#define VA_TOP H, H, H, H, H, H, H, H, H, H, \
               H, H, H, H, H, H, H, H, H, H, \
               H, H, H, H, H, H, H, H, H, H, \
               H, H, H, H, H, H, H, H, H, H, \
               H, H, H, H, H, H, H, H, H, H, \
               H, H, H, H, H, H, H, H, H, H, \
               H, L

#define VA_CHECK_(tuple) VA_CHECK tuple
#define VA_CHECK                                              \
  ( A1,  A2,  A3,  A4,  A5,  A6,  A7,  A8,  A9, A10, \
   A11, A12, A13, A14, A15, A16, A17, A18, A19, A20, \
   A21, A22, A23, A24, A25, A26, A27, A28, A29, A30, \
   A31, A32, A33, A34, A35, A36, A37, A38, A39, A40, \
   A41, A42, A43, A44, A45, A46, A47, A48, A49, A50, \
   A51, A52, A53, A54, A55, A56, A57, A58, A59, A60, \
   A61, A62, ...) VA_NUM_ARGS_TOP_((__VA_ARGS__, VA_TOP))

#define VA_NUM_ARGS_TOP_(tuple) VA_NUM_ARGS_TOP tuple
#define VA_NUM_ARGS_TOP                                       \
  ( A1,  A2,  A3,  A4,  A5,  A6,  A7,  A8,  A9, A10, \
   A11, A12, A13, A14, A15, A16, A17, A18, A19, A20, \
   A21, A22, A23, A24, A25, A26, A27, A28, A29, A30, \
   A31, A32, A33, A34, A35, A36, A37, A38, A39, A40, \
   A41, A42, A43, A44, A45, A46, A47, A48, A49, A50, \
   A51, A52, A53, A54, A55, A56, A57, A58, A59, A60, \
   A61, A62,   N, ...) N
```

Für die Makros *VA_NUM_ARGS_L* und *VA_NUM_ARGS_H* müssen für den Microsoft Präprozessor noch Hilfsmakros erzeugt werden, damit die in einem Argument gebündelten Argumente von *__VA_ARGS__* wieder aufgelöst werden.

```
#ifdef _MSC_VER
  #define VA_NUM_ARGS(...)                    \
          VA_GLUE_3(VA_NUM_ARGS_, \
                  VA_CHECK_((__VA_ARGS__)))_((__VA_ARGS__))
#define VA_NUM_ARGS_L_(tuple) VA_NUM_ARGS_L tuple
#define VA_NUM_ARGS_L(...) \
        VA_NUM_ARGS_HELP1((__VA_ARGS__, NUM_DEC_LOW))

#define VA_NUM_ARGS_H_(tuple) VA_NUM_ARGS_H tuple
#define VA_NUM_ARGS_H                                           \
        ( A1,  A2,  A3,  A4,  A5,  A6,  A7,  A8,  A9, A10, \
         A11, A12, A13, A14, A15, A16, A17, A18, A19, A20, \
         A21, A22, A23, A24, A25, A26, A27, A28, A29, A30, \
         A31, A32, A33, A34, A35, A36, A37, A38, A39, A40, \
         A41, A42, A43, A44, A45, A46, A47, A48, A49, A50, \
         A51, A52, A53, A54, A55, A56, A57, A58, A59, A60, \
         A61, A62, A63, ...)                               \
        VA_NUM_ARGS_HELP1((__VA_ARGS__, NUM_DEC_HIGH))

  #define VA_NUM_ARGS_HELP1(tuple) VA_NUM_ARGS_HELP2 tuple
#else
  #define VA_NUM_ARGS(...) \
          VA_NUM_ARGS_HELP2((__VA_ARGS__, NUM_DEC))
  ...
#endif
```

Bei der Bestimmung der oberen Argumente ab 64 werden dem Makro *VA_CHECK* 62 feste Argumente übergeben, bevor der Parameter *N* den Buchstaben *H* oder *L* bestimmt. Werden dem Makro weniger als 63 Argumente übergeben, generiert der Präprozessor eine Warnung, dass dem Makro zu wenige Parameter übergeben wurden. Diese Warnung kann in diesem Anwendungsfall ignoriert werden.

2.8.3 Iterationen mit variadischen Argumenten

Die Iterationen mit variablen Argumentlisten unterscheiden sich darin, dass zu Beginn der Iteration die Anzahl der variadischen Argumente bestimmt wird. Mit dem ##-Operator (siehe Abschn. 2.5) bzw. den *VA_GLUE*-Makros wird die ermittelte Anzahl der Argumente mit dem Namen des entsprechenden Makros verbunden und aufgerufen.

Das folgende Beispiel soll zeigen, wie die Summe aller variablen Argumente bestimmt werden kann.

```
std::cout << "Summe: " << SUM(1,2,3,4,5) << std::endl;
```

Im ersten Schritt werden die Makros für jede Parameteranzahl beispielsweise bis 5 wie folgt definiert.

```
#define ADD1(A1) A1
#define ADD2(A1, A2) ADD1(A1) + A2
#define ADD3(A1, A2, A3) ADD2(A1, A2) + A3
#define ADD4(A1, A2, A3, A4) ADD3(A1, A2, A3) + A4
#define ADD5(A1, A2, A3, A4, A5) ADD4(A1, A2, A3, A4) + A5
```

Mit dem Makro *ADD5* kann nun die Summe bereits auf die herkömmliche Weise bestimmt werden. Ändert sich aber die Anzahl der Argumente, muss das Makro für die entsprechende Anzahl aufgerufen werden

```
std::cout << "Summe: " << ADD5(1,2,3,4,5) << std::endl;
```

Im zweiten Schritt wird das Makro *SUM* definiert, welches zuerst die Anzahl der Argumente bestimmt und das Ergebnis mit dem Makronamen *ADD* verbindet.

```
#define SUM(...) ADD_((VA_NUM_ARGS(__VA_ARGS__),__VA_ARGS__))
#define ADD_(tuple) ADD tuple
#define ADD(n, ...) VA_GLUE_2(ADD,n)(__VA_ARGS__)
```

Die Makros für jede Parameteranzahl könnten auch aus variadische Makros bestehen. Der Vorteil der variadischen Makros liegt im geringeren Schreibaufwand, wenn die Parameteranzahl hoch ist.

```
#define VA_ADD5_(tuple) VA_ADD5 tuple
#define VA_ADD5(A, ...) A + VA_ADD4_((__VA_ARGS__))
#define VA_ADD4_(tuple) VA_ADD4 tuple
#define VA_ADD4(A, ...) A + VA_ADD3_((__VA_ARGS__))
#define VA_ADD3_(tuple) VA_ADD3 tuple
#define VA_ADD3(A, ...) A + VA_ADD2_((__VA_ARGS__))
#define VA_ADD2_(tuple) VA_ADD2 tuple
#define VA_ADD2(A, ...) A + VA_ADD1_((__VA_ARGS__))
#define VA_ADD1_(tuple) VA_ADD1 tuple
#define VA_ADD1(A) A
```

Die variadischen Makros müssen aber, wie bereits beschrieben, etwas anders aufgerufen werden.

```
#define VA_SUM(...) VA_ADD_((VA_NUM_ARGS(__VA_ARGS__),__VA_ARGS__))
#define VA_ADD_(tuple) VA_ADD tuple
#define VA_ADD(n, ...) VA_GLUE_2(VA_ADD,n)_((__VA_ARGS__))
```

Dem Anwender der Makros bleibt dieser Unterschied aber verborgen.

```
std::cout << "Summe:    " << SUM(1,2,3,4,5)    << std::endl;
std::cout << "Summe:    " << SUM(2,3,4,5)      << std::endl;
std::cout << "VA_Summe: " << VA_SUM(1,2,3,4,5) << std::endl;
```

2.8.4   Leere Parameter identifizieren

Mit variadischen Makros ist es möglich zu prüfen, ob ein Makroparameter leer ist oder nicht. Als Beispiel soll ein Strukturname generiert werden, der wahlweise mit einem Namensbereich angegeben werden soll. Im einfachsten Fall verbindet das Makro *GET_CLASS_NAME* den Namensbereich mit dem Klassennamen.

```
#define GET_CLASS_NAME(ClassName, Namespace) \
  Namespace ## :: ## ClassName

GET_CLASS_NAME(SData,lgr) Data;
```

Der Präprozessor erzeugt hierfür den folgenden Quellcode:

```
lgr::SData Data; // from Preprocessor
```

Wenn kein Namensbereich angegeben wird, dann erzeugt der Präprozessor den folgenden Quellcode:

```
GET_CLASS_NAME(SData,) Data; // no second parameter

::SData Data; // from Preprocessor
```

Damit wird die Struktur *SData* im globalen Namensraum *::* erwartet, was unter Umständen falsch sein kann. Besser wäre es, auf die Doppelpunkte zu verzichten, wenn kein Namensbereich angegeben wurde. Lösen lässt sich das Problem über die Ermittlung der variablen Argumente eines Makros. Im ersten Schritt wird das Makro *EMPTY (Namespace)* definiert, welches den Namen des Namensbereichs mit dem Makronamen *IS_EMPTY* verbindet. Wenn der Namensbereich leer ist, wird der Makroname *IS_EMPTY* gebildet. In allen anderen Fällen wird ein Makroname in der Form *IS_EMPTYxxx* definiert, wobei *xxx* für den Namensbereich steht.

```
#define EMPTY(Namespace) IS_EMPTY ## Namespace
```

Zur Unterscheidung zwischen den Makronamen *IS_EMPTY* und *IS_EMPTYxxx* wird nun ein Trick angewendet. Das Makro *IS_EMPTY* erzeugt zwei Parameter, die durch ein Komma getrennt sind. Der Name oder der Inhalt der Parameter ist dabei nicht von Bedeutung, weil im nächsten Schritt nur die Anzahl der Parameter bestimmt werden soll.

```
#define IS_EMPTY 0, 1
```

Das Makro *GET_CLASS_NAME* ruft das Makro *ADD_VAR* auf und übergibt diesem den Klassennamen, den Namensbereich und das Ergebnis vom Makro *EMPTY*, d. h. bei leerem Namensbereich die Parameter 0, 1 oder bei definierten Namensbereich den Parameter *IS_EMPTYxxx*. Somit erhält das Makro *ADD_VAR* entweder drei oder vier Parameter.

```
#define GET_CLASS_NAME(ClassName, Namespace) \
        ADD_VAR(ClassName, Namespace, EMPTY(Namespace))
```

Das Makro *ADD_VAR* fügt dem Makronamen *ADD_* die Anzahl der variablen Argumente mit dem Makro *VA_NUM_ARGS* (siehe Abschn. 2.8.2) hinzu. Somit entsteht entweder der Makroname *ADD_3* oder *ADD_4*.

```
// macros for n parameter names
#define ADD_VAR(...) ADD_VAR_TL((VA_NUM_ARGS((__VA_ARGS__)), __VA_ARGS__))
#define ADD_VAR_TL(tuple) ADD_VAR_TL_ tuple
#define ADD_VAR_TL_(n, ...) ADD_VAR_TL__(n, (__VA_ARGS__))
#define ADD_VAR_TL__(n, tuple) VA_GLUE_2(ADD_,n tuple)
```

Im letzten Schritt müssen die Makros *ADD_3* und *ADD_4* definiert werden. Das Makro *ADD_3* wird aufgerufen, wenn ein Namensbereich angegeben wurde. Das Makro *ADD_4* wird verwendet, wenn kein Namensbereich angegeben wurde.

```
#define ADD_3(Name, Namespace, A) Namespace ## :: ## Name
```

```
#define ADD_4(Name, Namespace, A, B) Name
```

Der Aufruf von *GET_CLASS_NAME* mit einem Namensbereich erzeugt nun den folgenden Quellcode:

```
GET_CLASS_NAME(SData,lgr) Data; // with namespace
```

```
lgr::SData Data; // from Preprocessor
```

Der Aufruf ohne einen Namensbereich erzeugt den gewünschten Quellcode ohne den globalen Namensraum.

```
GET CLASS NAME(SData,) Data; // without namespace
```

```
SData Data; // from Preprocessor
```

Dieses Schema funktioniert immer dann, wenn in einer Bedingung nur ein Makroname bekannt ist. Somit müssen nicht für alle möglichen Parameterkombinationen auch Makros hinterlegt werden.

2.9   Rechnen mit Makroparametern

2.9.1   Basismakros zum Inkrementieren und Dekrementieren

Der Präprozessor kann nur eingeschränkt mathematische Grundrechenarten durchführen. Innerhalb einer *#if*-Bedingung ist er zum Beispiel in der Lage, mit dem Inhalt eines Makros zu rechnen.

```
#define VALUE 3

int main()
{
#if (VALUE+1) == 4
  std::cout << "VALUE+1 is 4" << std::endl;
#endif

#if (VALUE*5) == 15
  std::cout << "VALUE*5 is 15" << std::endl;
#endif

  return (0);
}
```

Mit Makroparametern kann der Präprozessor nicht direkt rechnen. Aber indirekt ist es über den ##-Makrooperator möglich, einfache Grundrechenarten auszuführen. Dabei wird, wie bereits im Abschn. 2.5 vorgestellt, der Inhalt des Parameters mit dem entsprechenden Makronamen verbunden. Im folgenden Beispiel werden die Makros zum Inkrementieren *INC* und Dekrementieren *DEC* beispielhaft vorgestellt.

```
// increment a number
#define INC(x) INC ##x
#define INC_0 1
#define INC_1 2
#define INC_2 3
#define INC_3 4
...
#define INC_254 255
#define INC_255 256

// decrement a number
#define DEC(x) DEC_##x
#define DEC_0 0
#define DEC_1 0
#define DEC_2 1
#define DEC_3 2
...
#define DEC_255 254
#define DEC_256 255
```

Für jede Zahl, die inkrementiert bzw. dekrementiert werden soll, muss ein entsprechendes Makro definiert werden. Weil die Makros *INC_* und *DEC_* wichtig für alle Rechenoperationen sind, sollten sie bis mindestens 255 erweitert werden. Es bietet sich daher an, solche Arten von Makros in eigenen Header-Dateien abzulegen. Ein einfacher Test zeigt die korrekte Ausführung der Berechnungen.

```
std::cout << "Increment of 5 is " << INC(5) << std::endl;
std::cout << "Decrement of 5 is " << DEC(5) << std::endl;
```

2.9.2   Addition und Subtraktion

Auch die Addition und Subtraktion kann nach dem oben gezeigten Beispiel erfolgen. Allerdings müsste dann für jede Parameterkombination ein eigenes Makro definiert werden. Die Addition und Subtraktion kann eleganter innerhalb einer Schleife unter Anwendung der Makros zum Inkrementieren bzw. Dekrementieren erfolgen.

Die Schleife wird mit der bekannten Iteration nach Abschn. 2.7.1 realisiert. Damit die Schleife sowohl für die Addition als auch für die Subtraktion verwendet werden kann, enthält der erste Parameter den Hauptnamen des Makros. Der zweite Parameter ist der erste Summand bzw. der Minuend. Der dritte Parameter ist der zweite Summand bzw. der Subtrahend, der die Anzahl der Iterationen bestimmt. Die Iterationsmakros *WHILE_* sollten ebenfalls bis mindestens 255 erweitert und in einer eigenen Header-Datei abgelegt werden. Schließlich definiert das Makro *ADD* die Schleife mit den Makros *INC_* zum Inkrementieren und das Makro *SUB* die Schleife mit den Makros *DEC_* zum Dekrementieren.

```
#define GLUE(X, Y) X ## Y

#define ADD(x, y) WHILE(INC_, x, y)

#define SUB(x, y) WHILE(DEC_, x, y)

#define WHILE(func, x, y) WHILE_##y(func,x)

#define WHILE_1(func, x) GLUE(func,x)
#define WHILE_2(func, x) WHILE_1(func, GLUE(func,x))
...
#define WHILE_254(func, x) WHILE_253(func, GLUE(func,x))
#define WHILE_255(func, x) WHILE_254(func, GLUE(func,x))
```

Die Berechnungen zur Addition und Subtraktion werden dann wie folgt aufgerufen.

```
std::cout << " 2 +  5 is " << ADD( 2,  5) << std::endl;
std::cout << " 7 -  2 is " << SUB( 7,  2) << std::endl;
```

Die Addition oder Subtraktion mit größeren Zahlen führt zwangsläufig zu einer höheren Anzahl von Iterationen in der Schleife. In den Makros zur Iteration ist aber bereits bekannt, ob zum Beispiel die Iterationszahl größer als 10 ist oder nicht. Mit dieser Information können die Berechnungen beschleunigt werden. Im ersten Schritt werden die Makros zum Inkrementieren und Dekrementieren erweitert. Die Makros *INC_10_* bzw. *DEC_10_* addieren bzw. subtrahieren den Wert 10.

```
// add number + 10
#define INC_10_0 10
#define INC_10_1 11
...
#define INC_10_245 255
#define INC_10_246 256

// sub number - 10
#define DEC_10_10 0
#define DEC_10_11 1
...
#define DEC_10_255 245
#define DEC_10_256 246
```

Die Makros *WHILE_* für Zahlen größer gleich 10 werden so verändert, dass sie die zugehörigen Makros *INC_10_* bzw. *DEC_10_* verwenden und den Schleifenzähler um jeweils 10 reduzieren.

```
#define GLUE3_(X,Y,Z) X ## Y ## Z
#define GLUE_(X,Y) X ## Y

#define ADD(x,y) WHILE(INC_, x, y)
#define SUB(x,y) WHILE(DEC_, x, y)

#define WHILE(func,x,y) WHILE_##y(func,x)
#define WHILE_1(func, x) GLUE_(func,x)
#define WHILE_2(func, x) WHILE_1(func, GLUE_(func,x))
#define WHILE_3(func, x) WHILE_2(func, GLUE_(func,x))
...
#define WHILE_8(func, x) WHILE_7(func, GLUE_(func,x))
#define WHILE_9(func, x) WHILE_8(func, GLUE_(func,x))
#define WHILE_10(func, x) GLUE3_(func, 10_, x)
#define WHILE_11(func, x) WHILE_1(func, GLUE3_(func, 10_, x))
#define WHILE_12(func, x) WHILE_2(func, GLUE3_(func, 10_, x))
...
#define WHILE_254(func, x) WHILE_244(func, GLUE3_(func, 10_, x))
#define WHILE_255(func, x) WHILE_245(func, GLUE3_(func, 10_, x))
```

Die optimierten Makros beschleunigen die Addition und Subtraktion erheblich.

```
std::cout << " 2 +  5 is " << ADD( 2,  5) << std::endl;
std::cout << " 2 + 21 is " << ADD( 2, 21) << std::endl;
std::cout << " 2 + 10 is " << ADD( 2, 10) << std::endl;
std::cout << " 7 -  5 is " << SUB( 7,  5) << std::endl;
std::cout << "27 - 15 is " << SUB(27, 15) << std::endl;
std::cout << "27 - 10 is " << SUB(27, 10) << std::endl;
```

2.9.3   Multiplikation und Division

Nicht nur der Vollständigkeit halber müssen noch die Makros zur Multiplikation und
Division vorgestellt werden. In einigen Beispielen in den folgenden Kapiteln wird z. B.
die Division benutzt. Die Vorgehensweise bei der Multiplikation und Division ist ähnlich
die der Addition und Subtraktion mit dem Unterschied, dass nun zwei Schleifen
geschachtelt werden müssen.

Bei der Multiplikation wird der 1. Faktor innerhalb einer Schleife mit der Schleifenzahl
des 2. Faktors stets mit dem 1. Faktor addiert. In C++ würde die Berechnung so aussehen:

```
int Factor1 = 3;
int Factor2 = 5;
int Result  = Factor1;

for (int i = Factor2; i>1; i--)
  Result += Factor1;
```

Die Makros zur Multiplikation *MUL_* können unter Einbeziehung der Makros
*WHILE_* und *INC_* wie folgt definiert werden:

```
#define MUL(x,y) MUL_##x(y,y)

#define MUL_0(x,y)   0
#define MUL_1(x,y)   x  // result
#define MUL_2(x,y)   MUL_1(GLUE_(WHILE_,y) (INC_, x), y)
#define MUL_3(x,y)   MUL_2(GLUE_(WHILE_,y) (INC_, x), y)
...
#define MUL_127(x,y) MUL_126(GLUE_(WHILE_,y) (INC_, x), y)
#define MUL_128(x,y) MUL_127(GLUE_(WHILE_,y) (INC_, x), y)
```

Für die Multiplikation ist es ausreichend, die Makros bis 128 zu vervollständigen, da
die kleinste Multiplikation der Zahl 128 mit 2 bereits zur maximalen Zahl 256 führt. Die
korrekte Berechnung der Multiplikation mit dem Makro *MUL* kann wie folgt überprüft
werden:

```
std::cout << " 0 *  6 is " << MUL( 0, 6) << std::endl;
std::cout << " 6 *  0 is " << MUL( 6, 0) << std::endl;
std::cout << " 1 *  5 is " << MUL( 1, 5) << std::endl;
std::cout << " 9 *  5 is " << MUL( 9, 5) << std::endl;
```

Die Makros zur Division sind etwas trickreicher. Die Division zieht vom Dividenden
innerhalb einer Schleife sooft den Divisor ab, bis dieser gleich null ist. Die Anzahl der
Iterationen wird dabei gezählt und als Ergebnis ausgegeben. In C++ würde die Berechnung der Division so aussehen.

```
int Dividend = 14;
int Divisor  = 2;
int Result   = 0;

for (; Dividend>0; Dividend -= Divisor)
  Result++;
```

Die Makros zur Division *DIV_* können unter Einbeziehung der Makros *WHILE_*, *DEC_* und *INC_* wie folgt definiert werden:

```
#define DIV(x,y) DIV_##x(y,0)

#define DIV_0(y,z)   z
#define DIV_1(y,z) \
            GLUE_1(DIV_,GLUE_(WHILE_,y) (DEC_,   1)) (y, INC(z))
#define DIV_2(y,z) \
            GLUE_1(DIV_,GLUE_(WHILE_,y) (DEC_,   2)) (y, INC(z))
...
#define DIV_255(y,z) \
            GLUE_1(DIV_,GLUE_(WHILE_,y) (DEC_, 255)) (y, INC(z))
#define DIV_256(y,z) \
            GLUE_1(DIV_,GLUE_(WHILE_,y) (DEC_, 256)) (y, INC(z))
```

Die Division durch die Zahl 0 liefert als Ergebnis eine 1. Da sie mathematisch aber nicht erlaubt ist, kann dieser Fall ignoriert werden. Die Division kann mit dem Makro *DIV* wie folgt benutzt werden.

```
std::cout << " 9 /  3 is " << DIV( 9, 3) << std::endl;
std::cout << "14 /  2 is " << DIV(14, 2) << std::endl;
std::cout << "14 /  7 is " << DIV(14, 7) << std::endl;
std::cout << " 4 /  0 is " << DIV( 4, 0) << std::endl;
```

Wenn bei der Division ein Rest übrigbleibt, dann wird das Ergebnis um eins inkrementiert, da erst beim Wert 0 die Iteration beendet wird. Daher liefert beispielsweise die Division 5 / 2 das Ergebnis 3.

```
std::cout << " 5 /  2 is " << DIV( 5, 2) << std::endl;
```

Das Ergebnis der Division kann korrigiert werden, um nur den ganzzahligen Wert der Division zu erhalten. Das Ergebnis der Division wird dem Makro *DIV_CORR* als Parameter *z* übergeben. In diesem Makro wird der Rest der Division ermittelt, indem das Ergebnis der Division wieder mit dem Divisor *y* multipliziert und anschließend vom Ergebnis der Dividend *x* abgezogen wird. Das Makro *MUL1* kapselt das Makro *MUL* um sicherzustellen, dass zuerst die Division durchgeführt wird, bevor das Ergebnis multipliziert wird. Wenn der Rest ungleich 0 ist, wird das Ergebnis wieder um eins dekrementiert.

```
#define MUL1(x,y) MUL(x,y)

#define DIV_CORR(x,y,z) \
        GLUE_1(FUNC_, ZERO_(SUB(MUL1(z, y), x))) (DEC_,z)

#define DIV(x,y) DIV_CORR(x,y,DIV_##x(y,0))
```

Zur Überprüfung, ob ein Wert gleich 0 ist, werden die Makros *ZERO* benötigt. Das Makro *ZERO(x)* liefert für alle Werte größer 0 den Wert 1 zurück, andernfalls den Wert 0. Diese Makros sind für alle Verzweigungen innerhalb von Makros unerlässlich.

```
#define ZERO_(x) ZERO(x)
#define ZERO(x) ZERO_ ## x
#define ZERO_0 0
#define ZERO_1 1
#define ZERO_2 1
...
#define ZERO_254 1
#define ZERO_255 1
```

Um das Ergebnis der Division um eins zu reduzieren wenn der Rest größer als 0 ist, werden die Makros *FUNC_0* und *FUNC_1* definiert. Anschließend wird mit dem ##-Operator an den Namen *FUNC_* das Ergebnis des Makros *ZERO(x)* angefügt. Somit wird das Makro *FUNC_0* aufgerufen, wenn der Rest der Division gleich 0 ist, andernfalls das Makro *FUNC_1*. Nun kann im Makros *FUNC_1* das Makro *DEC* ausgeführt werden, um den Parameter *x* um eins zu reduzieren.

```
#define FUNC_0(func, x) x
#define FUNC_1(func, x) GLUE_1(func, x)
```

2.9.4   Bestimmung von Primzahlen mit Makros

Die Bestimmung von Primzahlen war eines der ersten Metaprogramme in C++ mit Templates (siehe Abschn. 11.1). Es ist aber auch möglich, Primzahlen mit Hilfe von Makros zu ermitteln. Hierzu wird die zu überprüfende Zahl innerhalb einer Schleife durch jede kleinere Zahl dividiert und der Rest ausgewertet. Sobald der Rest gleich 0 ist, wird die Schleife abgebrochen und eine 0 zurückgeliefert. Andernfalls wird die zu prüfende Zahl ausgegeben.

Zunächst muss das Makro *MOD(x,y)* für eine Modulo-Funktion definiert werden, die den Rest einer Division berechnet. In diesem Makro wird das Ergebnis der Division *DIV (x, y)* mit dem Divisor *y* multipliziert. Zum Schluss wird vom Dividenden *x* das Ergebnis der Multiplikation abgezogen, um den Rest der Division zu erhalten.

```
#define MOD(x,y) SUB(x, MUL1(DIV(x, y), y))
```

Zur Bestimmung einer Primzahl reicht es aus, das Ergebnis der Division auf 0 zu überprüfen. Hierzu wird das Makro *MOD_ZERO(x,y)* definiert, welches 0 für den Rest 0 zurückliefert, für alle anderen Restwerte den Wert 1.

```
#define MOD_ZERO(x,y) ZERO_(MOD(x,y))
```

Mit diesen Makros kann nun die Schleife *WHILE_MOD* zur Prüfung einer Primzahl entwickelt werden. Innerhalb der Schleife wird das Makro *COND(x, y)* zur Ausführung einer Bedingung verwendet. Der Parameter *x* des Makros enthält das Ergebnis zur Überprüfung auf den Wert 0, der Parameter *y* enthält den nächsten Schleifenzähler. Nur wenn der Parameter *x* ungleich 0 ist, wird der Parameter *y* zurückgeliefert und das nächste Schleifenmakro aufgerufen. Andernfalls wird das Makro *WHILE_MOD(func, x)* aufgerufen, welches eine 0 zurückliefert.

```
#define COND(x, y) GLUE_1(COND_, x) (y)
#define COND_0(y)
#define COND_1(y) y

#define WHILE_MOD(func, x) 0
#define WHILE_MOD_1(func, x)   x
#define WHILE_MOD_2(func, x) \
        GLUE_1(WHILE_MOD,COND(ZERO_(func(x,   2)), _1)) (func,x)
#define WHILE_MOD_3(func, x) \
        GLUE_1(WHILE_MOD,COND(ZERO_(func(x,   3)), _2)) (func,x)
...
#define WHILE_MOD_254(func,x) \
        GLUE_1(WHILE_MOD,COND(ZERO_(func(x,254)),_253)) (func,x)
#define WHILE_MOD_255(func,x) \
        GLUE_1(WHILE_MOD,COND(ZERO_(func(x,255)),_254)) (func,x)
```

Das Makro *IS_PRIM(x)* initialisiert das Schleifenmakro *WHILE_MOD* mit dem Parameter *x-1*, also der nächst kleineren Zahl, und übergibt dem Makro den Makronamen *MOD_ZERO* und den Parameter *x*. Wenn der Parameter *x* eine Primzahl ist, dann wird *x* wieder zurückgeliefert, in allen anderen Fällen der Wert 0.

```
#define IS_PRIM(x) GLUE_1(WHILE_MOD_, GLUE_(DEC_,x)) \
                   (MOD_ZERO, x)
```

Die korrekte Bestimmung einer Primzahl mit dem Makro *IS_PRIM* kann nun getestet werden.

```
std::cout << "isPrim(2): " << IS_PRIM(2) << std::endl;
std::cout << "isPrim(3): " << IS_PRIM(3) << std::endl;
std::cout << "isPrim(4): " << IS_PRIM(4) << std::endl;
std::cout << "isPrim(5): " << IS_PRIM(5) << std::endl;
std::cout << "isPrim(6): " << IS_PRIM(6) << std::endl;
std::cout << "isPrim(7): " << IS_PRIM(7) << std::endl;
```

Die Ausgabe sollte wie folgt aussehen.

```
isPrim(2):   2
isPrim(3):   3
isPrim(4):   0
isPrim(5):   5
isPrim(6):   0
isPrim(7):   7
```

In einer weiteren Schleife ist es nun möglich, alle Primzahlen bis zu einer definierten Zahl zu bestimmen. Das Makro *LOOP_PRIM* initialisiert das Schleifenmakro *WHILE_PRIM*, welches alle Zahlen beginnend von 2 bis zum Parameter x mit dem übergebenen Makronamen *func* auf eine Primzahl testet.

```
#define LOOP_PRIM(func, x) WHILE_PRIM_2 (func, x)

#define WHILE_PRIM(func, x)

#define WHILE_PRIM_2(func, x)                                    \
        func(2)GLUE_1(WHILE_PRIM, COND(ZERO_(SUB(x,2)), _3)) \
        (func, x)

#define WHILE_PRIM_3(func, x) \
        WRITE_PRIM(func( 3)) \
        GLUE_1(WHILE_PRIM, COND(ZERO_(SUB(x, 3)), _4)) (func, x)

#define WHILE_PRIM_4(func, x) \
        WRITE_PRIM(func( 4)) \
        GLUE_1(WHILE_PRIM, COND(ZERO_(SUB(x, 4)), _5)) (func, x)


#define WHILE_PRIM_254(func,x) \
        WRITE_PRIM(func(38)) \
        GLUE_1(WHILE_PRIM, COND(ZERO_(SUB(x,254)),_255)) \
        (func, x)

#define WHILE_PRIM_255(func,x) WRITE_PRIM(func(39)) WHILE_PRIM \
        (func, x)
```

Das Ergebnis des Primzahlentest *func(...)* wird dem Makro *WRITE_COND* als Parameter x übergeben. Der Parameter y ist die zu prüfende Zahl. Wenn es sich um eine Primzahl handelt, wird ein Komma gefolgt von der Primzahl ausgegeben.

```
#define WRITE_COND(x, y) GLUE_1(WRITE_COND_, x) (y)
#define WRITE_COND_0(y)
#define WRITE_COND_1(y) , y

#define WRITE_PRIM(x) WRITE_COND(ZERO_(x), x)
```

Mit dem Makro *LOOP_PRIM* ist es nun möglich, ein Feld von Integervariablen anzulegen und diese mit allen Primzahlen bis zu einer definierten Zahl zu initialisieren, im Beispiel bis 31.

```
int PrimeNumbers[] = {LOOP_PRIM(IS_PRIM, 31)};
```

Der Präprozessor erzeugt dabei folgenden Quellcode:

```
int PrimeNumbers[] = {2, 3, 5, 7, 11, 13, 17, 19, 23, 29, 31};
```

2.10 Compiler-Direktiven

Mit Compiler-Direktiven kann der Präprozessor den Compiler veranlassen, spezielle Anweisungen auszuführen. Diese Anweisungen werden mit Hilfe der Direktive *#pragma* im Quellcode definiert.

```
#pragma tokens
```

Die Pragma-Direktiven sind sehr compilerabhängig, so dass die zu verwendenden Anweisungen in der Dokumentation des jeweiligen Compilerherstellers nachgelesen werden sollten. Aus diesem Grunde ist es besser, den Einsatz von Pragma-Direktiven auf ein Minimum zu beschränken. Unbekannte Pragma-Direktiven werden aber vom Präprozessor ignoriert, ohne Fehler- oder Warnmeldungen auszugeben. In der Tab. 2.3 sind häufig verwendete Pragma-Direktiven dargestellt.

Anbei ein paar Beispiele für Pragma-Direktiven.

Tab. 2.3 Häufig verwendete Pragma-Direktiven

once	Bindet die Quellcodedatei nur einmal während einer Übersetzung ein. Diese Anweisung gehört zwar nicht zum Standard, sie wird aber von vielen Compilern unterstützt und wird daher häufig verwendet
message	Zeigt einen Text zur Übersetzungszeit an
pack	Richtet Membervariablen von Klassen und Strukturen an der angegebenen Packgrenze aus. Sie dient der Optimierung für den Datenzugriff
warning	Modifiziert die Ausgabe einer Compilerwarnung
managed	Kompiliert einen Quellcodeabschnitt als C++/CLI-Code, wenn der Compilerschalter auf / clr gesetzt ist
unmanaged	Kompiliert einen Quellcodeabschnitt als C++-Code in einer C++/CLI-Umgebung, d. h. der Compilerschalter ist auf /clr gesetzt

```
// include the source only once
#pragma once

// compiler output for windows only
#ifdef _WIN32
  #pragma message ("for Windows32" )
#endif

#pragma pack (push)    // save current pragma pack
#pragma pack (4)       // set pragma pack to 4 bytes
struct SData           // define a structure with members
{...};
#pragma pack (pop)     // reset old pragma pack

// disable warning 4503
#if defined (_MSC_VER)
  #pragma warning(disable: 4503)
#endif

// pragma for open mp programming
#pragma omp parallel for num_threads(4)
for(int n=0; n<size; ++n)
{
  ...
}
```

Literatur

1. Stroustrup, Bjarne. 2000. *Die C++ Programmiersprache*. München: Addison-Wesley. ISBN 3-8273-1660-X.
2. Meyers, Scott. 1998. *Effektiv C++ programmieren*. Bonn: Addision-Wesley. ISBN 3-8273-1305-8.
3. Standard ISO/IEC 1999. *Programming languages — C*. [pdf] Genf : s.n., 1999. INTERNATIO-NAL STANDARD ISO/IEC 9899.
4. Microsoft. Vordefinierte Makros. http://msdn.microsoft.com/de-de/library/vstudio/b0084kay. aspx. Zugegriffen am 31.05.2013.
5. Wikipedia. Parameter (Informatik). http://de.wikipedia.org/wiki/Parameter_%28Informatik%29. Zugegriffen am 08.05.2013.
6. Standard ISO/IEC 1999. *Programming languages — C*. [pdf] Genf: s.n., 1999. INTERNATIO-NAL STANDARD ISO/IEC 9899.
7. Deniau, Laurent. http://groups.google.com. http://groups.google.com/group/comp.std.c/browse_thread/thread/77ee8c8f92e4a3fb/346fc464319b1ee5?pli=1. Zugegriffen am 05.05.2013.

Templates

3

Es gibt eine Reihe von Algorithmen, deren Abläufe für viele Typen stets gleich sind. Dieses gilt zum Beispiel für das Bestimmen von Minimum- und Maximumwerten, für Sortierfunktionen, für das Verwalten von Listen und Vektoren und so weiter. Mit Templates (engl. Schablone) ist es in C++ möglich, diese Algorithmen allgemeingültig, typunabhängig und typsicher zu beschreiben.

Ohne Templates müsste man entweder den gleichen Quellcode immer wieder für jeden Typen neu implementieren, oder einen allgemeingültigen Quellcode für einen bestimmten Basistypen, wie z. B. void*, schreiben und alle anderen Typen zum Basistypen umwandeln. Die erste Variante hat den Nachteil, dass bei einer fehlenden oder fehlerhaften Implementierung der Quellcode für alle Typen angepasst werden muss. Das ist natürlich sehr aufwendig und fehleranfällig. In der zweiten Variante liegt der Nachteil in einer fehlenden Typüberprüfung, so dass Spezialisierungen für bestimmte Typen schwer umzusetzen sind.

In C++ werden Templates, die in Funktions- und Klassentemplates eingeteilt werden können, sehr häufig verwendet. Ein Zeugnis hierfür ist die Standard Template Library, die fast ausschließlich aus templatebasiertem Quellcode besteht.

Neben der Implementierung von typunabhängigem Quellcode werden Templates zunehmend für die Metaprogrammierung innerhalb der Programmiersprache C++ eingesetzt, worauf auch der Schwerpunkt in diesem Grundlagenkapitel liegen soll. Es werden Techniken vorgestellt, um in Abhängigkeit von Bedingungen und Rekursionen unterschiedlichen Quellcode generieren zu können. Weiterhin werden die variadischen Templates des Standards C++11 vorgestellt.

Die Benutzung von Templates hat einige wesentliche Vorteile. Dazu zählen [1]:
- Templates generieren Code nur für die Typen, die auch wirklich benutzt werden.
- Der dabei generierte Code ist nur einmal an einer Stelle definiert.

© Springer-Verlag Berlin Heidelberg 2016
J. Lemke, *C++-Metaprogrammierung*, DOI 10.1007/978-3-662-48550-7_3

- Ein Teil der Berechnung kann von der Laufzeit zur Übersetzungszeit verschoben werden.
- Template-Funktionen sind meist inline.
- Mit Funktionstemplates können indirekte Funktionsaufrufe umgangen werden.
- Mit Templates ist eine erhebliche Performancesteigerung möglich.

3.1   Funktionstemplates

Funktionstemplates sind Funktionen, deren Argumente oder Rückgabewerte unterschiedliche Typen sein können. Sie repräsentieren somit eine Familie von Funktionen.

Funktionstemplates können wie einfache C++-Funktionen mit dem gleichen Namen und einer unterschiedlichen Parameterliste, jedoch nicht mit einem unterschiedlichen Rückgabewert bei gleicher Parameterliste, definiert werden.

3.1.1   Deklaration

Funktionstemplates werden mit dem Schlüsselwort *template* gefolgt von einer in spitzen Klammern angegebenen Liste von Typparametern vor der eigentlichen Funktionsdeklaration deklariert. Jeder Typparameter wird mit dem Schlüsselwort *typename* deklariert.

```
template <typename T, typename U>
```

Aus Gründen der Abwärtskompatibilität kann auch weiterhin das Schlüsselwort *class* statt *typename* verwendet werden.

```
template <class T, class U>
```

Im folgenden Beispiel sind 3 Funktionstemplates dargestellt. Die Funktion *swap* tauscht den Inhalt von zwei Parametern, die Funktion *sort* sortiert zwei Parameter der Größe aufsteigend und die Funktion *fitToLimits* setzt einen Parameter auf eine untere oder obere Grenze, falls dieser die Grenzen unter- bzw. überschreitet.

```
/// swap two values
template <typename T>
inline void swap(T &Value1, T &Value2)
{
  T Tmp   = Value1;
  Value1 = Value2;
  Value2 = Tmp;
};

/// sort two values
template <typename T>
inline void sort(T &Value1, T &Value2)
{
  if (Value1 > Value2)
    swap(Value1, Value2);
};

/// fit the Value to the UpperLimit or LowerLimit
template <class T>
inline void fitToLimits(const T &LowerLimit,
                        const T &UpperLimit,
                              T &Value)
{
  if (Value < LowerLimit)

    Value = LowerLimit;
  else
    if (Value > UpperLimit)
      Value = UpperLimit;
};
```

Funktionstemplates können auch innerhalb von Klassen definiert werden. Sie dürfen im Gegensatz zu herkömmlichen Memberfunktionen allerdings nicht virtuell sein, weil der Compiler das Templateargument bereits zur Übersetzzeit auflöst, der Funktionsparameter aber erst zur Laufzeit feststeht.

```
class CDump
{
public:
  // write to standard output
  template <typename T>
  void write(const T &Object)
  {
    std::cout << Object;
  }

  // error: member function templates cannot be virtual
  template <typename T>
  virtual void write_(const T &Object)
  {
    std::cout << Object;
  }
};
```

3.1.2 Nichttyp-Parameter

Die Templateparameter können neben Typen auch gewöhnliche ganzzahlige Werte sein.
Im Beispiel wird der Wert *Value* zur *n-ten* Potenz berechnet. Da die Potenz *n* bereits zur
Übersetzungszeit feststeht, kann diese als Templateparameter aufgenommen werden. Der
Compiler kann durch diese Vorgehensweise den Code besser optimieren.

```
/// calculates the power of value^n
template <typename T, unsigned int n>
inline T power(const T &Value)
{
  T Result = 1;
  for (unsigned int i=0; i<n; i++)
    Result *= Value;

  return (Result);
};
```

Für die Nichttyp-Templateparameter gelten allerdings ein paar Einschränkungen. Sie
dürfen nur:

* konstante ganze Zahlen,
* Enumeratoren,
* oder konstante Zeiger auf extern definierte Objekte sein.

Eine Zeichenkette kann als Templateparameter wie folgt definiert werden.

```
extern const char gVersion[] = "version 1.00-02";

/// write version
template <const char *Version>
void printVersion()
{
  std::cout << Version << std::endl;
};

/// output results
void output()
{
...
  printVersion<gVersion>();
...
};
```

Bei Funktionstemplates sind keine Standartparameter zulässig!

3.1.3 Reihenfolge der TemplatEargumente

Die Reihenfolge der Templateargumente spielt für das Funktionstemplate selbst keine Rolle, jedoch für die aufrufende Funktion. In der Funktion *power* könnte beispielsweise der Typ des Parameters als erstes Argument angegeben werden.

```
/// calculates the power of value^n
template <typename T, unsigned int n>
inline T power(const T &Value)
{
  ...
};
```

Demzufolge wird die Funktion *power* für den Typ *double* und der Potenz 5 wie folgt aufgerufen.

```
double Power = power<double, 5>(2.5);
```

Werden die Argumente in ihrer Reihenfolge geändert, ergibt sich die folgende Schreibweise.

```
/// calculates the power of value^n
template <unsigned int n, typename T>
inline T power(const T &Value)
{
  ...
};
```

Die Funktion *power* wird für den Typ *double* und der Potenz 5 nun wie folgt aufgerufen.

```
double Power = power<5, double>(2.5);
```

Durch die Fähigkeit des Compilers, den Typ des Parameters selbst erkennen zu können, ist die explizite Angabe des Typs *double* jetzt nicht mehr erforderlich (Deduktion). Die Berechnung der Potenz kann somit auch einfacher geschrieben werden.

```
double Power = power<5>(2.5);
```

Als Grundsatz für die Reihenfolge der Templateargumente gilt, dass zuerst die Argumente deklariert werden sollten, die keine Typen in der Parameterliste sind.

3.1.4 Überladung von Funktionstemplates

Funktionstemplates können, wie normale Funktionen auch, überladen werden. Im folgenden Beispiel wird die Funktion *sort* durch ein Funktionstemplate mit 3 Parametern überladen. Diese Funktion sortiert die Parameter aufsteigend mit maximal zwei Aufrufen der *swap*-Funktion. Der Compiler entscheidet anhand der Anzahl der Parameter, welche *sort*-Funktion ausgeführt werden soll.

```
/// sort three values with max. two swaps
template <typename T>
inline void sort(T &Value1, T &Value2, T &Value3)
{
  if (Value1 > Value2)
  {
    if (Value1 > Value3)
    {
      swap(Value1, Value3);
      sort(Value1, Value2);
    }
    else
      swap(Value1, Value2);
  }
  else
  {
    if (Value1 > Value3)
    {
      swap(Value1, Value3);
      swap(Value2, Value3);
    }
    else
      sort(Value2, Value3);
  }
};
```

Das Funktionstemplate *sort* kann auch durch Funktionen ohne Templates überladen werden, denn der Compiler bevorzugt immer die Funktion, für die es eine Überladung gibt. Eine Überladung ist dann notwendig, wenn das allgemeine Funktionstemplate für spezielle Typen nicht das richtige Ergebnis zurückliefern würde. Der Vergleich zweier Zeichenketten vom Typ *char** soll das Problem verdeutlichen.

```
int main()
{
  char *pString1 = "Hello Germany";
  char *pString2 = "Hello world";
  sort(pString1, pString2);
  ...
};
```

Ohne eine Überladung für den Typ *char** würde das Funktionstemplate *sort* die Adressen der Zeichenketten vergleichen und nicht deren Inhalt. Das Ergebnis wäre demzufolge unvorhersehbar. Eine Überladung für den Typ *char** würde mit Hilfe der Funktion *strcmp* zwei Zeichenketten vom Typ *char** richtig vergleichen.

```
/// sort two strings
inline void sort(char *pValue1, char *pValue2)
{
  if (strcmp(pValue1, pValue2) > 0)
    swap(pValue1, pValue2);
};
```

Im folgenden Beispiel sind ein paar Varianten für den Funktionsaufruf *sort* dargestellt. Der Compiler entscheidet selbst, welcher Typ für die jeweilige Funktion herangezogen werden soll (Deduktion).

```
int main()
{
  int ValueInt1 = 30;
  int ValueInt2 = 20;
  int ValueInt3 = 25;
  sort(ValueInt1, ValueInt2);             // for type int
  sort(ValueInt1, ValueInt2, ValueInt3);  // for type int

  char *pString1 = "Hello Germany";
  char *pString2 = "Hello world";
  sort(pString1, pString2);               // for type char*

  std::string String1("Hello Germany");
  std::string String2("Hello world");
  sort(String1, String2);                 // for type std::string
  ...
};
```

3.1.5 Vollständige Spezialisierung von Funktionstemplates

Funktionstemplates können auch vollständig spezialisiert werden. Eine Spezialisierung wird durch das Schlüsselwort *template* gefolgt von der öffnenden und schließenden spitzen Klammer, also ohne Angabe von Argumenten, gekennzeichnet. Im folgenden Beispiel wird die Funktion *sort* durch den Typ *char** spezialisiert.

```
/// sort two strings
template <>
inline void sort(char *(&pValue1), char *(&pValue2))
{
  if (strcmp(pValue1, pValue2) > 0)
    swap(pValue1, pValue2);
};
```

Im Unterschied zur Überladung müssen bei einer Spezialisierung die Typen des allgemeinen Funktionstemplates vollständig ersetzt werden, während die Signatur bzw. die Vorlage der Parameterliste erhalten bleiben muss. Damit die Spezialisierung für den Typ *char** der Funktion *sort* weiterhin eine Referenz ist, muss der Parameter mit dem Referenzzeichen in Klammern gesetzt werden *(&pValue)*.

Der Compiler entscheidet anhand des Parametertyps selbst, welches Funktionstemplates herangezogen werden soll (Deduktion). Bei Mehrdeutigkeiten kann dem Compiler ein Typ in spitzen Klammern explizit vorgegeben werden. Eine spitze Klammer ohne Typvorgabe <> bevorzug die Benutzung eines Funktionstemplates.

```
int main()
{
  int ValueInt1 = 30;
  int ValueInt2 = 20;
  sort(ValueInt1, ValueInt2);      // for type int
  sort<int>(ValueInt1, ValueInt2); // explicit for type int

  char *pString1 = "Hello Germany";
  char *pString2 = "Hello world";

  // call void sort(char *pValue1, char *pValue2)
  sort(pString1, pString2);
  // call template <>
  // inline void sort(char *(&pValue1), char *(&pValue2))
  sort<>(pString1, pString2);
  ...
};
```

Ein Funktionstemplate mit gleicher Parameteranzahl sollte möglichst immer spezialisiert und nicht überladen werden. Eine Kombination aus Überladung und Spezialisierung kann zu Verwechslungen in den Funktionsaufrufen führen. Die explizite Vorgabe eines Typs beim Aufruf eines Funktionstemplates sollte immer zu einem richtigen Ergebnis führen. Daher muss die Funktion *sort* durch den Typ *char** zwingend spezialisiert werden. Auf eine Überladung für den Typ *char** kann dann verzichtet werden.

```
int main()
{
  char *pString1 = "Hello Germany";
  char *pString2 = "Hello world";
  sort(pString1, pString2);
  sort<char*>(pString1, pString2);
  ...
};
```

Eine partielle (teilweise) Spezialisierung der Funktionstemplates ist im Gegensatz zu Klassentemplates (siehe Abschn. 3.2.5) nicht möglich [2].

3.1.6 Rekursiver Aufruf von Funktionstemplates

Funktionstemplates können auch rekursiv aufgerufen werden, wenn die Anzahl der Rekursionen bereits zur Kompilationszeit feststeht. Zur Illustration wird noch einmal das Beispiel der Funktion *power* aus dem Abschn. 3.1.2 herangezogen. Da nur eine vollständige Spezialisierung bei Funktionstemplates zulässig ist, wurde die Funktion mit dem Typ *double* definiert. Somit ist nur die Potenz *n* ein Templateargument. Die Funktion *power* wird nun solange rekursiv aufgerufen, bis die vollständige Spezialisierung für den Wert 0 greift und die Rekursion beendet wird. Ein negativer Wert für die Potenz der Funktion *power* führt zu einem Kompilationsfehler, weil die Rekursion zu tief bzw. zu komplex ist. Daher müssen negative Werte nicht explizit abgefangen werden.

```
/// calculates the power of value^n
template <unsigned int n>
double power(const double &Factor)
{
  return (Factor*power<n-1>(Factor));
}

template <>
double power<0>(const double &Factor)
{
  return (1.0);
}
```

Der Compiler kann rekursive Funktionstemplates bereits zur Übersetzungszeit auflösen und dadurch den kompilierten Code besser optimieren[1].

```
int main()
{
  double x;
  std::cin >> x;

  const double Value = power<4>(x);

  std::cout << x << "^4 = " << Value << std::endl;
  ...
};
```

Nun könnte man allerdings auch auf die Idee kommen, auf die Spezialisierung für den Wert 0 zu verzichten und stattdessen eine *if*-Bedingung einzufügen, wie im folgenden Beispiel gezeigt wird.

```
template <unsigned int n>
double power(const double &Factor)
{
  if (n == 0)
    return (1);

  return (Factor*power<n-1>(Factor)); // fatal error, recursion
                                      // is too complex
}
```

Zur großen Enttäuschung lässt sich der Sourcecode aber nicht kompilieren. Der Compiler meldet, dass die Rekursion zu komplex ist. Der Grund für den Fehler ist, dass der Compiler alle Codezeilen der Funktion übersetzt, also auch den rekursiven Aufruf für die Funktion *power<n-1>* wenn *n* gleich 0 ist. Abhilfe schafft hier eine zusätzliche Überprüfung der Potenz *n* im rekursiven Aufruf der Funktion *power<n-(n ? 1 : 0)>*. Wenn die Potenz *n* wahr ist, also ungleich 0, wird *n* um eins reduziert, andernfalls um den Wert 0. Mit diesem Trick kann auf die Spezialisierung zum Beenden der Rekursion verzichtet werden.

---

[1] Moderne Compiler optimieren die Funktion *power* gleich gut, egal ob die Berechnung innerhalb einer Schleife oder mit einer Rekursion erfolgt.

```
template <unsigned int n>
double power(const double &Factor)
{
  if (n == 0)
    return (1);

  return (Factor*power<n-(n ? 1 : 0)>(Factor)); // ok
}
```

Der Wegfall der Spezialisierung in Funktionstemplates zum Beenden einer Rekursion bringt nun einen weiteren Vorteil mit sich. Rekursive Funktionstemplates müssen nun nicht mehr vollständig spezialisiert werden, um die Rekursion zu beenden. Somit können wieder allgemeingültige Typen in der Argumentenliste definiert werden. Im Beispiel wird nun die Funktion *power* wieder um das Templateargument *T* erweitert. Damit der Typ *T* nicht immer als Templateparameter mit übergeben werden muss, wird er hinter der Potenz *n* angegeben (siehe Abschn. 3.1.3).

```
template <unsigned int n, typename T>
T power(const T &Factor)
{
  if (n == 0)
    return (1);

  return (Factor*power<n-(n ? 1 : 0), T>(Factor));
}
```

Die typunabhängige Funktion *power* kann nun mit unterschiedlichen Typen geprüft werden.

```
int main()
{
  const unsigned int Value = power<1>(x);
  ...
};
```

Die Berechnung der Potenz einer Zahl ist auch mit negativen ganzzahligen Exponenten möglich. In diesem Fall wird der Faktor dividiert statt multipliziert. In der Funktion *power* muss anhand des Vorzeichens des Exponenten entschieden werden, ob der Faktor multipliziert oder dividiert wird. Das Templateargument *n* für den Exponenten muss hierfür in den Typ *int* geändert werden. Negative Exponenten führen im Ergebnis immer zu Gleitkommazahlen. Daher sollte der Typ *T* entweder als *float* oder *double* gekennzeichnet werden (siehe Beispiel).

```
template <int n, typename T>
T power(const T &Factor)
{
  if (n == 0)
    return (1);

  enum {eNext = n > 0 ? n-1 : (n < 0 ? n+1 : 0)};

  return (n>0 ? Factor*power<eNext, T>(Factor) :
               power<eNext, T>(Factor)/Factor);
}
```

Der Enumerator *eNext* legt den Exponenten für den nächsten rekursiven Aufruf fest. Ist der Exponent > 0 wird der Exponent dekrementiert. Für einen negativen Exponenten wird der Exponent inkrementiert. Der Exponent darf sich nicht ändern, wenn dieser gleich null ist. Im rekursiven *return*-Aufruf wird entschieden, ob der Faktor multipliziert oder dividiert werden muss.

Die Funktion *power* kann nun mit positiven und negativen Exponenten geprüft werden.

```
int main()
{
  const double Value1 = power< 2>(10.0);       // -> 100.0
  const double Value2 = power<-2>(10.0);       // -> 0.01
  const double Value3 = power<-2>(10);         // -> 0 -> error
  const double Value4 = power<-2, double>(10); // -> 0.01 -> ok
  ...
};
```

Bei komplexeren Funktionen, zum Beispiel mit mehrfach geschachtelten Schleifen, können rekursive Funktionstemplates nachweislich eine bessere Performance erzielen, als herkömmlicher Quellcode. Dieses soll im folgenden Beispiel anhand einer einfachen Sortierfunktion verdeutlicht werden [3]. Die Funktion *sort(int* data, int n)* sortiert ein Feld von *n* Elementen vom Typ integer.

```
// sort an array of n integer values
void sort(int* data, int n)
{
  for (int i=n-1; i>0; --i)
  {
    for (int j=0; j<i; ++j)
    {
      if (data[j] > data[j+1])
        swap(data[j], data[j+1]);
    }
  }
}
```

Die Funktion *sort* wird nun so umgestellt, dass die beiden Schleifen durch Rekursionen nachgebildet werden können. Im ersten Schritt wird die äußere Schleife durch einen rekursiven Aufruf ersetzt.

```
// sort an array of n integer values
void sort(int* data, int n)
{
  for (int j=0; j<n-1; ++j)
  {
    if (data[j] > data[j+1])
      swap(data[j], data[j+1]);
  }

  if (n > 2)
    sort(data, n-1);
}
```

Im zweiten Schritt wird die innere Schleife durch die separate Funktion *sortLoop* ersetzt. Auch hier wird die Schleife durch eine Rekursion nachgebildet.

```
// inner sort loop
void sortLoop(int* data, int i, int j)
{
  if (data[j] > data[j+1])
    swap(data[j], data[j+1]);

  if (j < i-1)
    sortLoop(data, i, j+1);
}

// sort an array of n integer values
void sort(int* data, int n)
{
  sortLoop(data, n-1, 0);

  if (n > 2)
    sort(data, n-1);
}
```

Die umgestellten Funktionen *sort* und *sortLoop* bilden nun die Grundlage zur Erstellung der rekursiven Funktionstemplates. Die Feldgröße *n* wird dabei als Templateargument der Funktion *sort* übergeben, da die Größe des Feldes bereits zur Kompilationszeit feststeht.

```
// sort an array of n integer values
template<int n>
void sort(int* data)
{
  sortLoop<n-1,0>(data);
  sort<n-1>(data);
};

// stop recursion
template<>
void sort<1>(int* data)

{ };
```

Für die innere Schleife *sortLoop* werden die beiden Schleifenzähler ebenfalls als Templateargumente übergeben. Zum Beenden der Rekursion für j < i-1 müssen beide

Templateargumente auf 0 gesetzt werden, da Funktionstemplates nur vollständig spezialisiert werden können.

```
// inner sort loop
template<int i, int j>
void sortLoop(int* data)
{
  enum { i_ = (j < i-1) ? i    : 0,
         j_ = (j < i-1) ? (j+1) : 0 };

  if (data[j] > data[j+1])
    swap(data[j], data[j+1]);

  sortLoop<i_, j_>(data);
};

// stop recursion
template<>
void sortLoop<0,0>(int* data)
{ };
```

Weil der Compiler die rekursiven Aufrufe bereits zur Übersetzungszeit auflöst, würde für ein Feld von 5 Elementen die *sort*-Funktion wie folgt aussehen:

```
// sort an array of 5 integer values
template<>
void sort<5>(int* data)
{
  sortLoop<4,0>(data);
  sortLoop<3,0>(data);
  sortLoop<2,0>(data);
};
```

Die innere Schleife würde für 4 Arguments nach dem Auflösen wie folgt aussehen:

```
// inner sort loop with 4 arguments
template<>
void sortLoop<4,0>(int* data)
{
  if (data[0] > data[1])
    swap(data[0], data[1]);
  if (data[1] > data[2])
    swap(data[1], data[2]);
  if (data[2] > data[3])
    swap(data[2], data[3]);
  if (data[3] > data[4])
    swap(data[3], data[4]);
};
```

Nun kann der Compiler alle Funktionsaufrufe auflösen und einen optimierten Quell-code erstellen. Für ein Feld von 5 Elementen könnte die *sort*-Funktion abschließend wie folgt aussehen:

```
// sort an array of 5 integer values
template<>
void sort<5>(int* data)
{
  if (data[0] > data[1])
    swap(data[0], data[1]);
  if (data[1] > data[2])
    swap(data[1], data[2]);
  if (data[2] > data[3])
    swap(data[2], data[3]);
  if (data[3] > data[4])
    swap(data[3], data[4]);

  if (data[0] > data[1])
    swap(data[0], data[1]);
  if (data[1] > data[2])
    swap(data[1], data[2]);
  if (data[2] > data[3])
    swap(data[2], data[3]);

  if (data[0] > data[1])
    swap(data[0], data[1]);
  if (data[1] > data[2])
    swap(data[1], data[2]);
};
```

Zum Nachweis der Optimierung bietet es sich an, den Quellcode im Release-Mode zu bauen und sich den disassemblierten Quellcode anzuschauen.

```
int main()
{
  int Vector[5] = {3, 5, 1, 8, 2};
  sort<5>(Vector);

  std::cout << "Vector4: " << Vector4[0] << ", " << Vector4[1]
            << ", "        << Vector4[2] << ", " << Vector4[3]
            << ", "        << Vector4[4] << std::endl;
  ...
};
```

3.1.7 Indirekte partielle Spezialisierung

Eine partielle Spezialisierung von Funktionstemplates ist, wie bereits in den zwei vorherigen Abschnitten erwähnt, nicht möglich. In der Metaprogrammierung werden aber oft einheitliche Schnittstellen benötigt, um Code allgemeingültig und flexibel generieren zu können. Mit Hilfe eines zusätzlichen Klassentemplates, welches den zu spezialisierende Parameter kapselt, kann eine partielle Spezialisierung mittels Überladung indirekt realisiert werden. Das hier vorgestellte Klassentemplate *TValue* wird später im Abschn. 3.2.2 näher erläutert.

```
template <unsigned int Value>
struct TValue
{
  enum {eValue = Value};
};
```

Für jeden unterschiedlichen Nichttyp-Parameter wird auch ein unterschiedlicher Typ von *TValue* erzeugt. Dieser Umstand wird nun ausgenutzt, um eine Überladung für unterschiedliche Nichttyp-Parameter realisieren zu können. Als Beispiel soll wieder die Funktion *power* aus dem Abschn. 3.1.6 herangezogen werden. Die Potenz *n* des Templatearguments wird der Funktion *power* als temporäres Objekt vom Typ *TValue<n>* übergeben. Die Rekursion wird beendet, wenn die Überladung, bzw. die indirekte partielle Spezialisierung für den Typ *TValue<0>* greift.

```
/// calculates the power of value^n
template <typename T, unsigned int n>
T power(const T &Factor, TValue<n>)
{
  return (Factor * power(Factor, TValue<n-1>()));
};

template <typename T>
| power(const T &Factor, TValue<0>)
{
  return (1);
};
```

Die typunabhängige Funktion *power* kann nun getestet werden. Das temporäre ungenutzte Objekt der Hilfsklasse *TValue<n>()* in der Parameterliste erzeugt keinen Overhead. Es wird durch den Compiler wegoptimiert.

```
int main()
{
  double x;
  std::cin >> x;

  const double Value = power(x, TValue<4>());

  std::cout << x << "^4 = " << Value << std::endl;
  ...
}
```

Mit dem Template *TType* aus dem Abschn. 3.2.1 kann die Spezialisierung auch für Typen durchgeführt werden.

```
template <typename T>
struct TType
{
  typedef T Type;
};
```

Als Beispiel soll die Klasse *TParameter* dienen, die ein Objekt vom Typ *T* als Referenz verwaltet. Das Funktionstemplate *write* der Klasse schreibt den Inhalt der Variablen *m_Value* in das Objekt vom Typ *TOut*, welches in der Parameterliste übergeben wird. Das funktioniert allerdings nur für die Typen, für die der Operator $<<$ auch einen rechtsseitigen Operanden definiert hat.

```
template <typename T>
class TParameter
{
private:
  const T &m_Value;

public:
  TParameter(const T &Value)
  : m_Value(Value)
  {}

  template <typename TOut>
  void write(TOut &out)
  {
    out << m_Value << std::endl;  // compiler error for
                                  // std::string
  }
  ...
};
```

Eine Variable vom Typ *std::string* würde in der Funktion *write* zu einem Kompilationsfehler führen, wenn der Typ *TOut* eine Streamklasse der Standard Template Library ist. Im Beispiel wird eine Referenz auf *std::cout* übergeben.

```
int main()
{
  double Value = 22.123;
  TParameter<double> ParameterDouble(Value);
  ParameterDouble.write(std::cout);

  std::string String = "Hello world";
  TParameter<std::string> ParameterString(String);
  ParameterString.write(std::cout); // compiler error
  ...
};
```

Selbst wenn schon zur Kompilationszeit bekannt sein würde, dass es sich bei der Variablen *m_Value* um ein Stringobjekt handelt, würde der Compiler Fehler melden, weil er den Typ in allen Codezeilen einsetzt und kompiliert. Eine *if*-Bedingung würde das Problem also nicht beheben können.

```
template <bool isString, typename TOut>
void write(TOut &out)
{
  if (isString)
    out << m_Value.c_str() << std::endl;  // compiler error if
                                          // not std::string

  else
    out << m_Value << std::endl;          // compiler error
                                          // for std::string
}
...
```

```
int main()
{
  double Value = 22.123;
  TParameter<double> ParameterDouble(Value);
  ParameterDouble.write<false>(std::cout);  // compiler error
  ...
};
```

Ein Ausweg kann gefunden werden, wenn mehrere Funktionstemplates für *write*
überladen werden, weil der Compiler grundsätzlich nur die Funktionstemplates kompiliert,
die auch verwendet werden. Die Funktion *write(TOut &out)* ruft die Funktion *write* mit zwei
Parametern auf. Der zweite Parameter ist ein temporäres Objekt vom Typ *TType<T>*, um
eine Überladung bzw. indirekte partielle Spezialisierung für zwei Typen zu realisieren.

```
template <typename T>
class TParameter
{
private:
  const T &m_Value;

public:
  TParameter(const T &Value)
  : m_Value(Value)
  {}

  template <typename TOut>
  void write(TOut &out)
  {
    write(out, TType<T>());
  }

private:
  template <typename TOut, typename U>
  void write(TOut &out, TType<U>)
  {
    out << m_Value << std::endl;
  }

  template <typename TOut>
  void write(TOut &out, TType<std::string>)
  {
    out << m_Value.c_str() << std::endl;
  }
};
```

Die Funktion *write* erhält eine Überladung für den Typ *TType<std::string>*. Mit dieser Vorgehensweise können schnell beliebige Überladungen für spezielle Typen realisiert werden.

```
int main()
{
  double Value = 22.123;
  TParameter<double> ParameterDouble(Value);
  ParameterDouble.write(std::cout);

  std::string String = "Hello world";
  TParameter<std::string> ParameterString(String);

  ParameterString.write(std::cout);
  ...
};
```

Natürlich könnte für das Klassentemplate *TParameter* eine Spezialisierung für den Typ *std::string* definiert werden. Wenn aber nur eine von vielen Funktionen zu spezialisieren ist, dann wäre der Aufwand hierfür zu groß, weil ja alle Funktionen erneut definiert werden müssen. Zudem wäre eine Erweiterung auf andere Typen immer mit einem hohen Aufwand verbunden.

3.2   Klassentemplates

Klassentemplates sind Klassen mit einem oder mehreren Templateargumenten, die innerhalb der gesamten Klasse zur Verfügung stehen. Sie sind extrem vielseitig, weil sie nicht nur dynamische sondern auch statische Informationen speichern können. Daher sind sie ein ideales Werkzeug für die Metaprogrammierung innerhalb von C++.

3.2.1   Deklaration

Klassentemplates werden ähnlich wie Funktionstemplates mit dem Schlüsselwort *template* gefolgt von einer in spitzen Klammern angegebenen Liste von Typparametern vor der eigentlichen Klassendeklaration deklariert. Im Beispiel wird das Klassentemplate *TMatrix* deklariert, welches von *std::valarray* abgeleitet ist. Damit stehen der Matrix bereits die Operatoren [] [] zur Verfügung.

```
/// class matrix
template <typename T>
class TMatrix : public std::valarray<std::valarray<T> >
{
public:
  /// constructor (initialize matrix with value 0)
  TMatrix(unsigned int Row, unsigned int Col)
   : std::valarray<std::valarray<T> >(std::valarray<T>(Col), Row)
   {};
};
```

Beim Anlegen der Matrix muss der Typ explizit vorgegeben werden. Im folgenden Beispiel wird eine Matrix vom Typ *double* mit 10 Reihen und 5 Spalten definiert.

```
TMatrix<double> Matrix(10, 5);
```

In der Metaprogrammierung werden Klassentemplates auch dazu benutzt, Typinformationen statisch zu speichern. Weil die Informationen in der Klasse öffentlich sein müssen, werden sie in der Regel mit *struct* statt *class* deklariert, um den Schreibaufwand für *public:* einzusparen. Der Typ des Templatearguments *T* wird mit der Typdefinition *typedef T Type* öffentlich gemacht.

```
template <typename T>
struct TType
{
  typedef T Type;
};
```

Auf den Typ des Templatearguments kann im Quellcode über den ::-Operator zugegriffen werden.

```
typedef TType<double> TypeInfo;
...
TypeInfo::Type Value = 22.2;  // type is double
```

3.2.2 Nichttyp-Parameter

Klassetemplates unterstützen, wie Funktionstemplates auch, Nichttyp-Parameter, die gewöhnliche ganzzahlige Werte, Enumeratoren oder konstante Zeiger auf extern definierte Objekte sein können. Im folgenden Beispiel wird die Anzahl der Zeilen und Spalten einer als zweidimensionales Feld vom Typ *T* definierten Matrix als natürliche Zahlen vorgegeben.

```
/// class matrix
template <typename T, unsigned int Row, unsigned int Col>
class TMatrix
{
private:
  T m_Matrix[Row][Col];
public:
  /// constructor (initialize matrix with value 0)
  TMatrix()
  {
    memset(m_Matrix, 0, sizeof(m_Matrix));
  };
};
```

Neben dem Typ der Matrix muss nun auch die Anzahl der Zeilen und Spalten beim Anlegen der Matrix explizit vorgegeben werden. Im Beispiel wird wieder eine Matrix mit 10 Reihen und 5 Spalten definiert.

```
TMatrix<double, 10, 5> Matrix;
```

Neben Typinformationen können auch Nichttyp-Parameter in einem Klassentemplate statisch gespeichert werden. Ganzzahlen werden in der Regel mit einem Enumerator veröffentlicht (siehe auch Abschn. 3.2.7).

```
template <unsigned int Value>
struct TValue
{
  enum {eValue = Value};
};

template <typename T, unsigned int Size>
struct TType
{
  enum {eSize = Size};

  typedef T Type;
};
```

Auf den Enumerator *eSize* kann ebenfalls über den ::-Operator zugegriffen werden. Im folgenden Beispiel werden die Informationen zum Anlegen eines Vektors in zwei Templateargumenten des Klassentemplates *TType* gespeichert.

```
typedef TType<double, 4> ArrayType;
...
std::valarray<ArrayType::Type> ValArray(ArrayType::eSize);
```

3.2.3 Standardwerte für Templateargumente

Die Templateargumente von Klassentemplates dürfen im Gegensatz zu Funktions-templates Standardwerte besitzen. Das gilt sowohl für Typ- als auch für Nichttyp-Parameter. Standardargumente sind bei der Spezialisierung von Templates jedoch nicht zulässig!

Im folgenden Beispiel wird dem Klassentemplate *TMatrix* der Standardparameter *double* zugewiesen.

```
/// class matrix
template <typename T = double>
class TMatrix : public std::valarray<std::valarray<T> >
{
...
};
```

Die Definition der Matrix muss eine Argumentenliste enthalten, auch wenn kein Typ oder Wert vorgegeben werden muss.

```
TMatrix<> Matrix(10, 5);
```

Eine andere Variante des Klassentemplate *TMatrix* könnte die Anzahl von Zeilen und Spalten als Standardparameter enthalten.

```
/// class matrix
template <typename T, unsigned int Row=2, unsigned int Col=2>
class TMatrix
{
...
};
```

Für die Definition der Matrix reicht es in diesen Fall aus, nur den Typ der Matrix vorzugeben, um eine Matrix mit zwei Zeilen und zwei Spalten zu erzeugen.

```
TMatrix<double> Matrix;
```

3.2.4 Vollständige Spezialisierung von Klassentemplates

Die Matrix *TMatrix* kann beispielsweise für den Typ *int* vollständig spezialisiert werden. Die Argumentenliste der Templatedeklaration enthält keine Argumente mehr. Die Templateargumente müssen dafür bei der Spezialisierung hinter der Klassendefinition explizit vorgegeben werden.

```
/// class matrix
template <>
class TMatrix<int> : public std::valarray<std::valarray<int> >
{
public:
  /// constructor (initialize matrix with value 0)
  TMatrix(unsigned int Row, unsigned int Col)
   : std::valarray<std::valarray<int> >
       (std::valarray<int>(Col), Row)
   {};
};
```

3.2.5 Partielle Spezialisierung von Klassentemplates.

Bei Klassentemplates können auch einzelne Templateargumente (partiell) spezialisiert werden. Alle Typen, die spezialisiert werden, müssen aus der Argumentenliste der Templatedeklaration entfernt werden. Alle Templateargumente müssen dafür bei der Spezialisierung hinter der Klassendefinition explizit vorgegeben werden.

```
/// class matrix
template <typename T, unsigned int Row=2, unsigned int Col=2>
class TMatrix1
{
private:
  T m_Matrix[Row][Col];
public:
  /// constructor (initialize matrix with value 0)
  TMatrix1()
  {
    memset(m_Matrix, 0, sizeof(m_Matrix));
  };
};

/// class matrix for type double
template <unsigned int Row, unsigned int Col>
class TMatrix1<double, Row, Col>
{
private:
  double m_Matrix[Row][Col];
public:
  /// constructor (initialize matrix with value 0)
  TMatrix1<double, Row, Col>()
  {
    memset(m_Matrix, 0, sizeof(m_Matrix));
  };
};
```

In den Abschn. 3.2.1 und 3.2.2 wurde gezeigt, dass Klassentemplates Typ- und Nichttyp-Informationen statisch speichern können. Typen wurden über die *typedef*-Anweisung und Ganzzahlen über Enumeratoren öffentlich gemacht. Eine zweite Möglichkeit auf die Templateargumente eines Klassentemplates zugreifen zu können, besteht im Einsatz der vollständigen oder partiellen Spezialisierung. Dabei wird einem Klassentemplate das Template mit den statischen Informationen als Argument übergeben. Auf diese kann dann über die Spezialisierung auf den Inhalt zugegriffen werden.

Im folgenden Beispiel wird das Klassentemplate *TValArray* mit einem Typ als Argument deklariert. Die Deklaration der Klasse besitzt selbst keinen Klassenrumpf, da diese niemals instanziiert werden soll. Die Spezialisierung des Klassentemplates deklariert als Typ die Klasse *TType* mit den beiden Templateargumenten *T* und *Size*. Innerhalb der gesamten Klasse, kann nun auf die beiden Argumente zugegriffen werden.

```
template <typename T, unsigned int Size>
struct TType {};

template <typename T>
struct TValArray;

template <typename T, unsigned int Size>
class TValArray<TType<T, Size> >
{
private:
  std::valarray<T> m_ValArray;

public:
  TValArray()
  : m_ValArray(Size)
  {};
};
```

Im Beispiel wird die Klasse *TType* mit den Argumenten *double* und *4* dem Aliasnamen *ArrayType* zugewiesen. Wird die Klasse *TValArray* nun mit dem *ArrayType* deklariert, dann greift die Spezialisierung und der Typ *double* sowie die Größe *Size = 4* können innerhalb der Klasse benutzt werden.

```
typedef TType<double, 4> ArrayType;

int main()
{
  TValArray<ArrayType> ValArray;
  ...
};
```

3.2.6 Rekursiver Aufruf von Klassentemplates

Klassentemplates können im Gegensatz zu Makros rekursiv aufgerufen werden. Diese Eigenschaft wird auch als Turing-vollständig bezeichnet. Erwin Unruh präsentierte auf dem C++-Standardisierungstreffen 1994 in SanDiego zum ersten Mal ein rekursives C++-Metaprogramm zur Berechnung von Primzahlen (siehe Abschn. 11.1) [4]. Die Fähigkeit der Rekursion bildet die Grundlage der Template-Metaprogrammierung in C++.

Das bereits mehrfach verwendete Beispiel zur Berechnung der Fakultät einer Zahl wird nun mit dem Klassentemplate *TFactorial* zur Kompilationszeit durchgeführt. Für die Berechnung des Enumerators *eValue* wird sooft das gleiche Template *TFactorial* rekursiv aufgerufen, bis die Spezialisierung für den Zähler $i = 0$ greift und die Iteration beendet wird.

```
template <unsigned int i>
struct TFactorial
{
  enum {eValue = i * TFactorial<i-1>::eValue};
};

template <>
struct TFactorial<0>
{
  enum {eValue = 1};
};
```

Die natürliche Zahl zur Berechnung der Fakultät wird dem Template als Nichttyp-Argument übergeben. Im folgenden Beispiel wird die Fakultät der Zahl 5 berechnet.

```
std::cout << "factorial of 5 is "
          << TFactorial<5>::eValue << std::endl;
```

Die einzelnen Iterationen, die der Compiler beim Einsetzen der Zahl 5 rekursiv durchläuft, könnte man wie folgt darstellen.

```
enum {eValue = 5 * TFactorial<5-1>::eValue};
enum {eValue = 5 * 4 * TFactorial<4-1>::eValue};
enum {eValue = 5 * 4 * 3 * TFactorial<3-1>::eValue};
enum {eValue = 5 * 4 * 3 * 2 * TFactorial<2-1>::eValue};
enum {eValue = 5 * 4 * 3 * 2 * 1 * TFactorial<1-1>::eValue};
enum {eValue = 5 * 4 * 3 * 2 * 1 * 1};
```

Die Spezialisierung für das Template *TFactorial* zum Beenden der Iteration könnte auch für die Zahl $i = 1$ erfolgen wenn sichergestellt ist, dass die Berechnung nie für die Zahl 0 aufgerufen wird.

```
template <>
struct TFactorial<1>
{
  enum {eValue = 1};
};
```

3.2.7 Die Verwendung von Enumeratoren

Im Beispiel vom vorherigen Abschn. 3.2.6 wurde das Ergebnis der Rekursion im Wert *eValue* gespeichert. Der Wert *eValue* ist aber nicht wie erwartet vom Typ *static const int*, sondern vom Typ *enum* definiert worden.

```
enum {eValue = i * TFactorial<i-1>::eValue};
```

Worin besteht nun der Unterschied zwischen der Klassenvariablen *static const int* und *enum*? Eine Klassenvariable, ob konstant oder nicht, ist immer ein *lvalue*, d. h. sie hat eine Adresse im Speicher oder im Register des Prozessors. Ein Enumerator ist ein *rvalue*, d. h. er ist ein temporärer Wert, der aus der Auswertung einer Anweisung entsteht. Demzufolge hat er keine Adresse und wird vom Compiler wie ein Literal behandelt. Da die

Berechnungen der Werte der Rekursion zur Übersetzungszeit erfolgen, denn das ist ja das Ziel der Metaprogrammierung, werden keine Klassenvariablen, d. h. *lvalues* zur Laufzeit mehr benötigt. Der Compiler muss also keinen Speicher mehr anfordern und zuweisen, so dass zur Laufzeit kein zusätzlicher Aufwand besteht. Den Unterschied kann man leicht nachweisen, wenn man die Größe zweier Objektdateien vergleicht, gebaut einmal mit *enum* und einmal mit *static const int*.

3.2.8 Statische If-Bedingung und Switch-Anweisung

Eine statische *If*-Bedingung für ganzzahlige Werte ist bereits mit dem ?-Operator möglich. Das Template *TValueDec* dekrementiert im folgenden Beispiel einen als Argument übergebenen Zähler, wenn dieser ungleich null ist.

```
template <unsigned int Counter>
struct TValueDec
{
  enum {eValue = Counter == 0 ? 0 : Counter-1};
};
```

Mit Klassentemplates und der partiellen Spezialisierung ist es möglich, eine statische *If*-Bedingung auch für Typen zu formulieren [5]. Hierzu wird eine Klasse *If* mit drei Templateargumenten definiert. Das erste Argument ist der Boolean-Wert der Bedingung, das zweite und dritte Argument sind die entsprechenden Typen für den *Then*- und *Else*-Zweig.

```
namespace tmp
{
  // static class for if condition
  template <bool Condition, typename Then, typename Else>
  class If
  {
  public:
    typedef Then Ret;
  };

  // specialization for Condition = false
  template <typename Then, typename Else>
  class If<false, Then, Else>
  {
  public:
    typedef Else Ret;
  };
}
```

Für den Boolean-Wert der Bedingung *false* wird eine partielle Spezialisierung hinzugefügt, welche den Typ *Else* als Rückgabetyp *Ret* definiert. Im allgemeinen Template wird der Typ *Then* als Rückgabetyp definiert.

Im folgenden Beispiel definiert das Template *ConvertType* in Abhängigkeit des Typparameters *T*, einen *double*- oder *int*-Typ. Die statische *If*-Bedingung entscheidet anhand des Enumerators *isFloat* der Metafunktion *TypeInfo* den zu definierenden Typ *double* oder *int*.

```
namespace tmp
{
  template <typename T>
  struct TypeInfo
  { enum {isInt = 0, isFloat = 0}; };

  template <>
  struct TypeInfo<int>
  { enum {isInt = 1, isFloat = 0}; };

  template <>
  struct TypeInfo<unsigned int>
  { enum {isInt = 1, isFloat = 0}; };

  template <>
  struct TypeInfo<long>
  { enum {isInt = 1, isFloat = 0}; };

  template <>
  struct TypeInfo<unsigned long>
  { enum {isInt = 1, isFloat = 0}; };

  template <>
  struct TypeInfo<short>
  { enum {isInt = 1, isFloat = 0}; };

  template <>
  struct TypeInfo<unsigned short>
  { enum {isInt = 1, isFloat = 0}; };

  template <>
  struct TypeInfo<char>
  { enum {isInt = 1, isFloat = 0}; };

  template <>
  struct TypeInfo<unsigned char>
  { enum {isInt = 1, isFloat = 0}; };

  template <>
  struct TypeInfo<float>
  { enum {isInt = 0, isFloat = 1}; };

  template <>
  struct TypeInfo<double>
  { enum {isInt = 0, isFloat = 1}; };

  template <typename T>
  struct ConvertType
  {
    typedef typename If<TypeInfo<T>::isFloat, double, int
                     >::Ret Ret;
  };
}
```

Mit diesen Templates können Typen von Schnittstellen einfach in neue Typen beispielsweise für den Datenbankzugriff konvertiert werden.

Abb. 3.1 Geschachtelte If-Bedingungen

```
tmp::ConvertType<unsigned int>::Ret Type1 = 0;  // to int
tmp::ConvertType<float>::Ret        Type2 = 0;  // to double
tmp::ConvertType<double>::Ret       Type3 = 0;  // to double
```

Wie kann nun aber zusätzlich eine Zeichenkette erkannt und konvertiert werden? Hierfür reicht eine einfache *If*-Bedingung nicht mehr aus. Die Konvertierung soll nun so erweitert werden, dass ein *std::string* definiert wird, wenn weder *isInt* noch *isFloat true* (d. h. ungleich 0) sind. Eine Lösung besteht darin, die *If*-Bedingung zu schachteln und im *Else*-Zweig eine weitere *If*-Bedingung hinzuzufügen (Abb. 3.1).

Dabei ist zu beachten, dass der Rückgabewert *Ret* der zweiten *If*-Bedingung wieder mit *typename* deklariert wird, damit der Compiler diesen als Typ erkennen kann.

```
namespace tmp
{
  template <typename T>
  struct ConvertType
  {
    typedef typename
      If<TypeInfo<T>::isFloat,          // 1. condition
         double,                        // 1. then
         typename If<TypeInfo<T>::isInt, // 1. else & 2. cond.
                     int,               // 2. then
                     std::string        // 2. else
                    >::Ret
        >::Ret Ret;
  };
}
```

Eine andere elegante Lösung wäre eine statische *Switch*-Anweisung [5]. Der Unterschied zur geschachtelten *If*-Bedingungen besteht darin, dass der Wert der Bedingung der *Switch*-Anweisung mit den konstanten Werten der *Case*-Anweisungen auf Gleichheit geprüft wird. Die *Case*-Anweisung ist wie folgt definiert:

```
namespace tmp
{const int Default = -1;

  class NilCase {};

  template <int Tag_, typename Type_, typename Next_ = NilCase>
  class Case
  {
  public:
    enum {Tag = Tag_};
    typedef Type_ Type;
    typedef Next_ Next;
  };
}
```

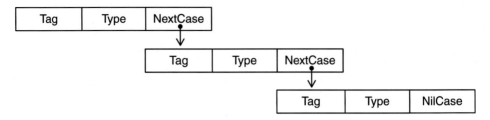

Abb. 3.2 Geschachtelte Case-Anweisung

Der Typ *Next* der *Case*-Anweisung zeigt auf die nächste *Case*-Anweisung. Mit *NilCase* für den Typ *Next* wird kenntlich gemacht, dass keine weitere *Case*-Anweisung mehr folgt (Abb. 3.2).

Die *Switch*-Anweisung wird rekursiv solange aufgerufen, bis entweder der Wert der *Case*-Anweisung *Case::Tag* mit dem Wert der *Switch*-Bedingung *Tag* übereinstimmt, oder die *Case*-Anweisung vom Typ *NilCase* ist. Die *Switch*-Anweisung ist daher wie folgt definiert:

```
namespace tmp
{
  const int Default = -1;

  template <int Tag, typename Case>
  class Switch
  {
  public:
    typedef typename Case::Next NextCase;

    enum {CaseTag = Case::Tag,
          Found   = (CaseTag == Tag || CaseTag == Default)};

  public:
    typedef typename If<Found,
                        typename Case::Type,
                        typename Switch<Tag, NextCase>::Ret
                        >::Ret Ret;
  };

  // specialization for NilCase
  template <int Tag>
  class Switch<Tag, NilCase>
  {
  public:
    typedef NilCase Ret;
  };
}
```

Das Template *ConvertType* muss zuerst eine eindeutige Nummer *TypeId* berechnen, die dann in der *Switch*-Anweisung zum Aufruf der entsprechenden *Case*-Anweisung führt.

```
namespace tmp
{
  template <typename T>
  struct ConvertType
  {
    enum {TypeId = TypeInfo<T>::isInt*10 + TypeInfo<T>::isFloat};

    typedef typename Switch<TypeId,
                     tmp::Case<10, int,
                     tmp::Case<1,  double,
                     tmp::Case<0,  std::string,
                              tmp::NilCase> > >
                  >::Ret Ret;
  };
}
```

Die korrekte Konvertierung kann leicht überprüft werden.

```
tmp::ConvertType<unsigned int>::Ret Type1 = 0; // to int
tmp::ConvertType<float>::Ret        Type2 = 0; // to double
tmp::ConvertType<double>::Ret       Type3 = 0; // to double
tmp::ConvertType<char*>::Ret        Type4;     // to std::string
```

Im Abschn. 5.2 wird ausgiebig Gebrauch von der statischen *If*-Bedingung und *Switch*-Anweisung gemacht.

3.2.9 Der this-Zeiger

In Klassentemplates hat der *this*->Zeiger eine besondere Bedeutung. Der Compiler benötigt zur Übersetzung von Templates zwei Durchläufe (engl. *two-phase lookup*). Im ersten Durchlauf führt der Compiler eine Syntaxprüfung durch, ohne die Typen der Templateargumente zu spezialisieren. Im zweiten Durchlauf instanziiert der Compiler die jeweiligen Typen des Templates und prüft dabei erneut den Sourcecode. Weil der Compiler im ersten Durchlauf nicht die Namen der Templateargumente auflösen kann, müssen ihm diese mit einem *this*->Zeiger als Member der Klasse bekannt gemacht werden. Andernfalls kommt es zu Übersetzungsfehlern, weil der Compiler nicht feststellen kann, ob der Name eine Variable oder ein Typ ist.

Im folgenden Beispiel soll das Problem verdeutlicht werden. Das Klassentemplate *TValue<T>* verwaltet eine Variable vom Typ *T*. Es stellt die Funktionen *setValue* und *getValue* zur Verfügung.

```
template <typename T>
class TValue
{
private:
  T m_Value;

public:
  void setValue(const T &Value) { m_Value = Value; };
  const T& getValue() const     { return (m_Value); };
};
```

Von diesem Klassentemplate wird die Klasse *TSqrValue<T>* abgeleitet, die in der Memberfunktion *getSqr()* das Quadrat der Variablen *m_Value* berechnet. Da die Funktionen *setValue* und *getValue* in der Basisklasse deklariert sind und die Basisklasse ein Klassentemplate ist, müssen alle Zugriffe auf Methoden und Variablen der Basisklasse mit dem *this*-Zeiger bekannt gemacht werden.

```
template <typename T>
class TSqrValue : public TValue<T>
{
public:
  T getSqr() const
  {
    return (this->getValue() * this->getValue());
  };
};

int main()
{
  TSqrValue<double> SqrValue;
  SqrValue.setValue(0.25);

  std::cout << SqrValue.getSqr() << std::endl;
  ...
};
```

Der Microsoft Compiler führt entgegen des C++-Standards keine zwei Durchläufe beim Übersetzen von templatebasierten Sourcecode aus. Daher ist hier der *this*-Zeiger nicht erforderlich.

3.3   Template Template Parameter

Im Abschn. 3.2.4 wurde im Beispiel die Matrix *TMatrix* von *std::valarray<T>* abgeleitet. Als Templateargument *T* wurde nur der Typ und nicht die Klasse *std::valarray* verwendet. Wenn aber die Klasse *std::valarray* selbst ein Templateargument sein soll, muss diese als Template Template Parameter definiert werden, denn sowohl die Klasse als auch deren Argument sind ein Typ.

Ein Template Template Parameter mit einem Templateargument wird wie folgt definiert:

```
template <template <typename> class Vector, typename T>
```

Das erste Templateargument, welches wiederum ein Template ist, wird als Klassentemplate deklariert.

```
template <typename> class Vector
```

Da es sich bei *Vector* um eine Klasse handelt, muss diese auch mit *class* deklariert werden. Die Definition der Matrix *TMatrix* mit dem Templateargument einer beliebigen Klasse mit einem Templateargument wird wie folgt durchgeführt:

```
/// class matrix
template <template <typename> class Vector, typename T>
class TMatrix : public Vector< Vector<T> >
{
public:
  /// constructor
  TMatrix(unsigned int Row, unsigned int Col)
  : Vector< Vector<T> >(Vector<T>(Col), Row)
  {};
};
```

Zu beachten ist, dass zwischen zwei schließenden spitzen Klammern ein Leerzeichen einzufügen ist, da der Compiler die Zeichen sonst als Stream-Operator interpretieren würde. Ab dem Standard C++11 kann auf das Leerzeichen verzichtet werden.

```
class TMatrix1 : public Vector< Vector<T> >
class TMatrix2 : public Vector< Vector<T>>  // error possible
```

Auch ein Template Template Parameter kann wieder spezialisiert werden. Im folgenden Beispiel ist eine partielle Spezialisierung für die Containerklasse *std::valarray* dargestellt.

```
/// class matrix with Vector type std::valarray
template <typename T>
class TMatrix<std::valarray, T>
: public std::valarray<std::valarray<T> >
{
public:
  /// constructor (initialize matrix with value 0)
  TMatrix<std::valarray, T>(unsigned int Row, unsigned int Col)
  : std::valarray<std::valarray<T> >(std::valarray<T>(Col), Row)
  {};
};
```

Die Matrix kann nun mit zwei Zeilen und zwei Spalten wie folgt angelegt werden.

```
TMatrix<std::valarray, double> Matrix(2,2);
```

Für die Containerklassen der STL *deque*, *list* und *vector* sind zwei Templateargumente als Template Template Parameter notwendig.

```
template <typename, typename> class Vector
```

Das Klassentemplate *TMatrix* ist für diese Klassen wie folgt zu erweitern:

```
/// class matrix
template <template <typename, typename> class Vector,
         typename T>
class TMatrix
: public Vector<Vector<T, std::allocator<T> >,
                std::allocator<Vector<T, std::allocator<T> > > >
{
public:
  /// constructor
  TMatrix(unsigned int Row, unsigned int Col)
   : Vector<Vector<T, std::allocator<T> >,
          std::allocator<Vector<T, std::allocator<T> > > >
          (Row, Vector<T, std::allocator<T> >(Col))
  {};
};
```

Im Abschn. 3.2.6 wurde gezeigt, wie mit Hilfe von Klassentemplates die Fakultät einer Zahl zur Übersetzungszeit berechnet werden kann. Hierfür wurde das Klassentemplate *TFactorial* eingesetzt, welches speziell für die Berechnung der Fakultät einer Zahl entwickelt worden ist. Ziel sollte es aber sein, solche Algorithmen allgemeingültiger zu formulieren, denn der rekursive Aufruf des Klassentemplates beispielsweise sieht ja immer gleich aus.

Das Klassentemplate *TFactorial* wird hierzu in seine beiden Bestandteile, der Rekursion und der Berechnung, zerlegt. Das Template zur Rekursion *TRecursion* könnte allgemeingültiger so aussehen:

```
template <template <int, int, unsigned int> class Calc,
         int Value, unsigned int i>
struct TRecursion
{
  enum {eValue = Calc<TRecursion<Calc, Value, i-1>::eValue,
                 Value, i>::eValue};
};

template <template <int, int, unsigned int> class Calc,
         int Value>
struct TRecursion<Calc, Value, 0>
{
  enum {eValue = 0};
};
```

Dem Template wird die Berechnungsklasse *Calc* als Template Template Parameter übergeben. Da eine Berechnung in der Regel aus zwei Argumenten besteht, werden auch zwei Templatoargumente als *int*-Typen sowie ein Zählerargument als *unsigned int* deklariert.

```
template <int, int, unsigned int> class Calc
```

Zur Berechnung der Fakultät einer Zahl wird eine Multiplikation zweier Zahlen benötigt. Das zugehörige Klassentemplate zur Multiplikation könnte so aussehen:

```
template <int PrevValue, int Value, unsigned int i>
struct TMulCount
{
  enum {eStart = Value < 1 ? 1 : Value,
        ePrev  = PrevValue == 0 ? 1 : PrevValue,
        eValue = ePrev * (eStart + i - 1)};
};
```

Bei der Multiplikation muss überprüft werden, ob das Argument *PrevValue* gleich null ist, weil die Spezialisierung des Zählerargumentes *i = 0* im Template *TRecursion* den Enumerator *value* auf 0 setzt. Das Templateargument *Value* bestimmt, ab welcher Zahl die Berechnung der Multiplikation erfolgen soll. Die Fakultät von 5 kann nun mit dem Template *TRecursion<TMulCount, 1, 5>::eValue* erfolgen.

```
std::cout << "factorial of 5 is "
          << TRecursion<TMulCount, 1, 5>::eValue << std::endl;
```

Wird das Argument für *Value* fälschlicherweise für kleinere Zahlen als eins definiert, wird dieser im Klassentemplate *TMulCount* über den Enumerator *eStart* auf 1 gesetzt. Daher ist auch folgende Schreibweise möglich:

```
std::cout << "factorial of 5 is "
          << TRecursion<TMulCount, 0, 5>::eValue << std::endl;
```

Das Produkt aller Zahlen von 10 bis 15 kann mit dem gleichen Template wie folgt ermittelt werden.

```
std::cout << "product of 10*11*12*13*14*15 is "
          << TRecursion<TMulCount, 10, 6>::eValue << std::endl;
```

Mit einem etwas abgewandelten Klassentemplate zur Multiplikation kann die Potenz einer Zahl berechnet werden.

```
template <int PrevValue, int Value, unsigned int i>
struct TMul
{
  enum {ePrev  = PrevValue == 0 ? 1 : PrevValue,
        eValue = ePrev * Value};
};
```

Die Potenz 3^5 wird wie folgt deklariert.

```
std::cout << "power of 3^5 is    "
          << TRecursion<TMul, 3, 5>::eValue << std::endl;
```

Die Berechnung der Summe aller Zahlen von *Value* bis *Value+i-1* kann mit einem Klassentemplate zur Addition durchgeführt werden.

```
template <int PrevValue, int Value, unsigned int i>
struct TAddCount
{
  enum {eValue = PrevValue + Value + i - 1};
};
```

Die Summe aller natürlichen Zahlen von 1 bis 5 wird wie folgt deklariert:

```
std::cout << "sum of 1+2+3+4+5 is "
          << TRecursion<TAddCount, 1, 5>::eValue << std::endl;
```

Das Klassentemplate *TRecursion* könnte auch in *tmp::While* umbenannt werden, denn dieses Template repräsentiert eine statische *While*-Schleife.

3.4   Strings als Argumente für Templateparameter

Als Nichttyp-Templateparameter dürfen, wie bereits in Abschn. 3.2.2 erwähnt, nur konstante ganze Zahlen, Enumeratoren oder konstante Zeiger auf extern definierte Objekte verwendet werden. Häufig ist es in der Metaprogrammierung notwendig, Zeichenketten als Parameter einem Klassentemplate zu übergeben.

```
template <const char *Typename>
struct TValue {};
```

Die Zeichenketten müssen vor der Verwendung als externe globale Variable mit *extern const char* definiert werden, um sie als Templateargument verwenden zu können.

```
extern const char gMaterialId[] = "MaterialId";

typedef TValue<gMaterialId> Type;
```

Es ist dabei zu beachten, dass eine globale Variable nur einmal deklariert werden darf. Erfolgt die Deklaration in einer Headerdatei, die an mehreren Stellen im Quellcode eingebunden wird, führt dieses zu einer fehlerhaften Mehrfachdeklaration der globalen Variablen. Um diesen Fehler zu umgehen, werden die Makros vom Abschn. 2.5 verwendet. Wenn das Makro *DEF_GLOBAL_NAMES* definiert worden ist, dann wird die globale Variable deklariert. Andernfalls wird auf diese als externe globale Variable verwiesen.

```
#ifdef DEF_GLOBAL_NAMES
   #define SETNAME(Name) extern const char g ## Name[] = #Name
#else
   #define SETNAME(Name) extern const char g ## Name[]
#endif
```

Um sicherzustellen, dass nur an einer Stelle im Quellcode die globale Variable deklariert wird, bietet sich eine separate Quellcodedatei (C++-Datei) mit folgender Definition an:

```
#define DEF_GLOBAL_NAMES
  SETNAME(MaterialId)
#undef DEF_GLOBAL_NAMES
```

Das Makro *SETNAME* stellt dem Parameter das Präfix *g* voran. Um auf den Namen der globalen Variable wieder schließen zu können, wird das Makro *GETNAME* benötigt. Dieses ermittelt aus dem Parameter den Namen der globalen Variablen.

```
#define GETNAME(MaterialId) g ## MaterialId
```

Nun stellt sich die Frage, warum den Aufwand mit dem Präfix und dem Umbenennen über Makros treiben? Der Grund wird dann erkennbar, wenn es bei größeren Programmen zu Namenskonflikten kommt. Der Name *MaterialId* kann in unterschiedlichen Programmteilen, in unterschiedlichen Strukturen oder Bibliotheken zum Einsatz kommen. Wenn der Name wieder in mehreren C++-Dateien deklariert worden ist, gibt es wieder fehlerhafte Mehrfachdeklarationen. Ein Ausweg hierfür besteht darin, noch weitere Informationen in den Namen der globalen Variablen einfließen zu lassen, wie zum Beispiel den Klassen- oder Strukturnamen, welche mit der globalen Variablen in Beziehung stehen.

Im folgenden Beispiel wird gezeigt, wie die beiden Makros *GETNAME* und *SETNAME* um einen Strukturnamen erweitert werden können.

```
#define GLUE3(X,Y,StructName) (X ## Y ## StructName)
```

```
#define GETNAME(X, StructName) GLUE3(g, X, StructName)
```

```
#ifdef DEF_GLOBAL_NAMES
  #define SETNAME(T1, StructName) \
        extern const char GETNAME(T1, StructName)[] = #T1
#else
  #define SETNAME(T1, StructName) \
        extern const char GETNAME(T1, StructName)[]
#endif
```

Der Name der globalen Variablen setzt sich nun zusammen aus einem Präfix, dem eigentlichen Namen sowie dem Strukturnamen. Damit hat sich die Wahrscheinlichkeit einer Mehrfachdeklaration sehr stark reduziert. Im Beispiel ersetzt der Präprozessor die Zeile:

```
#define DEF_GLOBAL_NAMES
  SETNAME(MaterialId, SMaterialData);
#undef DEF_GLOBAL_NAMES
```

durch:

```
extern const char gMaterialIdSMaterialData[] = "MaterialId";
```

3.5   Variadische Templates in C++11

Die variadischen Templates sind eine wichtige Spracherweiterung des neuen C++11-Standards. Damit können nun auch Templates mit einer variablen Anzahl von Argumenten definiert werden [6].

3.5.1   Deklaration

Die Deklaration der variablen Argumentenliste erfolgt, ähnlich der Deklaration von variadischen Makros und variadischen Funktionen, mit dem Ellipsenoperator (...) hinter dem Schlüsselwort *typename* als letztes Element in der Parameterliste.

Anders als bei variadischen Makros stellt der neue Standard eine Möglichkeit zur Verfügung, die Anzahl der variablen Argumente zu bestimmen. Der Aufruf des Operators *sizeof...* liefert die Anzahl der variablen Argumente zurück.

```
template<typename... Arguments>
struct TVariadicTypes
{
  enum {eSize = sizeof...(Arguments)};
};

int main()
{
  typedef TVariadicTypes<int,          // type 1
                         int,          // type 2
                         float,        // type 3
                         double,       // type 4
                         unsigned int, // type 5
                         char          // type 6
                        > VA_Types;

  std::cout << "Number of arguments is "
            << VA_Types::eSize << std::endl;
  ...
};
```

Die variadischen Argumente werden in Abhängigkeit von der Schreibweise der Ellipse unterschiedlich verwendet. Die folgende Tab. 3.1 stellt einen Überblick über die Erweiterung der Ellipsenschreibweise dar [6].

Schreibweise	Erweiterung
Ts...	T1, ..., Tn
Ts&&...	T1&&, ..., Tn&&
x<Ts,Y>::z...	x<T1,Y>::z, ..., x<Tn,Y>::z
x<Ts&,Us>...	x<T1&,U1>, ..., x<Tn&,Un>
func(5,vs)...	func(5,v1), ..., func(5,vn)

Tab. 3.1 Überblick über die Erweiterung der Ellipsenschreibweise

3.5.2 Variadische Funktionstemplates

Mit variadischen Funktionstemplates können erstmals Funktionen mit einer beliebigen Anzahl von Parametern und Typen realisiert werden. Im ersten Beispiel wird der größte Wert aller Elemente der Parameterliste bestimmt. Der Rückgabetyp wird in diesem Beispiel als Templateargument explizit als *double* vorgegeben.

```
template <typename RetType, typename T1, typename T2>
RetType getMax(T1 &&a, T2 &&b)
{
  return a > b ? a : b;
};

template <typename RetType,
          typename T1,
          typename T2,
          typename ...Tn> // variadic arguments
RetType getMax(T1 &&a, T2 &&b, Tn &&...vn)
{
  return a > b ? getMax<RetType>(a, vn...) :
                 getMax<RetType>(b, vn...);
};

int main()
{
  std::cout << "getMax() is : "
            << getMax<double>(2, 4.1, 1, 7, 1.0) << std::endl;
  ...
};
```

Im zweiten Beispiel wird der Mittelwert aller Parameter berechnet, indem zuerst die Summe aller Parameter bestimmt wird, bevor das Ergebnis mit der Anzahl der variablen Argumente dividiert wird. Der Rückgabetyp kann als *double* definiert werden, weil eine Division in der Regel zu einer Gleitkommazahl führt.

```
template <typename T>
double getSum(T &&value)
{
  return value;
}

template <typename T, typename ...Tn>
double getSum(T &&value, Tn &&...vn)
{
  return value + getSum(vn...);
}
template <typename ...Tn>
double getAvg(Tn &&...vn)
{
  return getSum(vn...) / sizeof...(Tn);
};

int main()
{
  std::cout << "getAvg(2, 4.1, 1, 7, 1.0) = "
            << getAvg(2, 4.1, 1, 7, 1.0);
  ...
};
```

3.5.3   Variadische Klassentemplates

Die unterschiedliche Anordnung der Ellipse führt bei Klassentemplates zu einer
unterschiedlichen Bedeutung in der Ableitung (siehe Tab. 3.1). Die Ableitung einer
Klasse von einem variadischen Argument bedeutet, dass die Klasse von allen Typen des
variadischen Arguments abgeleitet wird (Mehrfachvererbung). Im Beispiel wird die
Klasse *TClassValues* von *Arguments...* abgeleitet. Der erste Konstruktor der Klasse
TClassValue definiert eine konstante Zahl als Parameter, die für alle abgeleiteten Klassen
gelten soll. Der zweite Konstruktor definiert in seiner Parameterliste unterschiedliche
Werte für alle Argumente.

```
template <typename... Arguments>
class TClassValues : Arguments...
{
public:
  TClassValues(double Value)
  : Arguments(Value)...
  {}

  TClassValues(Arguments ...nValue)
  : Arguments(nValue)...
  {}
};
```

Als Hilfsklassen für die Beispiele sollen die Klassen *CDoubleType* und *CIntType*
dienen.

```
struct CDoubleType
{
  double m_dValue;

  CDoubleType(double Value = 0.0)
  : m_dValue(Value)
  {}
};

struct CIntType
{
  int m_iValue;

  CIntType(int Value = 0)
  : m_iValue(Value)
  {}
};
```

Von der Klasse *TClassValues<CDoubleType, CIntType>* werden im Beispiel zwei Objekte angelegt. Das erste Objekt *ClassValues1* initialisiert die beiden Basisobjekte mit dem Wert 2.0. Das zweite Objekt *ClassValue2* reicht dem Konstruktor der Klasse *CDoubleType* den Wert 2 und dem Konstruktor der Klasse *CIntType* den Wert 3 rein.

```
int main()
{
  // call constructor 1
  TClassValues<CDoubleType, CIntType> ClassValues1(double(2.0));
  // call constructor 2
  TClassValues<CDoubleType, CIntType> ClassValues2(2, 3);
  ...
};
```

Für zwei Argumente würde die Klasse ohne variadische Argumente wie folgt aussehen:

```
template <typename T1, typename T2>
class TClassValues : T1, T2
{
public:
  TClassValues(double Value)
  : T1(Value), T2(Value)
  {}

  TClassValues(T1 Value1, T2 Value2)
  : T1(Value1), T2(Value2)
  {}
};
```

Eine Klasse kann auch mehrfach von einem Klassentemplate, jedoch mit unterschiedlichen Argumenten abgeleitet werden. In diesem Fall wird die Ellipse hinter der Templateargumentenliste eingefügt. Im Beispiel wird die Klasse *TValueArray* von der Klasse *TType<Arguments>* ... abgeleitet. Die variadischen Parameter werden im Konstruktor der Reihe nach den jeweiligen Konstruktoren der Basisklasse übergeben.

```
template <typename T>
class TType
{
  typedef T Type;
  T m_Value;
public:
  TType(T Value)
  : m_Value(Value)
  {}
};

template <typename... Arguments>

class TValueArray : TType<Arguments>...
{
public:
  TValueArray(Arguments ...nValue)
  : TType<Arguments>(nValue)...
  {}
};
```

Von der Klasse *TValueArray<double, int>* wird im Beispiel ein Objekt angelegt, welches zweimal vom Template *TType<T>* abgeleitet wird, einmal vom Typ *double* und einmal vom Typ *int*. Dem ersten Basisobjekt vom Typ *TType<double>* wird im Konstruktor der Wert 2 und dem zweiten Basisobjekt vom Typ *TType<int>* der Wert 3 zugewiesen.

```
int main()
{
  TValueArray<double, int> TValueArray(2, 3);
  ...
};
```

In diesem Beispiel wurde die Klasse ohne variadische Argumente wie folgt aussehen:

```
template <typename T1, typename T2>
class TValueArray : TType<T1>, TType<T2>
{
public:
  TValueArray(T1 Value1, T2 Value2)
  : TType<T1>(Value1), TType<T2>(Value2)
  {}
};
```

Es ist natürlich auch möglich, eine Klasse von einer Basisklasse mit einer variadischen Argumentenliste abzuleiten.

```
template <typename... Arguments>
struct TVariadicTypes
{
  enum {eSize = sizeof...(Arguments)};
};

template <typename... Arguments>
class TVariadicClass : TVariadicTypes<Arguments...>
{
public:
  TVariadicClass ()
  {}
};

int main()
{
  TVariadicClass <double, int> TVariadicClass;
  ...
};
```

3.5.4 Metaprogrammierung mit variadischen Templates

Variadische Klassentemplates können, genau wie einfache Klassentemplates auch, partiell spezialisiert werden. Diese Eigenschaft kann zum Beispiel benutzt werden, um die Summe aller ganzzahligen Nichttyp-Parameter zur Kompilationszeit zu ermitteln.

```
template <int... vn>
struct TSum;

template <>
struct TSum<>
{
  enum { Ret = 0 };
};

template <int a, int... vn>
struct TSum<a, vn...>
{
  enum { Ret = a + TSum<vn...>::Ret };
};
```

Zu beachten ist, dass die Argumentenliste immer zuerst einen Einzelparameter und anschließend die variablen Parameter enthält.

```
template <int a, int... vn>
struct TSum<a, vn...>
```

Der Einzelparameter wird dann in der Rekursion verarbeitet und die variablen Parameter dem nächsten rekursiven Funktionsaufruf übergeben. Dieser splittet dann die variablen Parameter wieder in einen Einzelparameter und in die restlichen variablen

Parameter auf. Im Beispiel wird zur Kompilationszeit die Summe aus den Ganzzahlen 1,5,2,4 und 3 berechnet.

```
int main()
{
  // like int IntValue = 15;
  int IntValue = TSum<1,5,2,4,3>::Ret;
  ...
};
```

Im Abschn. 3.2.8 wurde die statische *If*-Bedingung und die *Switch*-Anweisung vorgestellt. Mit variadischen Templates können nun die geschachtelte *If*-Bedingung und die *Switch*-Anweisung vereinfacht werden. Im ersten Schritt wird die Bedingung *Condition*, die bisher ein Nichttyp-Parameter war, in einen Typ umgewandelt, um sie als variables Argument verarbeiten zu können. Wenn die Bedingung wahr ist, wird mit *typedef* der Typ *True* definiert, andernfalls der Typ *False*.

```
namespace tmp
{
struct True
{
  enum {Ret = 1};
};

struct False
{
  enum {Ret = 0};
};

template <bool Condition>
struct Cond
{
  typedef typename If<Condition, True, False>::Ret Ret;
};
```

Die variadische *If*-Bedingung wird im Beispiel mit dem Namen *VA_If* definiert.

```
template <typename... Arguments> struct VA_If;

template<typename Then, typename Else, typename... Arguments>
struct VA_If<True, Then, Else, Arguments...>
{
  typedef Then Ret;
};

template<typename Then, typename... Arguments>
struct VA_If<False, Then, Arguments...>
{
  typedef typename VA_If<Arguments...>::Ret Ret;
};

template<typename Condition, typename Then, typename Else>
struct VA_If<Condition, Then, Else>
{
  typedef Then Ret;
};

template<typename Then, typename Else>
struct VA_If<False, Then, Else>
{
  typedef Else Ret;
};

#define COND(x) Cond<(x)>::Ret
```

Mit variadischen Templates ist die Schreibweise für eine verschachtelte *If*-Bedingung deutlich einfacher, weil für den *Else*-Zweig keine separate *If*-Bedingung geschrieben werden muss. Mit dem Makro *COND(x)* lässt sich die Schreibweise weiter vereinfachen.

```
int main()
{
  VA_If<Cond<( 1 > 2)>::Ret, double,
        Cond<(30 > 4)>::Ret, float, int>::Ret VA_Value;

  VA_If<COND( 1 > 2), double,
        COND(30 > 4), float, int>::Ret COND_Value;

  ...
};
```

Die *Switch*-Anweisung kann mit variadischen Templates wie folgt definiert werden.

```
const int Default = -1;

template <int Tag, typename Type>
struct TCase
{
  enum {eTag = Tag};

  typedef Type Ret;
};

template <int Tag, typename TCase, typename... Arguments>
struct TSwitch
{
  typedef typename If<(Tag == TCase::eTag),
                      typename TCase::Ret,
                      typename TSwitch<Tag, Arguments...>::Ret
                     >::Ret Ret;
};

template <int Tag, typename TCase>
struct TSwitch<Tag, TCase>
{
  enum
  {
    CaseTag = TCase::eTag,
    Found   = (Tag == CaseTag || CaseTag == Default)
  };

  typedef typename If<Found, typename TCase::Ret, bool>::Ret Ret;
};
```

Auch die Schreibweise für eine *Switch*-Anweisung ist mit variadischen Templates einfacher, weil auf das *NilCase* verzichtet werden kann und die Klammersetzung einfacher ist.

```
int main()
{
  TSwitch<7,
          TCase<1, float>,
          TCase<2, double>,
          TCase<3, int>,
          TCase<4, long>
         >::Ret Value;
  ...
};
```

3.6 Das Schlüsselwort constexpr ab C++11

Das neue Schlüsselwort *constexpr* ab C++11 weist den Compiler an, das Ergebnis bereits zur Übersetzungszeit zu ermitteln. Daher besteht eine mit *constrexpr* deklarierte Funktion nur aus einer *return*-Anweisung. Am Beispiel zur Berechnung der Fakultät einer Zahl soll das Schlüsselwort *constexpr* vorgestellt werden. Mit einem herkömmlichen Funktions-template nach Abschn. 3.1.6 wird die Fakultät wie folgt ermittelt.

```
template <unsigned int n>
unsigned int factorial()
{
  return (n <= 1 ? 1 : (n * factorial<n-(n ? 1 : 0)>()));
};
```

Mit dem Schlüsselwort *constexpr* vereinfacht sich die Schreibweise etwas. Zudem müssen bei *constexpr* keine Tricks mit dem *Operator ?* angewendet werden, um die Rekursion zu beenden (siehe Abschn. 3.1.6).

```
constexpr unsigned int factorial(unsigned int n)
{
  return (n <= 1 ? 1 : (n * factorial(n-1)));
};
```

Der Compiler prüft bei *constexpr*, ob alle Parameter zur Kompilationszeit bereits feststehen. Andernfalls gibt er eine Warnung aus und die Funktion wird zur Laufzeit aufgerufen.

```
int main()
{
  unsigned int Factorial = factorial(5);

  std::cout << "factorial of 5 is: " << Factorial << std::endl;
  ...
};
```

Der Funktion *factorial* kann auch eine als *constexpr* deklarierte Variable übergeben werden.

```
constexpr unsigned int Param = 5;
unsigned int Factorial = factorial(Param);
```

Wenn das Ergebnis wiederum in einer mit *constexpr* deklarierten Variablen übergeben wird, kann diese in weiteren Metafunktionen, d. h. auch in Templatemetafunktionen, verwendet werden.

```
int main()
{
  constexpr unsigned int Param = 3;
  constexpr unsigned int Factorial1 = factorial(Param);
  // call constexpr function
          unsigned int Factorial2 = factorial(Factorial1);
  // call metafunction
          unsigned int Factorial3 = factorial<Factorial1>();

  std::cout << "Factorial of 6 is: " << Factorial2 << std::endl;

  std::cout << "Factorial of 6 is: " << Factorial3 << std::endl;
  ...
};
```

Die Übergabe von Strings als Nichttyp-Templateparameter in Metafunktionen ist sehr aufwendig (siehe Abschn. 3.4). Hier bietet *constexpr* mehr Möglichkeiten in der Verarbeitung von Zeichenketten an [7]. Um auf einzelne Zeichen einer Zeichenkette zugreifen zu können ist es bei *constexpr* möglich, die Zeichenkette als Referenz des Feldes *const char (&)[DIM]* in der Parameterliste zu definieren. Im folgenden Beispiel bestimmt die Funktion *getCharAtIndex* zur Kompilationszeit das Zeichen an der Indexposition *i*.

```
template <unsigned int DIM> constexpr
char getCharAtIndex(const char (&String)[DIM], unsigned int i)
{
  return (String[i]);
};

int main()
{
  std::cout << getCharAtIndex("Das ist ein Test", 6)  // -> t
          << std::endl;
  ...
};
```

Im nächsten Beispiel wird gezeigt, wie zwei Zeichenketten miteinander verglichen werden können. Die erste *constexpr*-Funktion *compareChar* vergleicht zwei Zeichen miteinander. Bei Gleichheit der Zeichen wird eine 1, bei Ungleichheit eine 0 zurückgeliefert. Die zweite *constexpr*-Funktion *compareStrings* vergleicht nun rekursiv alle Zeichen der Zeichenkette miteinander. Zusätzlich wird auch die Dimension der beiden Felder auf Gleichheit geprüft.

```
constexpr int compareChar(char Char1, char Char2)
{
  return (Char1 == Char2 ? 1 : 0);
};

template <unsigned int DIM1, unsigned int DIM2> constexpr
int compareStrings(const char(&String1)[DIM1],
                   const char(&String2)[DIM2],
                   unsigned int i = 0)
{
  return (DIM1 == DIM2
          ? i < DIM1-1
            ? compareChar(String1[i],String2[i]) &&
              compareStrings(String1,String2,i+1)
            : compareChar(String1[i],String2[i])
          : 0);
};
```

Im Beispiel wird der mit *extern const char* definierte String *MaterialId* mit der in der Parameterliste direkt definierte String *MaterialId* verglichen.

```
extern const char gMaterialId[] = "MaterialId";

int main()
{
  std::cout << compareStrings("MaterialId", gMaterialId)
            << std::endl;
  ...
};
```

In den nächsten Abschnitten wird jedoch das Schlüsselwort *constexpr* nicht weiter verwendet. Das liegt zum einen daran, dass *constexpr* keine merklich erweiterte Funktionalität gegenüber den Metafunktionen in den folgenden Abschnitten bietet, und zum anderen daran, das *constexpr* noch nicht bei allen Compilern[2] sauber implementiert ist. Zudem sind die Funktionsparameter keine konstanten Ausdrücke wie die Nichttyp-Parameter von Templates, so dass keine statische Assertion (siehe Abschn. 4.5) mit *static_assert* ausgegeben werden kann.

Literatur

1. Stroustrup, Bjarne, und Andrew Sutton. 2012. A concept design for C++. http://channel9.msdn.com/Events/GoingNative/GoingNative-2012/A-Concept-Design-for-C-.   Zugegriffen   am 31.05.2013.
2. Sutter, Herb. 2001. Why not specialize function templates? 2001, Bd. *C/C++ Users Journal* 7(19): 65–68.
3. Veldhuizen, Todd. 1995. Using C++ template metaprograms. *C++ Report.* 7(4): 36–43.

---

[2] Die Microsoft Compiler bis Visual C++ 2013 unterstützen constexpr nicht.

4. Unruh, Erwin. 2013. Temple Metaprogrammierung. http://www.erwin-unruh.de/meta.html. Zugegriffen am 05.04.2013.
5. Krzysztof, Czarnecki, und Ulrich W Eisenecker. 2000. *Generative programming*. Boston: Addision-Westley. ISBN 0-201-30977-7.
6. Alexandrescu, Andrej. 2012. Variadic templates are Funadic. http://channel9.msdn.com/Events/GoingNative/GoingNative-2012/Variadic-Templates-are-Funadic. Zugegriffen am 16.08.2013.
7. Krzemieński, Andrzej. 2015. Andrzej's C++ blog, parsing strings at compile-time — Part I. https://akrzemi1.wordpress.com/2011/05/11/parsing-strings-at-compile-time-part-i/. Zugegriffen am 05.06.2015.

Erweiterte Metaprogrammierung

4

Die erweiterte Metaprogrammierung geht über das hinaus, was in den Grundlagen der C++-Templates behandelt werden konnte. In diesem Kapitel werden Techniken und Tricks vorgestellt, um Typen in Typlisten zu verwalten oder mit *Type-Traits* zusätzliche Typinformationen zur Kompilationszeit zu erhalten, die für das Generieren von Quellcode unabdingbar sind. Damit lassen sich die meisten Metafunktionen der Standard Template Library besser verstehen und anwenden. Die wichtigsten Metafunktionen der Standard Template Library in C++11 werden zusammenfassend vorgestellt.

Weiterhin wird in diesem Kapitel die statische Assertion beschrieben, um bereits zur Kompilationszeit den Quellcode vom Compiler prüfen zu lassen. Die statische Assertion wird in allen zukünftigen Kapiteln Anwendung finden.

4.1 Typlisten

4.1.1 Definition von Typlisten

Eine Liste ist eine Sequenz von Paaren. Die Idee, Listen als Daten- oder Typstrukturen zu benutzen, ist nicht neu. Die zweitälteste Programmiersprache LISP (List-Processing) verwendet sie schon seit 1958 [1]. In der Abb. 4.1 ist schematisch ein Beispiel von Listen in LISP dargestellt.

Mit Templates können Listen-Strukturen von Typen definiert und verwendet werden. Andrei Alexandrescu beschreibt in [2] ausführlich die hier vorgestellten Typlisten.

Das Klassentemplate *Typelist* definiert eine Typliste. Das Templateargument *T* definiert einen Typ und das Templateargument *U* eine weitere Typliste oder einen *NullType*. Über die inneren Namen *Head* und *Tail* kann wieder auf den Typ bzw. auf die weitere Typliste oder dem *NullType* geschlossen werden.

© Springer-Verlag Berlin Heidelberg 2016
J. Lemke, *C++-Metaprogrammierung*, DOI 10.1007/978-3-662-48550-7_4

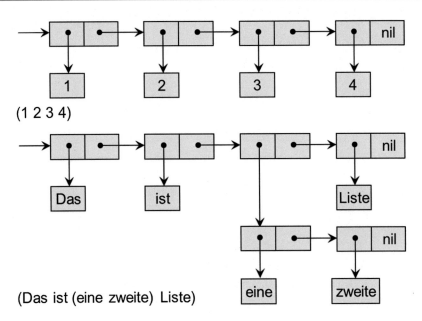

Abb. 4.1 Beispiele von Listen in LISP

```
namespace tmp
{
  template <typename T, typename U>
  struct Typelist
  {
     typedef T Head;
     typedef U Tail;
  };

  class NullType {};
}
```

In der Abb. 4.2 ist beispielhaft eine Typliste schematisch dargestellt.

Jede Typliste muss mit einem *NullType* abgeschlossen werden, um das Ende einer Typliste erkennbar zu machen. Mit diesem Verfahren können beliebig lange Typlisten durch Verschachtelung erstellt werden. Die folgende Typliste beinhaltet beispielhaft 5 unterschiedliche Typen.

```
// create typelist
typedef tmp::Typelist<                    long,
                      tmp::Typelist< char[32],
                      tmp::Typelist< double,
                      tmp::Typelist< float,
                      tmp::Typelist< int,
                                     tmp::NullType
                      > > > > > DataType;
```

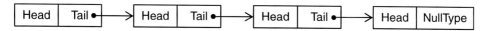

Abb. 4.2 Beispiel einer Typliste mit den inneren Namen Head und Tail

Die Schreibweise der Typliste ist noch sehr unübersichtlich. Es muss darauf geachtet werden, dass alle geöffneten spitzen Klammern am Ende auch wieder geschlossen werden müssen. Mit Hilfe der in den Abschn. 2.7.1 beschriebenen Verschachtelung von Makros lassen sich Makros für das Erzeugen von Typlisten definieren.

```
#define TYPELIST_1(T1) \
        tmp::Typelist<T1, tmp::NullType>
#define TYPELIST_2(T1, T2) \
        tmp::Typelist<T1, TYPELIST_1(T2) >
#define TYPELIST_3(T1, T2, T3) \
        tmp::Typelist<T1, TYPELIST_2(T2, T3) >
#define TYPELIST_4(T1, T2, T3, T4) \
        tmp::Typelist<T1, TYPELIST_3(T2, T3, T4) >
#define TYPELIST_5(T1, T2, T3, T4, T5) \
        tmp::Typelist<T1, TYPELIST_4(T2, T3, T4, T5) >
```

Mit der Verwendung der Makros können die Typlisten nun übersichtlicher anleget werden.

```
// create typelist DataType with macros
typedef TYPELIST_5(long, char[32], double, float, int) DataType;
```

Das Anlegen der Typliste kann auch mit variadische Makros erfolgen (siehe Abschn. 2.8). Das Makro *TYPELIST* bestimmt zuerst die Anzahl der Argumente und generiert anschließend das entsprechen Makro zum Anlegen der Typliste.

```
#define TYPELIST(...) \
        VA_TYPELIST((VA_NUM_ARGS(__VA_ARGS__), __VA_ARGS__))
#define VA_TYPELIST(tuple) VA_TYPELIST_ tuple
#define VA_TYPELIST_(n, ...) VA_TYPELIST__(n, (__VA_ARGS__))
#define VA_TYPELIST__(n, tuple) VA_GLUE_2(TYPELIST_,n) tuple
```

Somit kann die Typliste mit variadischen Makros noch einfacher angelegt werden.

```
// create typelist with macros
typedef TYPELIST(long, char[32], double, float, int) DataType;
```

Typlisten können auch mit dem Klassentemplate *MakeTypelist* nach [2] angelegt werden. Dabei werden die Typen als Templateargumente definiert und standardmäßig auf den *NullType* gesetzt. Das Template arbeitet rekursiv, indem das erste Argument *T1* das erste Argument der Typliste ist, das zweite Argument der Typliste ist das Ergebnis des nächsten Aufrufs des Templates *MakeTypelist* ohne das erste Argument *T1*. Sobald das erste Templateargument *T1* gleich dem *NullType* ist, greift die Spezialisierung des Klassentemplates und die Schleife wird beendet.

```
namespace tmp
{
  template <typename T1 = NullType,
            typename T2 = NullType,
            typename T3 = NullType,
            typename T4 = NullType,
            typename T5 = NullType>
  struct MakeTypelist
  {
  private:
    typedef typename MakeTypelist <T2, T3, T4, T5>::Result
                     TailResult;

  public:
    typedef Typelist<T1, TailResult> Result;
  };

  template<>
  struct MakeTypelist<>
  {
    typedef NullType Result;
  };
} // tmp
```

Mit variadischen Templates nach dem C++11-Standard lässt sich das Anlegen einer Typliste weiter vereinfachen. Das erste Templateargument *T1* wird dabei fest vorgegeben, während alle weiteren Argumente variadisch sind. Die Spezialisierung des Templates erfolgt für das Argument *T1* ohne weitere variadische Argumente. Dieses Template lässt sich nun für das Anlegen beliebig langer Typlisten verwenden.

```
namespace tmp
{
  template <typename T1, typename... Arguments>
  struct MakeTypelist
  {
  private:
    typedef typename MakeTypelist<Arguments...>::Result
                     TailResult;

  public:
    typedef Typelist<T1, TailResult> Result;
  };

  template <typename T1>
  struct MakeTypelist<T1>
  {
  public:
    typedef Typelist<T1, tmp::NullType> Result;
  };
} // tmp
```

Die Typliste kann nun wie folgt erzeugt werden.

```
// create typelist with class template
typedef tmp::MakeTypelist<long, char[32], double, float, int
                     >::Result DataType;
```

4.1.2 Arbeiten mit Typlisten

Der Zugriff auf bestimmte Typen der Typliste über die *Head-* und *Tail-*Elemente eines Paares ist sehr aufwendig und nur bedingt handhabbar. Alexandrescu entwickelte daher eine Reihe von Klassentemplates, die das Arbeiten mit Typlisten vereinfachen [2].

Ein wichtiges Template ist das Klassentemplate *TypeAt*. Es liefert als Ergebnis den Typ an einer bestimmten Indexposition der Typliste.

```
namespace tmp
{
  struct TypeAt;
  template <typename TList, unsigned int Index>
  template <typename Head, typename Tail>
  struct TypeAt<Typelist<Head, Tail>, 0>
  {
    typedef Head Result;
  };

  template <typename Head, typename Tail, unsigned int i>
  struct TypeAt<Typelist<Head, Tail>, i>
  {
    typedef typename TypeAt<Tail, i - 1>::Result Result;
  };
}
```

Das Template *TypeAt* ist mit zwei Templateargumenten definiert, der Typliste und dem Index. Von diesem Template werden zwei Spezialisierungen definiert. Die erste Spezialisierung enthält nur die Typen für die *Head-* und *Tail-*Elemente der Typliste. Der Index ist 0 und die Typdefinition von *Result* zeigt demzufolge auf den zu ermittelnden Typ. Die zweite Spezialisierung enthält neben dem *Head-* und *Tail-*Element den Index *i*. Da dieser größer als 0 ist, da sonst die erste Spezialisierung greifen würde, wird rekursiv das Template *TypeAt* für den Nachfolger aufgerufen und der Index um eins reduziert. Im Beispiel wird der Typ an der Indexposition 3 bestimmt.

```
// create typelist with class template
typedef tmp::MakeTypelist<long, char[32], double, float, int
                  >::Result DataType;

int main()
{
  // get type at index 3
  tmp::TypeAt<DataType, 3>::Result Value = 11.1f; // float
  ...
};
```

Für große Typlisten benötigt der Compiler relativ lange, um die Typen an einer bestimmten Indexposition zu bestimmen. Durch zusätzliche Spezialisierungen für den Index 1 und 2 kann die Zeit des Compilerdurchlaufs deutlich reduziert werden. Der Trick ist, dass der Index um 3 Positionen in jedem Durchlauf reduziert wird. Die Spezialisierungen können aber auch bis zum Index 10 erfolgen. Zu beachten ist, dass für den Compiler der Typ *Tail::Tail::Tail* der Typliste unbekannt ist. Daher muss dieser mit *typename* zusätzlich deklariert werden.

```
namespace tmp
{
  template <typename TList, unsigned int Index>
  struct TypeAt;

  template <typename Head, typename Tail>
  struct TypeAt<Typelist<Head, Tail>, 0>
  {
    typedef Head Result;
  };

  template <typename Head, typename Tail>
  struct TypeAt<Typelist<Head, Tail>, 1>
  {
    typedef typename Tail::Head Result;
  };

  template <typename Head, typename Tail>
  struct TypeAt<Typelist<Head, Tail>, 2>
  {
    typedef typename Tail::Tail::Head Result;
  };

  template <typename Head, typename Tail, unsigned int i>
  struct TypeAt<Typelist<Head, Tail>, i>
  {
    typedef typename
      TypeAt<typename Tail::Tail::Tail, i - 3>::Result Result;
  };
}
```

Somit dient eine Spezialisierung eines Klassentemplates auch der Optimierung von Compilerdurchläufen.

In vielen Fällen ist es hilfreich, die Länge einer Typliste zu kennen. Diese Aufgabe
übernimmt das Klassentemplate *Length*. Es wird rekursiv solange aufgerufen und der
Wert *value* um eins erhöht, bis die Spezialisierung für den *NullType* greift.

```
namespace tmp
{
  template <typename TList>
  struct Length;

  template <>
  struct Length<NullType>
  {
    enum { value = 0 };
  };

  template <typename T, typename U>
  struct Length< Typelist<T, U> >
  {
    enum { value = 1 + Length<U>::value };
  };
}
```

Die Länge einer Typliste ist zum Beispiel dann wichtig, wenn die Typliste rückwärts
vom letzten Element beginnend aufgerufen werden soll (siehe Beispiel Primzahlen
Abschn. 11.1).

```
// create typelist with class template
typedef tmp::MakeTypelist<long, char[32], double, float, int
                   >::Result DataType;

int main()
{
  int length = tmp::Length<DataType>::value;
  ...
};
```

Ein weiteres nützliches Klassentemplate ist *Append*. Es fügt zu einer Typliste *TList*
einen Typ oder eine weitere Typliste *T* hinzu. Das Template *Append* wird solange rekursiv
aufgerufen, bis das erste Templateargument auf einen *NullType* zeigt und damit eine
Spezialisierung greift.

```
namespace tmp
{
  template <typename TList, typename T>
  struct Append;

  template <>
  struct Append<NullType, NullType>
  {
    typedef NullType Result;
  };

  template <typename T>
  struct Append<NullType, T>
  {
    typedef Typelist<T,NullType> Result;
  };

  template <typename Head, typename Tail>
  struct Append<NullType, Typelist<Head, Tail> >
  {
    typedef Typelist<Head, Tail> Result;
  };

  template <typename Head, typename Tail, typename T>
  struct Append<Typelist<Head, Tail>, T>
  {
    typedef Typelist<Head, typename Append<Tail, T>::Result
                    > Result;
  };
}
```

Im folgenden Beispiel werden die beiden Typlisten *Typelist1* und *Typelist2* zur Typliste *Typelist3* zusammengefügt.

```
// define Typelist1
typedef tmp::MakeTypelist<long, char[32], float
                          >::Result Typelist1;
// define Typelist2
typedef tmp::MakeTypelist<short, int, bool>::Result Typelist2;

// define Typelist3 = Typelist1 + Typelist2
typedef tmp::Append<Typelist1, Typelist2>::Result Typelist3;
```

4.2   Type-Traits

Type-Traits sind eine Sammlung von Klassen, die in der generischen Programmierung
Eigenschaften von Typen verwalten bzw. kapseln. In der Regel wird die Spezialisierung
von Klassentemplates verwendet, um auf die gewünschte Eigenschaft eines Typs
schließen zu können. In Abhängigkeit vom Typ können dann zur Kompilationszeit
Verzweigungen mit unterschiedlichem Quellcode realisiert werden. Ein Anwendungsfall
ist zum Beispiel das Lesen und Schreiben von Daten in eine Datenbank, da ein *sql*-
Statement abhängig vom jeweiligen Typ ist. Am Ende des Abschnitts wird gezeigt, wie
mit Type-Traits ein einfaches *create table*-Statement geschrieben werden kann.

Im folgenden Beispiel wird mit der Klasse *TIsDouble<T>* und einer vollständigen
Spezialisierung das Templateargument *T* auf den Typ *double* getestet.

```cpp
template <typename T>
struct TIsDouble
{
  enum {Ret = 0};
};

template <>
struct TIsDouble<double>
{
  enum {Ret = 1};
};

int main()
{
  std::cout << "int:    " << TIsDouble<int>::Ret
            << std::endl;                           // int:    0
  std::cout << "float:  " << TIsDouble<float>::Ret
            << std::endl;                           // float:  0
  std::cout << "double: " << TIsDouble<double>::Ret
            << std::endl;                           // double: 1
  ...
};
```

Es wäre nun sehr mühsam, für jeden Typ ein eigenes Klassentemplate zu entwickeln.
Allgemeingültiger ist das Klassentemplate *TIsSameType<T, X>*. Wenn die Argumente
T und *X* vom gleichen Typ sind greift die partielle Spezialisierung für *TIsSameType<T, T>*.

```
template <typename T, typename X>
struct TIsSameType
{
  enum {Ret = 0};
};

template <typename T>
struct TIsSameType<T, T>
{
  enum {Ret = 1};
};
```

Die Typprüfung ist immer dann erforderlich, wenn der Typ im jeweiligen Quellcodeabschnitt unbekannt ist, d. h. er zum Beispiel in einem Klassentemplate gekapselt ist. Im Abschn. 3.2.1 wurde das Klassentemplates *TType* dazu benutzt, die Typinformation statisch zu speichern. Dieses soll in den folgenden Beispielen wiederverwendet werden. Als innerer Typ wird der Typ *double* in *InfoType* verwendet.

```
template <typename T>
struct TType
{
  typedef T Type;
};

typedef TType<double> InfoType;

int main()
{
  std::cout << "int:     "
            << TIsSameType<int, InfoType::Type>::Ret
            << std::endl;

  std::cout << "float:   "
            << TIsSameType<float, InfoType::Type>::Ret
            << std::endl;

  std::cout << "double: "
            << TIsSameType<double, InfoType::Type>::Ret
            << std::endl;
  ...
};
```

In der Standard Template Library von C++11 kann das Template *std::is_same<T, U>* verwendet werden.

```
int main()
{
  std::cout << "int:    "
            << std::is_same<int, InfoType::Type>::value
            << std::endl;

  std::cout << "float:  "
            << std::is_same<float, InfoType::Type>::value
            << std::endl;

  std::cout << "double: "
            << std::is_same<double, InfoType::Type>::value
            << std::endl;
  ...
}
```

Für die Realisierung einer Datenbankschnittstelle ist eine Unterscheidung zwischen Ganzzahlen, reellen Zahlen und Zeichenketten erforderlich. Ob ein Typ eine reelle Zahl ist, kann mit dem Klassentemplate *TIsFloatingPoint<T>* getestet werden. Das Template testet, ob das Argument entweder vom Typ *float* oder vom Typ *double* ist.

```
template <typename T>
struct TIsFloatingPoint
{
  enum {Ret = TIsSameType<float, T>::Ret ||
              TIsSameType<double, T>::Ret  };
};

int main()
{
  std::cout << "int:    " << TIsFloatingPoint <int>::Ret
            << std::endl;
  std::cout << "float:  " << TIsFloatingPoint <float>::Ret
            << std::endl;
  std::cout << "double: " << TIsFloatingPoint <double>::Ret
            << std::endl;
  ...
};
```

In C++11 kann das Template *std::is_floating_point<T>* verwendet werden.

```
int main()
{
  std::cout << "int:      "
            << std::is_floating_point<int>::value
            << std::endl;

  std::cout << "float:    "
            << std::is_floating_point<float>::value
            << std::endl;

  std::cout << "double: "
            << std::is_floating_point<double>::value
            << std::endl;
  ...
}
```

Die Prüfung auf Ganzzahlen ist deutliche umfangreicher, weil es in C++ sehr viele unterschiedliche ganzzahligen Typen gibt. Das Klassentemplate *TIsIntegral<T>* testet, ob das Templateargument *T* eine Ganzzahl ist.

```
template <typename T>
struct TIsIntegral
{
  enum {Ret = TIsSameType<char, T>::Ret           ||
              TIsSameType<unsigned char, T>::Ret   ||
              TIsSameType<short, T>::Ret           ||
              TIsSameType<unsigned short, T>::Ret  ||
              TIsSameType<long, T>::Ret            ||
              TIsSameType<unsigned long, T>::Ret   ||
              TIsSameType<int, T>::Ret             ||
              TIsSameType<unsigned int, T>::Ret    };
};

int main()
{
  std::cout << "int:      "
            << TIsIntegral<int>::Ret
            << std::endl;

  std::cout << "long:     "
            << TIsIntegral<long>::Ret
            << std::endl;

  std::cout << "double: "
            << TIsIntegral<double>::Ret
            << std::endl;
  ...
};
```

Für den Compiler wäre eine vollständige Spezialisierung des Arguments *T* etwas effizienter.

```
template <typename T>
struct TIsIntegral
{
  enum {Ret = 0};
};

template <> struct TIsIntegral<char>              {enum {Ret = 1};};
template <> struct TIsIntegral<unsigned char>     {enum {Ret = 1};};
template <> struct TIsIntegral<short>             {enum {Ret = 1};};
template <> struct TIsIntegral<unsigned short>    {enum {Ret = 1};};
template <> struct TIsIntegral<long>              {enum {Ret = 1};};
template <> struct TIsIntegral<unsigned long>     {enum {Ret = 1};};
template <> struct TIsIntegral<int>               {enum {Ret = 1};};
template <> struct TIsIntegral<unsigned int>      {enum {Ret = 1};};
...
```

In C++11 kann das Template *std::is_integral<T>* verwendet werden.

```
int main()
{
  std::cout << "int:     "
            << std::is_integral<int>::value
            << std::endl;

  std::cout << "float:   "
            << std::is_integral<float>::value
            << std::endl;

  std::cout << "double:  "
            << std::is_integral<double>::value
            << std::endl;
  ...
}
```

Eine Zeichenkette als Feld von Elementen des Typs *char* kann mit dem Klassentemplate *TIsCharArray<T>* getestet werden. Der Nichttyp-Parameter *DIM* gibt die Anzahl der Elemente im Feld an.

```
template <typename T>
struct TIsCharArray
{
  enum {Ret = 0};
};

template <unsigned int DIM>
struct TIsCharArray<char[DIM]>
{
  enum {Ret = 1};
};

int main()
{
  std::cout << "int:      "
            << TIsCharArray<int>::Ret
            << std::endl;

  std::cout << "char:     "
            << TIsCharArray<char>::Ret
            << std::endl;

  std::cout << "char[16]: "
            << TIsCharArray<char[16]>::Ret
            << std::endl;
  ...
};
```

Mit den bisher hergeleiteten Klassentemplates kann nun ein *create table*-Statement in Abhängigkeit vom jeweiligen Typ geschrieben werden. Im einfachsten Fall werden für den Datenbankzugriff ein Typ, ein Typbezeichner und ein Schlüssel benötigt. Das Klassentemplate *TDBType<T, pTypeName, Key>* stellt diese drei Information statisch zur Verfügung.

```
template <typename T, const char *pTypeName, bool Key>
struct TDBType
{
  typedef T Type;
};
```

Im folgenden Beispiel soll eine Tabelle mit drei Spalten angelegt werden. Die Strings, die als Spaltennamen dienen sollen, müssen wie im Abschn. 3.4 beschrieben als externe globale Variable angelegt werden.

```
extern const char gTypeName1[] = "MaterialName";
extern const char gTypeName2[] = "MaterialId";
extern const char gTypeName3[] = "Price";
```

Anschließend müssen die im Quellcode verwendeten Typen in Datenbanktypen konvertiert werden. Das Template *TConvertToDBType<T>* verwendet hierfür die hergeleiteten Templates *TIsFloatingPoint<T>* und *TIsIntegral<T>* ähnlich wie im

Abschn. 3.2.8 bereits beschrieben. Alle reellen Zahlen werden nach *double* und alle Ganzzahlen nach *int* konvertiert. Die restlichen Typen bleiben erhalten.

```
template <typename T>
struct TConverToDBType
{
  typedef typename
    tmp::If<TIsFloatingPoint<T>::Ret,          // 1. condition
            double,                            // 1. then
                                               // 1. else &
            typename tmp::If<TIsIntegral<T>::Ret,// 2. cond.
                             int,               // 2. then
                             T                  // 2. else
                  >::Ret
          >::Ret Type;
};
```

Nun können die Klassentemplates *TDBType* in Abhängigkeit vom Typen, vom Typnamen und der Schlüsselinformation definiert werden.

```
typedef TDBType<TConverToDBType<char[32]>::Type,
                gTypeName1,
                true>  DBType1;

typedef TDBType<TConverToDBType<int>::Type,
                gTypeName2,
                false> DBType2;

typedef TDBType<TConverToDBType<float>::Type,
                gTypeName3,
                false> DBType3;
```

Als letztes werden noch unterschiedliche Schreibroutinen benötigt, die in Abhängigkeit des Datenbanktyps, Einträge in das *create table*-Statement hinzufügen. Die Kapselung der Schreibroutinen erfolgt über die Klassentemplates *TCreateTable* und der partiellen Spezialisierung.

```cpp
template <typename T>
struct TCreateTable
{
  static void writeDBType(std::string &CreateStatement){};
};

template <const char *pTypeName, bool Key>
struct TCreateTable<TDBType<double, pTypeName, Key> >
{
  static void writeDBType(std::string &CreateStatement)
  {
    CreateStatement += pTypeName;
    CreateStatement += " REAL";
  };
};

template <const char *pTypeName, bool Key>
struct TCreateTable<TDBType<int, pTypeName, Key> >
{
  static void writeDBType(std::string &CreateStatement)
  {
    CreateStatement += pTypeName;
    CreateStatement += " INTEGER";
  };
};

template <unsigned int DIM, const char *pTypeName, bool Key>
struct TCreateTable<TDBType<char[DIM], pTypeName, Key> >
{
  static void writeDBType(std::string &CreateStatement)
  {
    std::stringstream Stream;
    Stream << DIM;

    CreateStatement += pTypeName;
    CreateStatement += " VARCHAR(" + Stream.str() + ")";
  };
};
```

Das *create table*-Statement kann nun auf einfache Weise, allerdings ohne Berücksichtigung der Schlüsselinformationen, erzeugt werden. Das Statement wird zwar zur Laufzeit angelegt, aber alle Verknüpfungen bzgl. der Typen und Typnamen erfolgen zur Kompilationszeit.

```
int main()
{
  std::string CreateTableStatement("CREATE TABLE TEST (");

  TCreateTable<DBType1>::writeDBType(CreateTableStatement);
  CreateTableStatement += ", ";
  TCreateTable<DBType2>::writeDBType(CreateTableStatement);
  CreateTableStatement += ", ";
  TCreateTable<DBType3>::writeDBType(CreateTableStatement);
  CreateTableStatement += ");";

  std::cout << CreateTableStatement.c_str() << std::endl;
  ...
};
```

Im Abschn. 6.3 werden Typlisten vorgestellt, die alle Typinformationen in einer statischen Liste zur Kompilationszeit zwischenspeichern können. Das Erzeugen von *sql*-Statements kann dann über die Liste noch allgemeingültiger durchgeführt werden.

4.3 SFINAE

4.3.1 Das SFINAE-Prinzip

Ein Template-Quellcode muss syntaktisch immer korrekt sein, damit der Compiler ihn als Template mit den dazugehörigen Klassen und Funktionen interpretieren kann. Bei der Instanziierung bindet der Compiler nur die Funktionen ein, die auch wirklich verwendet werden. Diese müssen dann semantisch korrekt und fehlerfrei übersetzbar sein. Um diese Eigenschaft des Compilers in der generischen Programmierung bewusst verwenden zu können, darf der Compiler bei einem fehlgeschlagenen Instanziierungsversuch keinen Fehler erzeugen, wenn es eine andere, passende Instanziierung gibt. Dieses Prinzip wird als SFINAE bezeichnet und ist ein Akronym für die Wortgruppe „Substitution failure is not an error". Es wurde erstmals von David Vandevoorde in der Beschreibung von erweiterten Programmiertechniken eingeführt [3]. Auch Davide Di Gennaro beschäftigt sich in [4] ausführlich mit dem SFINAE-Prinzip und möglichen Anwendungsfällen.

In den folgenden Beispielen soll das Prinzip von SFINAE verdeutlicht werden. Das Klassentemplates *TType* wird wieder dazu benutzt, die Typinformation statisch zu speichern.

```
template <typename T>
struct TType
{
  typedef T Type;
};

typedef TType<double> TypeInfo;
```

Es werden zwei Funktionstemplates mit dem Namen *Test* mit unterschiedlichen Parameterlisten angelegt. Die erste Funktion erwartet, dass der Typ *T* einen Typnamen *Type* besitzt. Die zweite Funktion benutzt die Ellipse als Parameter, weil sie in der Umwandlungsregel für den Compiler an unterster Stelle der Übereinstimmung ist, d. h. jede andere passende Übereinstimmung wird der Ellipse vorgezogen [5].[1] Der Templateparameter *T* wird für die zweite Funktion zwar nicht verwendet, er ist jedoch für den expliziten Funktionsaufruf von *Test<T>* notwendig.

```
template <typename T>
void Test(typename T::Type)
{
  std::cout << "call Test(typename T::Type)" << std::endl;
};

template <typename T>
void Test(...)
{
  std::cout << "call Test(...)" << std::endl;
};
```

Der Ausdruck *Test<double>* würde für die erste Funktion einen Fehler liefern, da der Typ *double* keinen eigenen Typ *Type* besitzt. Die zweite Funktion *Test(...)* ist aber für diesen Ausdruck korrekt. Obwohl für den Compiler die Instanziierung der ersten Funktion fehlerhaft ist, liefert er keinen Fehler, da die zweite Instanziierung korrekt ist, dank SFINAE.

```
int main()
{
  Test<double>(10.0);      // call Test(typename T::Type)
  Test<TypeInfo>(10.0);    // call Test(...)
  ...
};
```

Auch für Nichttyp-Templateparameter kann das SFINAE-Prinzip angewandt werden. Im folgenden Beispiel wird in der ersten *get*-Funktion ein *int*-Parameter definiert, in der zweiten *get*-Funktion ein Zeiger auf einen *int*-Parameter. Da es für den Ausdruck *get<1>* eine korrekte Instanziierung für den Typ *int* gibt, wird die fehlerhafte Instanziierung für die Funktion mit *int** ignoriert.[2]

---

[1] Siehe Abschn. 13.3 Overload resolution.

[2] Die Microsoft Compiler bis Visual C++ 2010 unterstützen nicht SFINAE bei Nichttyp-Templateparametern und liefern in diesem Beispiel einen Fehler. Die Compiler ab Visual C++ 2012 und GNU-C++ (Cp1252) arbeiten korrekt.

```
template <int DIM>
int get() {return (DIM);};

template <int* pDIM>
int get() {return (*pDIM);};

int main()
{
  std::cout << "Erg: " << get<1>() << std::endl;
  ...
};
```

4.3.2 Der sizeof-Trick

Nachdem das Prinzip von SFINAE nun bekannt ist, soll es im weiteren Verlauf in Metafunktionen verwendet werden. Bisher ist beim fehlerfreien Kompilieren nur bekannt, dass eine Funktion instanziiert werden konnte, jedoch noch nicht welche. Um herauszufinden, welche der beiden Funktionen von *Test* instanziiert wurde, erhalten die Funktionen aus dem vorherigen Abschnitt zwei unterschiedliche Rückgabetypen.

```
typedef char One;
struct Two {char m_Dummy[2];};
```

Der erste Rückgabetyp ist *One* vom Typ *char*. Der *sizeof*-Operator liefert für diesen Typ den Wert 1 zurück. Da der Standard nicht die Größen der anderen Typen (*long*, *int*, *double* usw.) definiert, wird für den zweiten Rückgabetyp *Two* eine Struktur mit einem Feld von 2 Elementen vom Typ *char* definiert. Für diesen Typ liefert der *sizeof*-Operator auf alle Fälle einen Wert größer 1 zurück, der für die Unterscheidung der beiden Rückgabetypen ausreicht.

Der *sizeof*-Operator benötigt keinen Funktionsrumpf, so dass dieser zukünftig weggelassen werden kann. Die beiden Funktionen *Test* haben nun folgende Signatur:

```
template <typename T>
One Test(typename T::Type);

template <typename T>
Two Test(...);
```

Die mit *sizeof* bestimmten Größen der Rückgabetypen der Funktionen *Test* können leicht ausgewertet werden. Wird die Größe des Rückgabetyps einer Funktion mit der Größe des zu erwartenden Rückgabetyps verglichen, kann auf die Existenz der jeweiligen Funktion geschlossen werden.

```
int main()
{
  std::cout << "sizeof One is: " << sizeof(Test<TypeInfo>(0))
            << std::endl;
  std::cout << "sizeof Two is: " << sizeof(Test<double>(0))
            << std::endl;

  bool TypeExists = sizeof(Test<TypeInfo>(0)) == sizeof(One);

  std::cout << "TypeExists is: " << TypeExists << std::endl;
  ...
};
```

Für die gezielte Verwendung der Metafunktionen ist die Schreibweise noch relativ unübersichtlich. Eine Verbesserung ergibt sich, wenn die Funktionstemplates in einem Klassentemplate zusammengefasst werden. Die Typdefinitionen *One* und *Two* können global definiert werden, weil sie für viele weitere Metafunktionen benötigt werden.

```
template <typename T>
class THasType
{
  template <typename X>
  static One Test(typename X::Type);

  template <typename X>
  static Two Test(...);

public:
  enum { TypeExists = sizeof(Test<T>(0)) == sizeof(One)};
};
```

Mit dem Klassentemplate *THasType* kann überprüft werden, ob der Typparameter *T* einen eigenen Typ *Type* besitzt.

```
int main()
{
  std::cout << "TypeInfo: " << THasType<TypeInfo>::TypeExists
            << std::endl;
  std::cout << "double  : " << THasType<double>::TypeExists
            << std::endl;
  ...
};
```

Durch Ändern der Parameterliste des ersten Funktionstemplates zu *Test (typename X:: iterator*)* kann schnell ein neues Klassentemplate *THasIterator* erzeugt werden, welches einen Typparameter *T* auf einen eigenen Zeiger mit dem Namen *iterator* überprüft.

```
template <typename T>
class THasIterator
{
  template <typename X>
  static One Test(typename X::iterator*);

  template <typename X>
  static Two Test(...);

public:
  enum { IteratorExists = sizeof(Test<T>(0)) == sizeof(One)};
};
```

Bekanntermaßen besitzen die Klassen *std::string*, *std::vector* und *std::map* einen Iterator mit dem Namen *iterator*, wohingegen die Klasse *std::valarray* oder der Typ *double* diesen nicht besitzen.

```
int main()
{
  std::cout << "string  : "
       << THasIterator<std::string>::IteratorExists
       << std::endl;

  std::cout << "vector  : "
       << THasIterator<std::vector<double> >::IteratorExists
       << std::endl;

  std::cout << "map     : "
       << THasIterator<std::map<int, int> >::IteratorExists
       << std::endl;

  std::cout << "valarray: "
       << THasIterator<std::valarray<double> >::IteratorExists
       << std::endl;

  std::cout << "double  : "
       << THasIterator<double>::IteratorExists
       << std::endl;
  ...
};
```

Ob ein Typ *T* eine Klasse ist, kann mit dem Zeiger auf die eigenen Membertypen mit *int C::** getestet werden. Das Klassentemplate *TIsClass* testet, ob der Typparameter *T* eine Klasse ist.

```
template <typename T>
class TIsClass
{

template <typename X>
static One Test(int X::*);

template <typename X>
static Two Test(...);

public:
  enum { IsClass = sizeof(Test<T>(0)) == sizeof(One)};
};
```

Eine Klasse wird erkannt, wenn *T* entweder *class*, *struct* oder *union* ist.

```
int main()
{
  std::cout << "TypeInfo: " << TIsClass<TypeInfo>::IsClass
            << std::endl;
  std::cout << "double  : " << TIsClass<double>::IsClass
            << std::endl;
  ...
};
```

Im nächsten Beispiel wird gezeigt, wie der Name einer statisch konstanten Zahl von *T* geprüft werden kann. Das Problem liegt zunächst darin, dass eine statisch konstante Zahl ein Nichttyp-Templateparameter ist. Dieser kann nicht direkt in der Parameterliste der Funktion *Test* definiert werden. Hier ist ein Umweg über eine Hilfsklasse *HelperClass* erforderlich, die als Templateargumente den Nichttyp-Parameter vom Typ *int* erwartet.

```
template <typename T>
class THasValue
{
  template <int VALUE>
  class HelperClass{};

  template <typename X>
  static One Test(HelperClass<X::Value>*);

  template <typename X>
  static Two Test(...);

public:
  enum { ValueExists = sizeof(Test<T>(0)) == sizeof(One)};
};
```

Zum Testen des Klassentemplates *THasValue* wird die Klasse *TType* um die Variable *Value* erweitert.

```
template <typename T>
struct TType
{
  typedef T Type;
  static const int Value = 3;
};
typedef TType<double> TypeInfo;

int main()
{
  std::cout << "TypeInfo: " << THasValue<TypeInfo>::ValueExists
            << std::endl;
  std::cout << "double  : " << THasValue<double>::ValueExists
            << std::endl;
  ...
};
```

In den beiden letzten Beispielen wird gezeigt, wie das Vorhandensein einer Memberfunktion mit einer bekannten Signatur geprüft werden kann. Die Hilfsklasse *HelperClass* wird für die zu prüfende Funktion so umgestellt, dass das erste Templateargument den Typ und das zweite Argument die Funktionssignatur angibt. Für die *swap*-Funktion der Standard Template Library ergibt sich folgende Deklaration:

```
// void U::swap(U&)
template<typename U, void (U::*)(U &)>
class HelperClass{};
```

Die *size*-Funktion muss wie folgt deklariert werden:

```
// size_t U::size() const
template<typename U, size_t (U::*)() const>
class HelperClass{};
```

Das Klassentemplate *THasSwapFunction* testet, ob ein Typ *T* eine Funktion *swap* mit der beschriebenen Signatur besitzt.

```
template <typename T>
class THasSwapFunction
{
  template<typename U, void (U::*)(U &)>  // void U::swap(U&)
  class HelperClass{};

  template <typename X>
  static One Test(HelperClass<X, &X::swap> *);

  template <typename X>
  static Two Test(...);

public:
  enum { SwapExists = sizeof(Test<T>(0)) == sizeof(One) };
};
```

Das Klassentemplate *THasSizeFunction* testet, ob ein Typ *T* eine Funktion *size* besitzt.

```
template <typename T>
class THasSizeFunction
{
  // size_t U::size() const
  template<typename U, size_t (U::*)() const>
  class HelperClass{};

  template <typename X>
  static One Test(HelperClass<X, &X::size> *);

  template <typename X>
  static Two Test(...);

public:
  enum { SizeExists = sizeof(Test<T>(0)) == sizeof(One)};
};
```

Nach diesem Schema lassen sich viele Klassen auf Funktionen mit bekannter Signatur prüfen.

```
int main()
{
  using namespace std;
  cout << "THasSwapFunction\n";
  cout << "string:    "
       << THasSwapFunction<string>::SwapExists           << endl;
  cout << "vector:    "
       << THasSwapFunction<vector<double> >::SwapExists  << endl;
  cout << "map:       "
       << THasSwapFunction<map<int, int> >::SwapExists   << endl;
  cout << "valarray:  "
       << THasSwapFunction<valarray<double> >::SwapExists<< endl;
  cout << "double:    "
       << THasSwapFunction<double>::SwapExists           << endl;
  cout << "TypeInfo:  "
       << THasSwapFunction<TType<double> >::SwapExists   << endl;

  cout << "THasSizeFunction\n";
  cout << "string:    "
       << THasSizeFunction<string>::SizeExists           << endl;
  cout << "vector:    "
       << THasSizeFunction<vector<double> >::SizeExists  << endl;
  cout << "map:       "
       << THasSizeFunction<map<int, int> >::SizeExists   << endl;
  cout << "valarray:  "
       << THasSizeFunction<valarray<double> >::SizeExists<< endl;
  cout << "double:    "
       << THasSizeFunction<double>::SizeExists           << endl;
  cout << "TypeInfo:  "
       << THasSizeFunction<TypeInfo>::SizeExists         << endl;
  ...
};
```

4.3.3 Gruppierung von überladenen Memberfunktionen

Bei der Spezialisierung von Funktionstemplates müssen die Typen der Argumentenliste immer bekannt sein. Das ist dann ein Nachteil, wenn Typen gruppiert werden sollen. Es wäre oftmals einfacher, wenn ein Funktionstemplate beispielsweise alle Typen, die Ganzzahlen repräsentieren, akzeptieren würde. Ein anderes Funktionstemplate sollte wiederum nur für alle Typen von reellen Zahlen benutzt werden können.

Die Realisierung dieser Anforderung erfolgt wieder mit dem SFINAE-Prinzip [4]. Es muss eine Funktionsdeklaration entwickelt werden, die nur für spezielle Typen zugelassen ist und für andere Typen eine fehlerhafte Instanziierung erzeugt. Diese Bedingung kann mit dem Klassentemplate *TTrueTypeOnly* realisiert werden. Es definiert nur dann den Typ *void* mit dem inneren Typnamen *Type*, wenn die Bedingung *true* ist.

```
template <bool Condition>
struct TTrueTypeOnly
{
  typedef void Type;
};

template <>
struct TTrueTypeOnly<false>
{};
```

Die Parameterliste einer Funktion wird mit dem Typ *void* = 0* erweitert, wenn die Bedingung wahr ist. Die Erweiterung dient nur der korrekten Instanziierung der Funktion und nicht einer zusätzlichen Parameterübergabe. Die Schreibweise kann mit einem einfachen Makro vereinfacht definiert werden.

```
#define TRUE_TYPE_ONLY(CONDITION) \
  typename TTrueTypeOnly<CONDITION>::Type* = 0
```

Im folgenden Beispiel verwendet die Funktion *getValueAsString* die beschriebene Umsetzung. Sie wandelt eine Zahl mit Hilfe der *sprintf*-Funktion in eine Zeichenkette um, weshalb eine Unterscheidung der Typen notwendig ist. Die Instanziierung der ersten Funktion ist nur dann korrekt, wenn das Templateargument *T* eine reelle Zahl ist. Für alle Ganzzahlen ist nur der zweite Funktionsrumpf korrekt. Zeichenketten werden mit der dritten Funktion realisiert.

```
template <typename T>
void getValueAsString(const T &Value, std::string &String,
      TRUE_TYPE_ONLY(std::is_floating_point<T>::value))
{
  char Buffer[32] = {0};
  sprintf(Buffer, "%g", Value);
  String += Buffer;
};

template <typename T>
void getValueAsString(const T &Value, std::string &String,
      TRUE_TYPE_ONLY(std::is_integral<T>::value))
{
  char Buffer[32] = {0};
  sprintf(Buffer, "%d", Value);
  String += Buffer;
};

void getValueAsString(const char *Value, std::string &String)
{
  String += Value;
};
```

Die korrekte Aufrufreihenfolge der Funktionen kann mit einem einfachen Testprogramm leicht überprüft werden.

```
int main()
{
  std::string String;

  getValueAsString(12, String);
  String += ", ";

  getValueAsString(12.12, String);
  String += ", ";

  getValueAsString("Test", String);
  std::cout << String.c_str() << std::endl;
  ...
};
```

Ein zweiter Anwendungsfall wäre eine Verwaltungsklasse für Daten. Das Klassentemplate *TValueType<T>* legt eine Variable vom Typ *T* an. Diese Variable soll im Konstruktor zwingend einem Wert zugewiesen werden. Da eine Zuweisung von Zahlen und Zeichenketten unterschiedlich ist, müssen auch zwei unterschiedliche Konstruktoren definiert werden. Der erste Konstruktor erwartet als Parameter eine Zeichenkette. Der zweite Konstruktor ist für Zeichenketten ungültig, jedoch nicht für Ganzzahlen und reelle Zahlen.

```
template <typename T>
class TValueType
{
  T m_Value;

public:
  TValueType(const char* Value)
  {
    memset(m_Value, 0, sizeof(m_Value));
    memcpy(m_Value, Value, sizeof(Value));
  };

  template <typename X>
  TValueType(const X &Value,
             TRUE_TYPE_ONLY(std::is_integral<X>::value     ||
                            std::is_floating_point<X>::value  ))
  : m_Value(Value)
  {};
};
```

Die Verwaltungsklasse *TValueType<T>* kann mit den beiden Konstruktoren korrekt initialisiert werden.

```
int main()
{
  TValueType<int>     ValueTypeInt(3);
  TValueType<float>   ValueTypeFloat(6.66f);
  TValueType<char[32]> ValueTypeString("Test");
  ...
};
```

4.3.4   Testen auf Software-Updates

Ein weiterer Anwendungsfall für die Metafunktionen von SFINAE ist die Erkennung von Software-Updates [4]. Statt eine Versionsnummer oder andere globale Variablen zu definieren, hinter denen sich bestimmte Änderungen im Sourcecode verbergen, kann mit SFINAE selbst erkannt werden, welche Funktionen mit welchen Parameterlisten in einer Bibliothek zur Verfügung stehen.

Als Beispiel für einen Anwendungsfall soll die Funktion *swap* dienen. Wenn in einer Klasse einer Bibliothek die Funktion *swap* definiert ist, dann soll diese auch benutzt werden. In allen anderen Fällen soll eine neue *swap*-Funktion herangezogen werden. Im Abschn. 4.3.2 wurde das Klassentemplate *THasSwapFunction* vorgestellt, welches die Existenz einer Funktion *T::swap* prüft.

```
template <typename T>
class THasSwapFunction
{
  template<typename U, void (U::*)(U &)>  // void U::swap(U&)
  class HelperClass{};

  template <typename X>
  static One Test(HelperClass<X, &X::swap> *);

  template <typename X>
  static Two Test(...);

public:
  enum { SwapExists = sizeof(Test<T>(0)) == sizeof(One) };
};
```

Dieses Klassentemplate kann nun herangezogen werden, um in Abhängigkeit vom Vorhandensein der *swap*-Funktion die Klasse *SSwapExists* oder *SSwapNotExists* zu definieren, die wiederum eine entsprechende *swap*-Funktion kapselt. Die Klasse *SSwapExists* verwendet die *swap*-Funktion des Typs *T*, die Klasse *SSwapNotExists* definiert eine eigene *swap*-Funktion.

```
template <typename T>
void swapObject(T &Object1, T &Object2)
{
  tmp::If<THasSwapFunction<T>::SwapExists,
          SSwapExists<T>,
          SSwapNotExists<T>
          >::Ret::swap(Object1, Object2);
}

template <typename T>
struct SSwapExists
{
  static void swap(T &Object1, T &Object2)
  {
    Object1.swap(Object2);
  }
};

template <typename T>
struct SSwapNotExists
{
  static void swap(T &Object1, T &Object2)
  {
    T Tmp   = Object1;
    Object1 = Object2;
    Object2 = Tmp;
  }
};
```

Eine weitere Möglichkeit der Realisierung der Funktion *swap* besteht darin, die Auswahl der entsprechenden *swap*-Funktion direkt im Template *THasSwapFunction* durchzuführen. Hierzu werden zwei Funktionen *swapTest* adäquat zu den zwei *Test*-Funktionen hinzugefügt und zwei Objekte in der Parameterliste vorangestellt. Die Memberfunktion *swap* ruft die entsprechende Funktion *swapTest* in Abhängigkeit der Parameterliste auf.

```
template <typename T>
void swapObject(T &Object1, T &Object2)
{
  THasSwapFunction<T>::swap(Object1, Object2);
}

template <typename T>
class THasSwapFunction
{
  template<typename U, void (U::*)(U &)>  // void U::swap(U&)
  class HelperClass{};
  ...
  template <typename X>
  static void swapTest(T &Object1,
                       T &Object2,
                       HelperClass<X, &X::swap> *)
  {
    Object1.swap(Object2);
  }

  template <typename X>
  static void swapTest(T &Object1, T &Object2, ...)
  {
    T Tmp   = Object1;
    Object1 = Object2;
    Object2 = Tmp;
  }
public:
  static void swap(T &Object1, T &Object2)
  {
    swapTest<T>(Object1, Object2, 0);
  }
};
```

Der korrekte Aufruf der entsprechenden *swap*-Funktion für die Typen *std::string* und *double* kann beispielhaft getestet werden. Für den Typ *std::string* wird die eigene *swap*-Funktion der Klasse und für den Typ *double* die neue *swap*-Funktion herangezogen. Die Zuordnung der entsprechenden *swap*-Funktion erfolgt zur Übersetzungszeit und geht somit nicht zu Lasten der Performance.

```
int main()
{
  std::string TestString1 = "Test1";
  std::string TestString2 = "Test2";
  std::cout << TestString1.c_str() << ", "
            << TestString2.c_str() << std::endl;

  swapObject(TestString1, TestString2);

  std::cout << TestString1.c_str() << ", "
            << TestString2.c_str() << std::endl;

  double Value1 = 123.4;
  double Value2 = 567.8;
  std::cout << Value1 << ", " << Value2 << std::endl;

  swapObject(Value1, Value2);

  std::cout << Value1 << ", " << Value2 << std::endl;
  ...
};
```

4.4   Weitere Traits mit sizeof

Ein weiterer Anwendungsfall für Traits mit dem *sizeof*-Operator ist die Prüfung, ob ein Typ *Derived* abgeleitet ist von einem Typ *Base*, oder er in diesen konvertiert werden kann. Wenn der Compiler den Typ *Derived* in der ersten Funktion *Test(const Base&)* als Parameter akzeptiert, dann kann der Typ umgewandelt werden. Andernfalls wird die zweite Funktion aufgerufen.

```
typedef char One;
struct Two {char m_Dummy[2];};

template <typename Derived, typename Base>
class TIsDerived
{
  static One Test(const Base&);
  static Two Test(...);
  static Derived MakeType();

public:
  enum { IsDerived = sizeof(Test(MakeType())) == sizeof(One)};
};
```

Im folgenden Beispiel werden drei Klassen A, B und C definiert, wobei die Klasse B von A abgeleitet ist.

```
class A{};
class B : public A{};
class C{};
```

Nur der Aufruf der Metafunktion *TIsDerived<B, A>::IsDerived* liefert als Ergebnis eine 1 zurück.

```
int main()
{
  std::cout << "A and B: "
            << TIsDerived<A, B>::IsDerived << std::endl; // 0
  std::cout << "B and A: "
            << TIsDerived<B, A>::IsDerived << std::endl; // 1
  std::cout << "A and C: "
            << TIsDerived<A, C>::IsDerived << std::endl; // 0
  std::cout << "int and double:"
            << TIsDerived<int, double>::IsDerived
            << std::endl;                                // 1
  ...
};
```

Die Prüfung, ob eine Klasse von einer Basisklasse abgeleitet ist, kann zum Beispiel eingesetzt werden, wenn Typ-Parameter in Klassentemplates zwingend von einer bestimmten Basisklasse abgeleitet sein müssen (siehe Abschn. 5.1.2).

4.5 Assertion zur Kompilationszeit

Eine Assertion prüft, ob eine formulierte Bedingung wahr ist, oder ob das Programm mit einer Fehlermeldung beendet werden muss. In ANSI-C [6] wird die Standard-Headerdatei *<assert.h>* mit dem Makro *assert(expression)* definiert. Wenn die Bedingung innerhalb von *assert* zur Laufzeit nicht erfüllt ist, wird der Programmfluss unterbrochen und eine Fehlermeldung generiert. Im folgenden Beispiel werden die Größen der beiden Vektoren *Vector1* und *Vector2* mit *assert* auf größer als null geprüft. Da der zweite Vektor im Beispiel in der Größe falsch initialisiert wurde, führt die Prüfung mit *assert* zu einem Programmabbruch.

```
int main()
{
  std::valarray<int> Vector1(0, 8); // ok
  std::valarray<int> Vector2(8, 0); // wrong definition

  assert(Vector1.size() > 0); // ok
  assert(Vector2.size() > 0); // assert
  ...
}
```

In der Metaprogrammierung führt der Compiler schon zur Kompilationszeit eine Menge von Zuweisungen und Berechnungen durch. Auch der vom Compiler generierten Zwischencode sollte bereits zur Kompilationszeit geprüft werden können. Das folgende Beispiel soll die Notwendigkeit einmal verdeutlichen. Die in Abschn. 3.2.2 definiert Matrix *TMatrix* soll nur dann verwendet werden können, wenn sowohl die Zeilen *Row* als auch die Spalten *Col* größer als null sind. Es muss also eine statische Assertion mit dem Makro *STATIC_ASSERT(expression)* geben, welches beim Kompilieren ausgewertet wird und bei nicht erfüllter Bedingung das Kompilieren mit einer Fehlermeldung beendet.

```
/// class matrix
template <typename T, unsigned int Row, unsigned int Col>
class TMatrix
{
  STATIC_ASSERT((Row > 0) && (Col > 0)); // static assert

private:
  T m_Matrix[Row][Col];
public:
  /// constructor (v with value 0)
  TMatrix()
  {
    memset(m_Matrix, 0, sizeof(m_Matrix));
  };
};
```

Ein erster Ansatz zur Realisierung einer statischen Assertion ist das Anlegen eines Feldes mit -1 Elementen, wenn eine Bedingung nicht erfüllt ist.[3]

```
#define STATIC_ASSERT(Expression) int Field[Expression ? 1 : -1]
...
STATIC_ASSERT(sizeof(void *) == 8);
```

Wenn die Bedingung *Expression* wahr ist, wird ein Feld mit einem Element *Field[1]* angelegt. Der Compiler gibt allerdings die Warnung ‚Field': *unreferenced local variable*[4] heraus, weil das Feld nie benutzt wird. Im anderen Fall, wenn die Bedingung unwahr ist, wird ein Feld mit -1 Elementen *Field[-1]* angelegt, was zum Kompilationsfehler *negative subscript* oder *the size of an array must be greater than zero* führt. Unschön an dieser Realisierung ist, dass bei gültigem Quellcode der Compiler immer eine Warnung generiert. Der unnötige Speicher für das Anlegen der unbenutzten Variablen wird vom Compiler wieder entfernt. Weiterhin darf das Makro *STATIC_ASSERT* innerhalb eines Quellcodeabschnitts nur einmal verwendet werden, weil sonst das Element *Field[1]* zweimal angelegt wird und der Compiler den Fehler ‚int Field[1]' : *redefinition* generiert.

---

[3] Es kann auch ein Feld mit null Elementen angelegt werden, wenn die Bedingung nicht erfüllt ist, jedoch liefern einige Compiler dann eine Warnung statt einen Fehler zurück.

[4] Die Compilermeldungen stammen von Microsoft Compiler Visual C++ 2010

Eine Verbesserung wird dadurch erreicht, wenn das Feld mit *typedef* als Typ definiert wird.

```
#define STATIC_ASSERT(Expression) \
  typedef int Field[Expression ? 1 : -1]
...
STATIC_ASSERT(sizeof(void *) == 4); // ok
STATIC_ASSERT(sizeof(void *) == 8); // static assert, not 64 bit
```

Nun können mehrere statische Assertionen mit *STATIC_ASSERT* verwendet werden, ohne einen Overhead zu erzeugen. Wenn der Compiler bei einer unwahren Bedingung allerdings einen Fehler generieren muss, liefern auch die gültigen Bedingungen den Fehler ‚*int Field[]'* : *redefinition*. Um das zu vermeiden, muss die Typdefinition innerhalb eines geschlossenen Quellcodebereichs, zum Beispiel innerhalb einer Schleife *do {...} while (0)*, definiert werden. Weil die Schleife nur einmal durchlaufen wird und mit der Typdefinition kein zusätzlicher Overhead entsteht, kann der Compiler die leere Schleife wieder entfernen.

```
#define STATIC_ASSERT(Expression) \
  do { typedef int Field[Expression ? 1 : -1]; } while (0)
```

Leider liefern die bisher hier vorgestellten Lösungen für die statische Assertion keine Information darüber, warum ein Fehler generiert wurde.

Andrei Alexandrescu beschreibt in [2] ein effizienteres Verfahren zur Realisierung einer statischen Assertion. Er verwendet zum Auslösen eines Kompilationsfehlers die fehlende Spezialisierung eines Klassentemplates. Für das Template *TStaticAssert<bool>* wird nur die Spezialisierung für das Templateargument *true* definiert. Die Instanziierung von *TStaticAssert<false>* fehlt und würde daher einen Kompilationsfehler auslösen.

```
template<int x> struct TStaticAssert_Help{};

template <bool x>
struct TStaticAssert;

template <>
struct TStaticAssert<true>
{
  enum { value = 1 };
};
```

Das Makro *STATIC_ASSERT* definiert das Hilfstemplate *TStaticAssert_Help<int>* mit dem Templateargument *sizeof(TStaticAssert<Expression>)*. Der Operator *sizeof* wird nur verwendet, um zu prüfen, ob es das Template *TStaticAssert<Expression>*akzeptiert, ohne es jedoch anzulegen. Für *TStaticAssert<false>*liefert der *sizeof*-Operator den erforderlichen Kompilationsfehler zurück. Um das Problem der Mehrfachdefinitionen

zu vermeiden, wird in diesem Beispiel keine *do-while*-Schleife verwendet, sondern der
##-Makrooperator (siehe Abschn. 2.5), der den Text STATIC_ASSERT_ mit der aktuellen
Sourcecode-Zeile verbindet.

```
#define GLUE_2(X,Y) GLUE_1(X,Y)
#define GLUE_1(X,Y) GLUE_(X,Y)
#define GLUE_(X,Y) X ## Y

#define STATIC_ASSERT(Expression)                              \
   typedef TStaticAssert_Help<sizeof(TStaticAssert<Expression>)> \
          GLUE_2(STATIC_ASSERT_, __LINE__)
```

Der Compiler liefert für das folgende Beispiel im Fehlerfall die Meldung *use of
undefined type ‚TStaticAssert<x>'* zurück.

```
STATIC_ASSERT(sizeof(void *) == 8);
```

Der große Vorteil in der Realisierung der statischen Assertion über eine fehlende
Templatespezialisierung liegt nun darin, dass der Name des Klassentemplates in der
Fehlermeldung mit angegeben wird. Nun können für unterschiedliche Fehlermeldungen
auch unterschiedliche Klassennamen definiert werden. Damit hat der Anwender erstmals
die Möglichkeit, anhand des Klassennamens eine Information über den Grund des
Kompilationsfehlers auszugeben. Im folgenden Beispiel wird das Template
_64_bit_code_generation_is_not_supported definiert.

```
template <bool x>
struct _64_bit_code_generation_is_not_supported;

template <>
struct _64_bit_code_generation_is_not_supported<true>
{ enum { value = 1 }; };
```

Das Makro *STATIC_ASSERT* wird um den Templatenamen als zweiten Parameter
erweitert.

```
#define STATIC_ASSERT(Expression, TemplateName)                \
   typedef TStaticAssert_Test<sizeof(TemplateName<Expression>)> \
          GLUE_2(TemplateName_, __LINE__)
```

Der Compiler gibt nun im Beispiel als Fehlermeldung den besser verständlichen Text
use of undefined type ‚_64_bit_code_generation_is_not_supported<x>‚ aus.

```
STATIC_ASSERT(sizeof(void *) == 8,
              _64_bit_code_generation_is_not_supported);
```

Im neuen C++11-Standard wurde das neue Schlüsselwort *static_assert(expression, message)* eingeführt. Es erwartet als ersten Parameter die Bedingung, die ausgewertet werden soll, und als zweiten Parameter den Text der Fehlermeldung.

```
static_assert(sizeof(void *) == 4,
              "64-bit code generation is not supported");
```

Wenn der Sourcecode zu älteren Compilerversionen abwärtskompatibel sein soll, dann empfiehlt es sich den Aufruf von *static_assert* im Makro *STATIC_ASSERT* zu kapseln.

```
#define STATIC_ASSERT(Expression, Message) \
        static_assert(Expression, Message)
```

Im Abschn. 5.1 wird mit Hilfe dieser Technik gezeigt, wie Schnittstellen sicherer gestaltet werden können.

4.6   Umgehen von tiefen Rekursionen

Dem Template-Mechanismus der Turing-Vollständigkeit sind durch den Compiler Grenzen gesetzt. Rekursionen mit Klassentemplates können nur bis zu einer bestimmten Tiefe durchgeführt werden. Die Microsoft Compiler unterstützen beispielsweise eine Tiefe von 500 Rekursionen. Das folgende Beispiel soll die Begrenzung offenlegen.

```
template <unsigned int Value>
struct TAddSqr
{
  enum { Result = Value*Value + TAddSqr<Value-1>::Result };
};

template <>
struct TAddSqr<1>
{
  enum { Result = 1 };
};
```

Das Klassentemplate *TAddSqr<Value>* addierte alle Quadrate der natürlichen Zahlen von 1 bis zur Zahl *Value* auf. Für den Startwert 500 kann der Compiler die Rekursion auflösen und das Ergebnis berechnen. Wird jedoch ein Wert größer als 500 vorgegeben, dann liefert der Compiler den Fehler „*Der Kontext für einen rekursiven Typ oder eine Funktionsabhängigkeit ist zu komplex*".[5]

---

[5] Microsoft Compiler Visual C++ 2010.

```
int main()
{
  std::cout << "TAddSqr<500> is: " << TAddSqr<500>::Result
            << std::endl;
...
};
```

Die Rekursionstiefe wird verringert, wenn das Aufsummieren der Quadratzahlen in einem weiteren Template ausgelagert wird. Eine Auslagerung in ein separates Klassentemplate ist dann notwendig, wenn zum Beispiel Abbrüche über Spezialisierungen realisiert werden sollen (siehe Abschn. 11.1.2). Im folgenden Beispiel werden für jede Rekursion zwei Klassentemplates benötigt.

```
template <unsigned int Value >
struct TAdd
{
  enum { Result = Value*Value +TAddSqr<Value-1>::Result };
};

template <>
struct TAdd<1>
{
  enum { Result = 1 };
};

template <unsigned int Value>
struct TAddSqr
{
  enum { Result = TAdd<Value>::Result };
};
```

Die maximale Rekursionstiefe beträgt für den gleichen Compiler nur noch 250.

```
int main()
{
  std::cout << "TAddSqr<250> is: " << TAddSqr<250>::Result
            << std::endl;
...
};
```

Tiefe Rekursionen können umgangen werden, wenn sie in mehrere Einzelrekursionen aufgeteilt werden. Hierzu muss ein separates Template entwickelt werden, welches nur eine maximale Iterationstiefe erlaubt. Das Template *TAddSqrLoop<Value, Count>* führt die Berechnung solange durch, bis der Wert *Value* gleich 1 oder der Zähler *Count* gleich 0 ist. Dann greift die entsprechende Spezialisierung und die Rekursion wird beendet.

```
template <unsigned int Value, unsigned int Count>
struct TAddSqrLoop
{
  enum { Result = Value*Value +
                  TAddSqrLoop<Value-1, Count-1>::Result };
};

template <unsigned int Value>
struct TAddSqrLoop<Value, 0>
{
  enum { Result = 0 };
};

template <unsigned int Count>
struct TAddSqrLoop<1, Count>
{
  enum { Result = 1 };
};

template <>
struct TAddSqrLoop<1, 0>
{
  enum { Result = 1 };
};
```

Das Template *TAddSqr<Value, bNext>* berechnet nun für maximal 100 natürliche Zahlen die Summe der Einzelquadrate über das Template *TAddSqrLoop<Value, Loop>* und addiert das Ergebnis mit der nächsten Rekursion, wenn der Wert *Value* größer als 100 ist.

```
template <unsigned int Value, bool bNext=true>
struct TAddSqr
{
  enum { Loop   = 100,
         bNext  = Value > Loop ? true : false,
         Result = TAddSqrLoop<Value,Loop>::Result +
                  TAddSqr<Value-Loop,bNext>::Result };
};

template <unsigned int Value>
struct TAddSqr<Value, false>
{
  enum { Result = 0 };
};
```

Nun sind Iterationen mit einer gesamten Rekursionstiefe von über 500 problemlos möglich.

```
int main()
{
  std::cout << "TAddSqr<1000> is: " << TAddSqr<1000>::Result
            << std::endl;
...
};
```

4.7   Neue Metafunktionen der STL in C++11 (Type-Traits)

In C++11 wurden viele neue Metafunktionen hinzugefügt, die sich in der Datei
„type_traits" befinden. Auf einige dieser Metafunktionen wurde bereits in den vorherigen
Abschnitten eingegangen. In diesem Kapitel sollen die wichtigsten Metafunktionen von
C++11 noch einmal zusammenfassend dargestellt werden [7].

Die erste Gruppe von Metafunktionen dient der Bestimmung von primären Typen
(Tab. 4.1). Die Ergebnisse der Metafunktionen befinden sich in der statischen
Membervariablen *::value*.

Beispiele

```
#include <iostream>
#include <type_traits>

void print(const std::string &String) { std::cout << String.c_str(); };

int main()
{
  using namespace std;
  cout << boolalpha;                                       // output
  cout << is_void<int>::value                << endl; // false
  cout << is_void<void>::value               << endl; // true

  cout << is_integral<int>::value            << endl; // true
  cout << is_integral<double>::value         << endl; // false
  cout << is_floating_point<int>::value      << endl; // false
  cout << is_floating_point<double>::value   << endl; // true

  cout << is_array<int>::value               << endl; // false
  cout << is_array<int[7]>::value            << endl; // true
  cout << is_class<int>::value               << endl; // false
  cout << is_class<std::string>::value       << endl; // true
  cout << is_function<int>::value            << endl; // false
  cout << is_function<int(int)>::value       << endl; // true
  cout << is_function<decltype(print)>::value << endl; // true

  cout << is_pointer<int>::value             << endl; // false
  cout << is_pointer<int *>::value           << endl; // true
  cout << is_pointer<int **>::value          << endl; // true
  ...
};
```

Die zweite Gruppe von Metafunktionen sind kombinierte Typprüfungen (Tab. 4.2). Die Ergebnisse der Metafunktionen befinden sich in der statischen Membervariablen *::* *value*.

Tab. 4.1 Metafunktionen zur Bestimmung primärer Typen

std::is_void<T>	Prüft, ob T vom Typ *void* ist
std::is_integral<T>	Prüft, ob T eine Ganzzahl ist
std:: is_floating_point<T>	Prüft, ob T eine Gleitkommazahl ist, d. h. *float, double, long double*
std::is_array<T>	Prüft, ob T ein Feld ist
std::is_class<T>	Prüft, ob T vom Typ *class* oder *struct* ist
std::is_function<T>	Prüft, ob T eine Funktion ist
std::is_pointer<T>	Prüft, ob T ein Zeiger auf ein Objekt ist

Tab. 4.2 Metafunktionen zur Bestimmung von kompinierten Typen

std:: is_fundamental<T>	Prüft, ob T ein fundamentaler Typ ist, d. h. eine Zahl, *void* oder der *std::nullptr_t*
std::is_arithmetic<T>	Prüft, ob T eine Zahl ist, d. h. Ganz- oder Gleitkommazahl
std::is_scalar<T>	Prüft, ob T ein skalarer Typ ist
std::is_object<T>	Prüft, ob T ein Objekt ist
std::is_compound<T>	Prüft, ob T ein kombinierter Typ ist, d. h. ein Feld, eine Funktion, Zeiger, Referenz usw., die auf fundamentale Typen aufbauen
std::is_reference<T>	Prüft, ob T ein Referenztyp ist
std:: is_member_pointer<T>	Prüft, ob T ein Zeiger auf eine Membervariablen einer Klasse ist

Beispiele

```cpp
#include <iostream>
#include <type_traits>

int main()
{
  using namespace std;
  cout << boolalpha;                                    // output
  cout << is_fundamental<int>::value        << endl;    // true
  cout << is_fundamental<int&>::value       << endl;    // false
  cout << is_fundamental<double>::value     << endl;    // true
  cout << is_fundamental<std::string>::value << endl;   // false

  cout << is_arithmetic<int>::value         << endl;    // true
  cout << is_arithmetic<int const>::value   << endl;    // true
  cout << is_arithmetic<int&>::value        << endl;    // false
  cout << is_arithmetic<void>::value        << endl;    // false

  cout << is_scalar<int>::value             << endl;    // true
  cout << is_scalar<int const>::value       << endl;    // true
  cout << is_scalar<void>::value            << endl;    // false
  cout << is_object<int>::value             << endl;    // true
  cout << is_object<int&>::value            << endl;    // false
  cout << is_object<std::string>::value     << endl;    // true

  cout << is_compound<int>::value           << endl;    // false
  cout << is_compound<int&>::value          << endl;    // true
  cout << is_compound<std::string>::value   << endl;    // true

  cout << is_reference<int>::value          << endl;    // false
  cout << is_reference<int&>::value         << endl;    // true
  cout << is_reference<int&&>::value        << endl;    // true
  cout << is_reference<int*>::value         << endl;    // false
  cout << is_member_pointer<string>::value  << endl;    // false
  cout << is_member_pointer<int(string::*)>::value;     // true

  ...
};
```

Die dritte Gruppe von Metafunktionen dient der Prüfung von Typ-Eigenschaften (Tab. 4.3). Die Ergebnisse der Metafunktionen befinden sich in der statischen Membervariablen *::value*.

Tab. 4.3 Metafunktionen zur Prüfung von Typeigenschaften

std::is_const\<T\>	Prüft, ob T mit *const* deklariert wurde
std::is_signed\<T\>	Prüft, ob T vorzeichenbehaftet ist
std:: is_unsigned\<T\>	Prüft, ob T nicht vorzeichenbehaftet ist
std:: is_abstract\<T\>	Prüft, ob T eine abstrakte Klasse ist
std::is_empty\<T\>	Prüft, ob T eine leere Klasse ist
std:: is_polymorphic\<T\>	Prüft, ob T eine polymorphe Klasse ist, d. h. dass sie mindestens eine virtuelle Funktion besitzt

Beispiele

```cpp
#include <iostream>
#include <type_traits>

struct A {};
struct B { virtual void print(); };
struct C { virtual void print() = 0; };

int main()
{
  using namespace std;
  cout << boolalpha;                              // output
  cout << is_const<int>::value         << endl;  // false
  cout << is_const<const int>::value   << endl;  // true

  cout << is_signed<int>::value           << endl;  // true
  cout << is_signed<signed int>::value    << endl;  // true
  cout << is_signed<unsigned int>::value  << endl;  // false
  cout << is_unsigned<int>::value         << endl;  // false
  cout << is_unsigned<signed int>::value  << endl;  // false
  cout << is_unsigned<unsigned int>::value << endl;  // true

  cout << is_abstract<A>::value        << endl;  // false
  cout << is_abstract<B>::value        << endl;  // false
  cout << is_abstract<C>::value        << endl;  // true

  cout << is_empty<A>::value           << endl;  // true
  cout << is_empty<B>::value           << endl;  // false
  cout << is_empty<C>::value           << endl;  // false

  cout << is_polymorphic<A>::value     << endl;  // false
  cout << is_polymorphic<B>::value     << endl;  // true
  cout << is_polymorphic<C>::value     << endl;  // true
  ...
};
```

Die vierte Gruppe von Metafunktionen vergleicht zwei Typen miteinander (Tab. 4.4). Die Ergebnisse der Metafunktionen befinden sich in der statischen Membervariablen *:: value*.

Tab. 4.4 Metafunktionen zum Vergleich zweier Typen

std::is_same<T,U>	Prüft, ob T und U den gleichen Typ haben
std::is_base_of<Base, Derived>	Prüft, ob *Derived* von *Base* abgeleitet ist
std:: is_convertible<From, To>	Prüft, ob *From* anstelle von *To* in einer Funktion mit *return* zurückgegeben werden kann

Tab. 4.5 Metafunktionen zum Konvertieren eines Typen

std::add_const<T>	Definiert den Typ T als *const*
std:: remove_reference<T>	Definiert den Typ T ohne *reference*, wenn dieser ein Referenztyp ist
std::make_signed<T>	Definiert den Typ T als *signed* Typ von T
std::make_unsigned<T>	Definiert den Typ T als *unsigned* Typ von T
std::add_pointer<T>	Definiert den Typ T als *pointer*, d. h. T*
std::remove_pointer<T>	Entfernt den *pointer* vom Typ T

Beispiele

```
#include <iostream>
#include <type_traits>

int main()
{
  using namespace std;
  cout << boolalpha                                         // output
         << is_same<int, int>::value             << endl // true
         << is_same<int, unsigned int>::value    << endl // false
         << is_same<int, signed int>::value      << endl // true
         << is_same<size_t, unsigned int>::value << endl // true

         << is_base_of<ios_base, istream>::value << endl // true
         << is_base_of<istream, ostream>::value  << endl // false
         << is_convertible<ios_base*,
                           istream*>::value      << endl // false
         << is_convertible<istream*,
                           ios_base*>::value      << endl;// true
  ...
};
```

Die fünfte Gruppe von Metafunktionen konvertiert den angegebenen Typ (Tab. 4.5). Die Ergebnisse der Metafunktionen sind Typdefinitionen mittels *typedef* mit dem Namen *::type*.

Beispiele

```cpp
#include <iostream>
#include <type_traits>

int main()
{
  using namespace std;
  cout << boolalpha                        // all outputs are true
       << is_const<add_const<int>::type >::value          << endl
       << is_same<int,
                  remove_reference<int &>::type>::value   << endl
       << is_same<int,
                  make_signed<unsigned int>::type>::value<< endl
       << is_same<unsigned int,
                  make_unsigned<int>::type>::value        << endl
       << is_same<int*,
                  add_pointer<int>::type>::value          << endl
       << is_same<int,
                  remove_pointer<int*>::type>::value      << endl;
  ...
};
```

Literatur

1. Mayer, Otto. 1988. *Programmieren in COMMON LISP*. Mannheim: Bibliographisches Institut & F.A. Brockhaus AG. ISBN 3-411-00638-2.
2. Alexandrescu, Andrei. 2003. *Modernes C++ design*. Heidelberg: REDLINE GMBH. ISBN 978-3-8266-1347-0.
3. Vandevoorde, David, und Nicolai M. Josuttis. 2010. *C++ templates: The complete guide*. Boston: Addison-Wesley. ISBN 0-201-73484-2.
4. Di. Gennaro, Davide. 2012. *Advanced C++ metaprogramming*. Leipzig: Amazon. ISBN 9-781460-966167.
5. American National Standards Institute. 1998. *Programming languages — C++*. New York: s.n.. ISO/IEC 14882:1998(E).
6. Standard ISO/IEC 1999. *Programming languages — C*. [pdf] Genf: s.n., 1999. INTERNATIONAL STANDARD ISO/IEC 9899.
7. cppreference.com. http://en.cppreference.com/w/cpp/types. Zugegriffen am 20.05.2015.

Teil II

Techniken und Anwendungsfälle

Sichere Schnittstellen (Interfaces)

5

Das Design von templatebasierten Softwaresystemen setzt Schnittstellen voraus, die sicher zu verwenden und gut dokumentiert sind. Die Schnittstellen sollten sowohl hinsichtlich der Parameter, als auch der zu verwendeten Typen sicher sein. Bjarne Stroustrup beschreibt in [1] effiziente Ansätze zur Realisierung dieser Anforderungen, die in den folgenden Abschnitten weiter ausgebaut werden. Es werden Techniken vorgestellt, wie mit dem Einsatz von Templates und der Metaprogrammierung Schnittstellen zur Kompilationszeit geprüft und Fehler ausgegeben werden können.

Neben der Prüfung von Schnittstellen können Generatoren sichere Schnittstellen erzeugen. Am Beispiel von Konfigurationstemplates und generierten Fabrikklassen wird diese Technik vorgestellt. Für den Anwender sind Konfigurationstemplates die einfachste und sicherste Variante zur Erzeugung von Objekten spezifischer Klassen.

5.1 Parameterprüfung zur Kompilationszeit

5.1.1 Prüfen von Nichttyp-Templateparametern

Die Standard C-Funktionen für Stringoperationen setzen in der Regel ein genügend großes Feld von Zeichen voraus, denn es erfolgt keine Längenprüfung des Feldes. Am Beispiel der Funktion *convertToString* wird in den nächsten Beispielen gezeigt, wie eine Parameterprüfung zur Kompilationszeit erfolgen kann. Diese Funktion wird zukünftig benötigt, um beispielsweise *insert*- oder *update*-Statements in *sql*-Anweisungen erzeugen zu können.

© Springer-Verlag Berlin Heidelberg 2016
J. Lemke, *C++-Metaprogrammierung*, DOI 10.1007/978-3-662-48550-7_5

Zur vereinfachten Umwandlung einer Gleitkommazahl in eine Zeichenkette mit maximaler Genauigkeit ohne jegliche Prüfung kann die Funktion *convertToString* wie folgt geschrieben werden:

```
int convertToString(const double &Value, char *pBuffer)
{
  // Run-Time Check Failure possible
  return (sprintf(pBuffer, "%.16e", Value));
}
```

Beim Aufruf der Funktion *convertToString* kommt es bei einem Feld von 16 Zeichen zu einem Laufzeitfehler, weil die Funktion *sprintf* keine Längenprüfung durchführt, die Konvertierung jedoch mehr als 16 Bytes Speicher benötigt. Ein Absturz des Programms kann die Folge sein.

```
int main()
{
  char Buffer[16] = {0};
  double Value    = 123.456789;
  convertToString(Value, Buffer);
  std::cout << "Value is " << Buffer << std::endl;
  ...
}
```

Beim näheren betrachten des Sourcecodes fällt auf, dass dem Compiler eigentlich alle Informationen über die Feldgrößen bekannt sind. Es wird eine Variable *Buffer* als Feld vom Typ *char* mit einer Größe von 16 angelegt und der Methode *convertToString* übergeben. Somit könnte der Compiler schon den Längenfehler erkennen und den Anwender auf diesen Fehler aufmerksam machen. Leider geht die Längeninformation in der Parameterliste der Funktion *convertToString* verloren. Abhilfe schafft hier ein Funktionstemplate, welches als Nichttyp-Templateparameter die Dimension *DIM* des Feldes enthält. Die Funktion *convertToString* kann wie folgt aussehen:

```
template <std::size_t DIM>
int convertToString(const double &Value, char (&Buffer)[DIM])
{
  static_assert(DIM > 24, "Buffer is to short!");

  return (sprintf(Buffer, "%.16e", Value));
}
```

Wenn die Dimension des Feldes *Buffer* kleiner oder gleich 24 Zeichen ist, wird eine statische Assertion mit der Meldung *„Buffer ist to short!"* ausgelöst. Eine statische Assertion (siehe Abschn. 4.5) ist ein sehr effektives Hilfsmittel, um Parameter und Typen zur Kompilationszeit prüfen zu können und somit Schnittstellen sicherer zu machen.

Die Funktion *convertToString* kann auch für anderen Typen überladen werden. Für den Typ *float* reicht ein Feld von 17 Zeichen aus.

```
template <std::size_t DIM>
int convertToString(const float &Value, char (&Buffer)[DIM])
{
  static_assert(DIM > 16, "Buffer is to short!");

  return (sprintf(Buffer, "%.8e", Value));
}
```

Eine Ganzzahl benötigt nur ein Feld von 12 Zeichen. Im Beispiel erfolgt die Umwandlung einer Ganzzahl mit der Funktion *_itoa*,[1] weil sie effizienter ist als die Funktion *sprintf*.

```
template <std::size_t DIM>
int convertToString(const int &Value, char (&Buffer)[DIM])
{
  static_assert(DIM > 11, "Buffer is to short!");

  return (_itoa(Value, Buffer, 10));
}
```

Die maximale Länge einer Zeichenkette kann auch von weiteren Templateparametern abhängig sein. Im folgenden Beispiel wird der Funktion *convertToString* die Genauigkeit *Precision* der Gleitkommazahl als Nichttyp-Parameter übergeben. Im ersten Schritt wird die Anzahl der Nachkommastellen *Precision* geprüft. Weil eine statische Assertion für Werte kleiner 16 keinen Sinn machen würde, wird mit dem Enumerator *ePrecision* der Wert von *Precision* auf 16 limitiert. Anschließend kann im zweiten Schritt die maximale Länge der Zeichenkette aus *8+ePrecision* berechnet und mit der Dimension *DIM* in der Assertion geprüft werden.

---

[1] Die Funktion _itoa ist zwar keine Standard C oder C++ Funktion, sie wird aber von vielen Compilern unterstützt.

```
template <unsigned int Precision, std::size_t DIM>
int convertToString(const double &Value, char (&Buffer)[DIM])
{
  enum {ePrecision = Precision > 16 ? 16 : Precision};

  static_assert(DIM > 8+ePrecision, "Buffer is to short!");

  switch (ePrecision)
  {
  case 16:    return (sprintf(Buffer, "%.16e", Value));
  case 15:    return (sprintf(Buffer, "%.15e", Value));
  case 14:    return (sprintf(Buffer, "%.14e", Value));
  case 13:    return (sprintf(Buffer, "%.13e", Value));
  case 12:    return (sprintf(Buffer, "%.12e", Value));
  case 11:    return (sprintf(Buffer, "%.11e", Value));
  case 10:    return (sprintf(Buffer, "%.10e", Value));
  case 9:     return (sprintf(Buffer, "%.9e",  Value));
  case 8:     return (sprintf(Buffer, "%.8e",  Value));
  case 7:     return (sprintf(Buffer, "%.7e",  Value));
  case 6:     return (sprintf(Buffer, "%.6e",  Value));
  case 5:     return (sprintf(Buffer, "%.5e",  Value));
  case 4:     return (sprintf(Buffer, "%.4e",  Value));
  case 3:     return (sprintf(Buffer, "%.3e",  Value));
  case 2:     return (sprintf(Buffer, "%.2e",  Value));
  case 1:     return (sprintf(Buffer, "%.1e",  Value));
  case 0:     return (sprintf(Buffer, "%.0e",  Value));
  }
  return (0);
}
```

Das Templateargument *Precision* wurde in der Argumentenliste der Methode *convertToType* vorangestellt, um nicht die Dimension *DIM* mit angeben zu müssen. Aus Gründen der Performance wurde der Formatierungsstring der Funktion *sprintf* für jeden *case*-Zweig fest vorgegeben, damit der Compiler den Source gut optimieren kann.

```
int main()
{
  char Buffer[24] = {0};
  double Value    = 123.456789;
  convertToString<13>(Value, Buffer);
  std::cout << "Value is " << Buffer << std::endl;
  ...
}
```

Nichttyp-Parameter können auch komplexere Zusammenhänge verkörpern. Ein Beispiel hierfür stellt das Datum dar, für den nicht alle Kombinationen aus Tag, Monat und Jahr gültig sind.

```
template <unsigned int Day,
          unsigned int Month,
          unsigned int Year>
struct TStaticDate
{
  enum
  {
    eDay      = Day,
    eMonth    = Month,
    eYear     = Year,
  };
};
```

Die Überprüfung der korrekten Vorgabe von Tag, Monat und Jahr kann im Klassentemplate *TStaticDate* erfolgen. Die Enumeratoren *eLeapYear1* bis *3* definieren die drei Bedingungen, wann ein Jahr ein Schaltjahr ist. Es gilt:

1. Alle ganzzahlig durch 4 teilbaren Jahre sind potentielle Schaltjahre.
2. Alle ganzzahlig durch 100 teilbaren Jahre sind keine Schaltjahre.
3. Alle ganzzahlig durch 400 teilbaren Jahre sind wiederum Schaltjahre.

Der Enumerator *eLeapYear* verknüpft schließlich die drei Einzelbedingungen und stellt die Information, ob ein Jahr ein Schaltjahr ist, zur Verfügung. Zur Prüfung, ob ein Monat 30 Tage hat, wird der Enumerator e30Days definiert. Mit diesen Enumeratoren kann nun die Gültigkeit der Templateargumente für Monat und Tag mit der statischen Assertion zur Kompilationszeit geprüft werden.

```
template <unsigned int Day,
          unsigned int Month,
          unsigned int Year>
struct TStaticDate
{
  enum
  {
    eDay        = Day,
    eMonth      = Month,
    eYear       = Year,
    eLeapYear1  = eYear %   4 ? 0 : 1,
    eLeapYear2  = eYear % 100 ? 1 : 0,
    eLeapYear3  = eYear % 400 ? 0 : 1,
    eLeapYear   = eLeapYear1 &&
                  (eLeapYear2 || eLeapYear3) ? 1 : 0,
    e30Days     = 4 == eMonth || 6 == eMonth ||
                  9 == eMonth || 11 == eMonth
  };

  // check month
  static_assert(eMonth > 0 && eMonth < 13,
                "Month is not in range of 1...12");

  // check day
  static_assert(eDay > 0,
                "Day of zero is not possible");

  static_assert(!( e30Days && eDay > 30),
                "Day is not in range of 1...30");

  static_assert(!(!eLeapYear && 2 == eMonth && eDay > 28),
                "Day is not in range of 1...28");

  static_assert(!( eLeapYear && 2 == eMonth && eDay > 29),
                "Day is not in range of 1...29");

  static_assert(!(!e30Days && eDay > 31),
                "Day is not in range of 1...31");
};
```

Neben der Prüfung des Datums kann im Template *TStaticDate* auch der Unix-Zeitstempel zur Kompilationszeit berechnet werden. Der Unix-Zeitstempel zählt die Zeit in Sekunden seit dem 1. Januar 1970 0:00 Uhr Weltzeit. Bezogen auf die Mitteleuropäische Zeit (MEZ) muss der Zeitstempel um plus eine Stunde bzw. auf die Mitteleuropäische Sommerzeit (MESZ) um plus zwei Stunden korrigiert werden. Weil der Zeitstempel von seiner Größe nicht mehr in einen Enumerator passt, muss dieser in einen Wert vom Typ *static const unsigned int* aufgenommen werden.

```
template <unsigned int Day,
          unsigned int Month,
          unsigned int Year>
struct TStaticDate
{
  ...
  enum
  {
    eDeltaYear     = eYear >= 1970 ? eYear - 1970 : 0,
    eDeltaLeapYear = (eDeltaYear+1-((eDeltaYear+1)%4))/4,
    eDeltaDays     =  1 == eMonth ?   0 :
                      2 == eMonth ?  31 :
                      3 == eMonth ?  59 :
                      4 == eMonth ?  90 :
                      5 == eMonth ? 120 :
                      6 == eMonth ? 151 :
                      7 == eMonth ? 181 :
                      8 == eMonth ? 212 :
                      9 == eMonth ? 243 :
                     10 == eMonth ? 273 :
                     11 == eMonth ? 304 : 334,
    eCorrLeapYear  = eMonth > 2 && eLeapYear ? 1 : 0
  };

  static const unsigned int UnixTime = (  eDeltaYear*365
                                        + eDeltaLeapYear
                                        + eDeltaDays
                                        + eCorrLeapYear
                                        + (eDay-1))*3600*24;
};
```

Das Datum und der Unix-Zeitstempel kann wie folgt getestet werden.

```
typedef TStaticDate<24, 07, 2009> Date;

int main()
{
  std::cout << Date::eDay     << "."
            << Date::eMonth    << "."
            << Date::eYear     << " Unix: "
            << Date::UnixTime << std::endl;
  ...
};
```

5.1.2   Prüfen von Typ-Parametern

Viele Funktions- und Klassentemplates dürfen nur für bestimme Typen als Templateparameter verwendet werden. Um die Definition falscher Typen in der Argumentenliste
vorzubeugen, sollten auch die Typ-Parameter ähnlich den Nichttyp-Parametern geprüft
werden. Im Fehlerfall kann entweder eine Assertion zur Kompilationszeit ausgelöst, oder
der Typ durch einen Default-Typen ersetz werden.

Ein Anwendungsfall könnte zum Beispiel eine Generatorklasse zur Kommunikation mit einer Datenbank sein, die von einer bestimmten Datenbank-Zugriffklasse abgeleitet ist.

```
template <typename T>
class TGenDBAccess : public T
{...};
```

Nun könnten der Generatorklasse jedoch alle möglichen Typen als Argument übergeben werden. In der Regel würde der Compiler falsche Typen in der Argumentenliste erkennen, weil sie nicht die Funktionalität einer korrekten Basisklasse zur Verfügung stellen. Es kann aber Klassentypen geben, bei denen der Compiler keinen Fehler erkennt, die evtl. erst zur Laufzeit Fehler erzeugen.

Im Beispiel werden drei Datenbank-Zugriffsklassen *CSQLiteDBAccess*, *COdbcDBAccess* und *COciDBAccess* definiert.

```
/// SQLite database access
class CSQLiteDBAccess{};

/// ODBC database access
class COdbcDBAccess{};

/// OCI database access
class COciDBAccess{};
```

Die Generatorklasse *CGenDBAccess* soll beispielsweise nur von den beiden Klassen *CSQLiteDBAccess* und *COdbcAccess* abgeleitet werden dürfen. In diesem Fall kann die Metafunktion *TIsSameType<T, U>* zur Typprüfung verwendet werden (siehe Abschn. 4.2).

```
template <typename T>
class TGenDBAccess : public T
{
    static_assert(tmp::TIsSameType<T, CSQLiteDBAccess>::Ret ||
                  tmp::TIsSameType<T, COdbcDBAccess>::Ret,
    "Template parameter is not CSQLiteDBAccess or COdbcDBAccess!");
};
```

Der Versuch, die Generatorklasse mit dem Argument *COciDBAccess* zu definieren, löst eine statische Assertion mit der entsprechenden Fehlermeldung aus.

```
int main()
{
    TGenDBAccess<CSQLiteDBAccess> ProjectDBAccess1;
    TGenDBAccess<COdbcDBAccess>   ProjectDBAccess2;
    TGenDBAccess<COciDBAccess>    ProjectDBAccess3; // error
    ...
};
```

Die Vorgabe von fest definierten Typen zur Typprüfung ist oftmals sehr starr, da sie keine Erweiterung auf neue Typen zulässt. Dieses Problem kann mit einer gemeinsamen

Interfaceklasse als Basisklasse behoben werden. Im Beispiel werden eine Interfaceklasse *IDBAccess*, sowie zwei davon abgeleitete Klassen *CSQLiteDBAccess* und *COdbcDBAccess* definiert. Die dritte Klasse *COciDBAccess* ist im Beispiel nicht von der Interfaceklasse abgeleitet.

```
/// interface class for database access
class IDBAccess{};

/// SQLite database access
class CSQLiteDBAccess : public IDBAccess{};

/// ODBC database access
class COdbcDBAccess : public IDBAccess{};

/// OCI database access
class COciDBAccess{};
```

In diesem Fall wird die Metafunktion *TIsDerived<T, U>* eingesetzt. Diese prüft, ob das Templateargument von *IDBAccess* abgeleitet ist (siehe Abschn. 4.4).

```
template <typename T>
class TGenDBAccess : public T
{
  static_assert(tmp::TIsDerived<T, IDBAccess>::IsDerived,
    "Template parameter is not derived from IDBAccess!");
};
```

Der Benutzer kann nun die Generatorklasse für alle Klassen anwenden, die von der Interfaceklasse *IDBAccess* abgeleitet sind.

In Funktionstemplates kann alternativ zu *static_assert* der Typ des Templatearguments direkt nach dem SFINAE-Prinzip geprüft bzw. vorgegeben werden (siehe 4.3.1). Hierzu wird der Rückgabetyp durch eine SFINAE-Hilfsklasse definiert. Im folgenden Beispiel berechnet die Funktion *getDistance* den Abstand zwischen zwei Punkten im kartesischen Koordinatensystem. Das Templateargument soll entweder vom Typ *float* oder vom Typ *double* sein. Für alle anderen Typen soll der Compiler eine Fehlermeldung generieren. Die SFINAE-Hilfsklasse *checkFloat* definiert nur für die Typen *float* oder *double* den Typ *Type*. Wird versucht, die Funktion *getDistance* mit einem anderen Typen zu instanziieren, ist der Rückgabetyp der Funktion nicht definiert und der Compiler gibt einen Fehler aus.

```
// SFINAE helper class
template <typename T> struct checkFloat;

template <>
struct checkFloat<float>
{ typedef float  Type; };

template <>
struct checkFloat<double>
{ typedef double Type; };

template <typename T>
typename checkFloat<T>::Type getDistance(
                const T &x1, const T &y1, const T &z1,
                const T &x2, const T &y2, const T &z2)
{
  T dx = x1 - x2;
  T dy = y1 - y2;
  T dz = z1 - z2;

  return (sqrt(dx*dx + dy*dy + dz*dz));
}
```

Die Funktion *getDistance* kann nun für die Typen *float*, *double* und *int* getestet werden.

```
int main()
{
  // for type double
  std::cout << "Distance is: "
            << getDistance(0.0,  0.0,  0.0,  1.0,  1.0,  1.0 )
            << std::endl;

  // for type float
  std::cout << "Distance is: "
            << getDistance(0.0f, 0.0f, 0.0f, 1.0f, 1.0f, 1.0f)
            << std::endl;

  // for type int
  std::cout << "Distance is: "
            << getDistance( 0,    0,    0,    1,    1,    1 )
            << std::endl; // error
  ...
};
```

5.2   Konfigurationstemplates

Die Verwendung von Konfigurationstemplates ist für den Anwender die einfachste und sicherste Variante zur Erzeugung von Objekten ausgewählter Klassen. In der Regel können hiermit Konfigurationsfehler vermieden und Programmieraufwand reduziert werden.

5.2.1 Konfiguration variabler Typen

Die Konfigurationstemplates verwenden im allgemeinen Enumeratoren oder Ganzzahlen als Argumente. Sie sind unabhängig von Klassennamen oder spezifischen Konfigurationen. Das Beispiel von Abschn. 5.1.2 zum Anlegen einer Generatorklasse für eine spezifische Datenbank soll jetzt mit einem Konfigurationstemplate umgesetzt werden.

Zu Beginn wird ein Enumerator für die drei Arten von Datenbank-Zugriffsklassen definiert. Das Ziel soll es nun sein, die Generatorklasse *CGenDBAccess* ausschließlich mit dem jeweiligen Enumerator als Templateargument anlegen zu können.

```
enum EDatabaseType
{
  eSQLite,
  eOdbc,
  eOci
};
```

Die Bestimmung der jeweiligen Klasse anhand eines Enumerators erfordert den Einsatz einer statischen *If-* oder *Switch*-Anweisung nach Abschn. 3.2.8. Diese lässt sich am besten in einem Hilfstemplate kapseln. Im folgenden Beispiel definiert das Klassentemplate *TGenDBAccessBase* den Klassentyp *Base* mittels einer *typedef*-Anweisung.

```
template <EDatabaseType eDBType>
struct TGenDBAccessBase
{
  typedef typename tmp::Switch<(eDBType),
                    tmp::Case<eSQLite, CSQLiteDBAccess,
                    tmp::Case<eOdbc,   COdbcDBAccess,
                    tmp::Case<eOci,    COciDBAccess,
                    tmp::NilCase> > > >::RET Base;
};
```

Die Klasse *TGenDBAccess* wird nun vom Typ *Base* des Hilfstemplates abgeleitet.

```
template <EDatabaseType eDBType>
class TGenDBAccess : public TGenDBAccessBase<eDBType>::Base
{
};
```

Die Klassen können jetzt ohne Kenntnisse des genauen Klassennamens einfach und sicher über den Enumerator definiert werden.

```
int main()
{
  TGenDBAccess<eSQLite> ProjectDBAccess1;   // SQLite access
  TGenDBAccess<eOdbc>   ProjectDBAccess2;   // ODBC access
  TGenDBAccess<eOci>    ProjectDBAccess3;   // OCI access
...
};
```

Die Kenntnis des Datenbanktyps über den Enumerator kann noch für weitere Einstellungen benutzt werden. So wird im Beispiel über den Enumerator *useComment* festgelegt, ob ein Kommentar nach dem Anlegen der Tabelle in die Datenbank eingefügt werden soll. Dieses ist für SQLite zum Beispiel nicht möglich.

```
template <EDatabaseType eDBType>
struct TGenDBAccessBase
{
  typedef typename tmp::Switch<(eDBType),
                    tmp::Case<eSQLite, CSQLiteDBAccess,
                    tmp::Case<eOdbc,   COdbcDBAccess,
                    tmp::Case<eOci,    COciDBAccess,
                    tmp::NilCase> > >::RET Base;

  enum { useComment = eDBType == eOdbc || eDBType == eOci };
};
```

In der Klasse *TGenDBAccess* wird diese Information vom Hilfstemplate ebenfalls in den Enumerator *useComment* kopiert. Damit kann diese Klasse schon zur Kompilationszeit festlegen, ob ein Kommentar in die Datenbank geschrieben werden soll oder nicht.

```
template <EDatabaseType eDBType>
class TGenDBAccess : public TGenDBAccessBase<eDBType>::Base
{
  enum { useComment = TGenDBAccessBase<eDBType>::useComment };
};
```

5.2.2 Konfiguration von veränderlichen Schnittstellen

In der generativen Programmierung werden Softwaresysteme benötigt, die eine einheitliche und transparente Schnittstelle besitzen. Nur so können sie mittels Generatoren für unterschiedliche Programme verwendet werden. Leider haben freie Bibliotheken, oder Bibliotheken von Drittanbietern ihre eigene Schnittstelle, die daher in der Regel inkompatibel zur eigenen Schnittstelle ist. Dem Anwender bleibt nur die Möglichkeit, diese Bibliotheken mit einer eigenen Schnittstelle zu kapseln. Diese Kapselung kann auch mit Konfigurationstemplates vorgenommen werden.

Im folgenden Beispiel soll die Kapselung der Methode *open(...)* der Datenbank-Zugriffsklasse exemplarisch vorgestellt werden. Da die Datenbank *SQLite* eine dateibasierte Datenbank ist, sieht die Schnittstelle anders aus als bei serverbasierten Datenbanken.

```
/// SQLite database access
class CSQLiteDBAccess
{
  /// open the database file
  bool open(const std::string &FileName);
  ...
};
/// ODBC database access
class COdbcDBAccess
{
  /// open the database
  bool open(const std::string &DSN,      // data source name
            const std::string &UserId,
            const std::string &Password);
  ...
};
/// OCI database access
class COciDBAccess
{
  /// open the database
  bool open(const std::string &DSN,      // data source name
            const std::string &UserId,
            const std::string &Password);
  ...
};
```

Die einheitliche Methode *open(...)* soll drei Parameterstrings für den DSN, der
BenutzerId und dem Passwort enthalten. Weil die Basisklassen *COdbcDBAccess* und
COciDBAccess bereits diese Bedingung erfüllen, muss in der Generatorklasse die *open-*
Methode nicht überschrieben werden.

```
template <EDatabaseType eDBType>
class TGenDBAccess : public TGenDBAccessBase<eDBType>::Base
{ };
```

Anders sieht das jedoch für die Basisklasse *CSQLiteDBAccess* aus, da die *open-*
Methode nur einen Stringparameter für den Dateinamen in der Parameterliste besitzt.
Eine SQLite-spezifische Lösung erhält man, wenn für die Generatorklasse eine Speziali-
sierung für SQLite definiert und die *open-*Methode überschrieben wird.

```
template <>
class TGenDBAccess<eSQLite>
: public TGenDBAccessBase<eSQLite>::Base
{
public:
  /// open the database
  bool open(const std::string &DSN,      // data source name
            const std::string &UserId,
            const std::string &Password)
  {
    return (TGenDBAccessBase<eSQLite>::Base::open(DSN));
  }
};
```

Für den Anwender ist die open-Methode nun für alle Datenbank-Zugriffsklassen gleich.

```
int main()
{
  TGenDBAccess<eSQLite> ProjectDBAccess1;    // SQLite access
  TGenDBAccess<eOdbc>   ProjectDBAccess2;    // ODBC access
  TGenDBAccess<eOci>    ProjectDBAccess3;    // OCI access

  std::string DNS("DBTest.db");       // database file name
  std::string UserId("Guest");
  std::string Password("Guest");
  ProjectDBAccess1.open(DNS, UserId, Password);

  DNS = "DBTest";                     // data source name
  ProjectDBAccess2.open(DNS, UserId, Password);
  ProjectDBAccess3.open(DNS, UserId, Password);
  ...
};
```

5.2.3   Generierung von Fabrikklassen

5.2.3.1 Entwurfsmuster Fabrikmethode

Zur Vereinheitlichung von Schnittstellen wird häufig das Entwurfsmuster der *Fabrikmethode* eingesetzt. In diesem Entwurfsmuster werden Objekte nicht direkt über den Konstruktor, sondern indirekt über Methoden von Fabrikklassen angelegt. Das hat den Vorteil, dass eine Klasse nicht den konkreten Objekttyp kennen muss, der von ihr erzeugt werden soll.

Am Beispiel der gekapselten Windows-spezifischen Synchronisierungsklassen *CMutexWin*, *CSemaphoreWin* und *CCriticalSectionWin* wird das Entwurfsmuster der Fabrikmethode in der Abb. 5.1 vorgestellt.

Alle Synchronisierungsklassen sind von der Interfaceklasse *IMutex* abgeleitet.

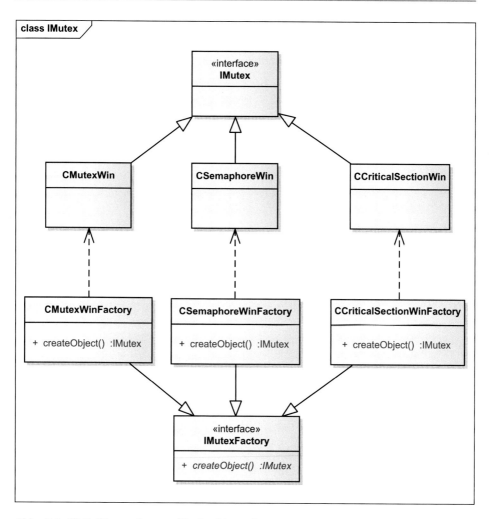

Abb. 5.1 UML-Klassendiagram für das Entwurfsmuster der Fabrikmethode am Beispiel von Synchronisierungsklassen

```
/// interface class for all synchronization typs
class IMutex{};

/// windows mutex
class CMutexWin : public IMutex{};

/// windows semaphore
class CSemaphoreWin : public IMutex{};

/// windows critical section
class CCriticalSectionWin : public IMutex{};
```

Alle Fabrikklassen zum Erzeugen der jeweiligen Synchronisierungsobjekte sind von der Interfaceklasse *IMutexFactory* abgeleitet. In der Interfaceklasse wird die abstrakte virtuelle Methode *createObject()* definiert, die in allen abgeleiteten Fabrikklassen virtuell überschrieben wird.

```cpp
/// interface factory class
class IMutexFactory
{
public:
  virtual IMutex* createObject() const = 0;
};

/// factory class to create a windows mutex
class CMutexWinFactory : public IMutexFactory
{
public:
  virtual IMutex* createObject() const
  { return (new CMutexWin()); }
};

/// factory class to create a windows semaphore
class CSemaphoreWinFactory : public IMutexFactory
{
public:
  virtual IMutex* createObject() const
  { return (new CSemaphoreWin()); }
};

/// factory class to create a windows critical section
class CCriticalSectionWinFactory : public IMutexFactory
{
public:
  virtual IMutex* createObject() const
  { return (new CCriticalSectionWin()); }
};
```

Nach diesen Vorbereitungen kann zum Beispiel dem Konstruktor der Datenbank-Zugriffsklasse *CSQLiteDBAccess* die Fabrikklasse zur Erzeugung des Synchronisationsobjekts als Parameter übergeben werden. Die Parameterübergabe erfolgt über die Referenz der Interfaceklasse, um diese unabhängig von der jeweiligen Realisierung zu halten.

```cpp
/// SQLite database access
class CSQLiteDBAccess
{
public:
  CSQLiteDBAccess(const IMutexFactory &MutexFactory)
  {
    IMutex *pMutex = MutexFactory.createObject();
  }
};
```

Das korrekte Anlegen des Objekts einer Synchronisierungsklasse kann nun getestet werden.

```
int main()
{
  CMutexWinFactory MutexWinFactory;
  CSQLiteDBAccess  SQLiteDBAccess(MutexWinFactory);
  ...
};
```

5.2.3.2 Fabrikklassen mit Templates realisieren

Wenn man das Anlegen der Objekte über die Methode *createObject()* genauer analysiert fällt auf, dass der Source bis auf den konkreten Objekttyp immer identisch ist. Somit können auch die Fabrikklassen mit Templates einfacher realisiert werden.

```
template <typename T>
class TFactory
{
public:
  /// creates a new object
  T *createObject() const { return (new T()); }
};
```

In erster Näherung kann auf die Basisklasse verzichtet werden, wenn der Konstruktor von *CSQLiteDBAccess* in ein Template mit dem Argument der Fabrikklasse umgewandelt wird.

```
/// SQLite database access
class CSQLiteDBAccess
{
public:
  template <typename T>
  CSQLiteDBAccess(const T &MutexFactory)
  {
    IMutex *pMutex = MutexFactory.createObject();
  }
};

int main()
{
  TFactory<CMutexWin> MutexWinFactory;
  CSQLiteDBAccess SQLiteDBAccess(MutexWinFactory);
  ...
};
```

Es ist auch möglich, die gesamte Klasse von *CSQLiteDBAccess* in ein Template vom Argumenttyp einer direkten Synchronisierungsklasse umzuwandeln. Im Konstruktor wird dann zuerst die Fabrikklasse angelegt, bevor diese anschließend das Objekt zur Synchronisierung anlegt.

```
/// SQLite database access
template <typename T>
class CSQLiteDBAccess
{
public:
  CSQLiteDBAccess()
  {
    TFactory<T> MutexWinFactory;
    IMutex *pMutex = MutexWinFactory.createObject();
  }
};

int main()

{
  CSQLiteDBAccess<CMutexWin> SQLiteDBAccess;
  ...
};
```

5.2.3.3 Entwurfsmuster Fabrikmethode mit Templates umsetzen

Die bisher realisierten Fabrikklassen mit Templates folgen nicht streng dem Muster der Fabrikmethode, weil sie nicht den Mechanismus der Polymorphie zum Anlegen der Objekte verwenden. Durch das Templateargument ist der Klasse der Objekttyp, der angelegt werden soll, bereits bekannt.

Das Problem besteht darin, dass das Template der Fabrikklasse nicht den Basistyp, der mit der Methode *createObjekt()* angelegt werden soll, kennt. Eine *typedef*-Anweisung in der Interfaceklasse kann das Problem lösen. Im Beispiel der Interfaceklasse *IMutex* wird eine öffentlich zugängliche Typdefinition mit dem Namen *Base* definiert.

```
class IMutex
{
public:
  typedef IMutex Base;
};
```

Anschließend wird die Template-Interfaceklasse *IFactory* mit dem Basistypen definiert.

```
template <typename Base>
class IFactory
{
public:
  /// abstract method to creates a new object
  virtual Base* createObject() const = 0;
};
```

Die Fabrikklasse *TFactory* wird nun von der Interfaceklasse *IFactory* abgeleitet, indem der Typ *Base* als Templateargument für *IFactory* definiert wird. Für den Compiler muss der noch unbekannte Typ *T::Base* mit *typename* bekanntgemacht werden.

```
template <typename T>
class TFactory : public IFactory<typename T::Base>
{
public:
  /// creates a new object
  virtual typename T::Base *createObject() const
  { return (new T()); }
};
```

Es empfiehlt sich, in allen Interface- oder Basisklassen den Typ der Basisklasse für den Compiler öffentlich zugänglich zu machen.

5.2.3.4 Einbindung der Fabrikklassen in Konfigurationstemplates

Im folgenden Beispiel werden Fabrikklassen zum Anlegen von Threads und Synchronisationsobjekten in den Datenbank-Zugriffsklassen verwendet. Diese werden benötigt, wenn das Schreiben in die Datenbank asynchron in separaten Threads erfolgen soll. Die Typen der Thread- und Synchronisationsklasse werden als Templateargumente definiert.

```
/// SQLite database access
template <typename TThreadFactory, typename TMutexFatory>
class CSQLiteDBAccess
{
public:
  CSQLiteDBAccess(const TThreadFactory &ThreadFactory,
                  const TMutexFatory   &MutexFactory)
  {
    CThreadWin *pThreadWin = ThreadFactory.createObject();
    CMutexWin  *pMutexWin  = MutexFactory.createObject();
    ...
  }
};

/// ODBC database access
template <typename TThreadFactory, typename TMutexFatory>
class COdbcDBAccess
{
public:
  COdbcDBAccess(const TThreadFactory &ThreadFactory,
                const TMutexFatory   &MutexFactory)
  {...}
};

/// OCI database access
template <typename TThreadFactory, typename TMutexFatory>
class COciDBAccess
{
public:
  COciDBAccess(const TThreadFactory &ThreadFactory,
               const TMutexFatory   &MutexFactory)
  {...}
};
```

Der Benutzer muss entscheiden, welche Typen von Thread- und Synchronisationsklassen verwendet werden sollen. Er sollte sich aber nicht mit spezifischen Details, wie den Fabrikklassen in Schnittstellen, befassen müssen. Diese Aufgabe kann dem Generator überlassen werden.

Eine Fabrikklasse kann mit dem Klassentemplate *TNewCreator* angelegt werden. Diese Klasse erzeugt mit der Methode *createObject()* ein Objekt vom Typ *T*.

```
template <typename T>
class TNewCreator
{
public:
  /// creates a new object
  T *createObject() const { return (new T()); }
};
```

Als nächstes muss die Generatorklasse Instanzen der Fabrikklassen anlegen und verwalten. Diese müssen dann der Basisklasse im Konstruktor als Referenz übergeben werden. Um sicherzustellen, dass die Objekte der Fabrikklassen zuerst angelegt werden, wird ein Klassentemplate zur Verwaltung der Fabrikklassen definiert. Die Klasse *TFactoryCreate* legt eine Instanz der Fabrikklasse vom Typ *T* an. Auf diese kann mit der Methode *ret()* zugegriffen werden.

```
template <typename T>
class TFactoryCreator
{
private:
  TNewCreator<T> m_T;

public:
  const TNewCreator<T>& ret() const {return (m_T);}
};
```

Nun sind alle Vorbereitungen abgeschlossen und die Generatorklasse *TGenDBAccess* kann um die beiden Typen von Thread- und Synchronisationsklasse in der Argumentenliste erweitert werden. Die Reihenfolge im Konstruktor stellt sicher, dass zuerst die Fabrikklassen angelegt werden, bevor der Konstruktor der Basisklasse aufgerufen wird.

```
template <EDatabaseType eDBType,
          typename Thread,
          typename Mutex>
class TGenDBAccess : public TFactoryCreator<Thread>,
                     public TFactoryCreator<Mutex>,
                     public TGenDBAccessBase<eDBType,
                                             TNewCreator<Thread>,
                                             TNewCreator<Mutex>
                                             >::Base
{
public:
  TGenDBAccess()
   : TFactoryCreator<Thread>(),
     TFactoryCreator<Mutex>(),
     TGenDBAccessBase<eDBType,
                       TNewCreator<Thread>,
                       TNewCreator<Mutex>
                       >::Base(TFactoryCreator<Thread>::ret(),
                               TFactoryCreator<Mutex>::ret())
  {}
};
```

Um den Source zu testen, werden im Beispiel zwei Klassen definiert, die Threadklasse *CThreadWin* und die Synchronisationsklasse *CMutexWin*.

```
class CThreadWin{};
class CMutexWin{};
```

Die Datenbank-Zugriffsklassen können nun wie folgt definiert werden.

```
int main()
{
  // SQLite access
  TGenDBAccess<eSQLite, CThreadWin, CMutexWin> ProjectDBAccess1;
  // ODBC access
  TGenDBAccess<eOdbc, CThreadWin, CMutexWin>   ProjectDBAccess2;
  // OCI access
  TGenDBAccess<eOci, CThreadWin, CMutexWin>    ProjectDBAccess3;
  ...
};
```

Literatur

1. Stroustrup, Bjarne. 2012. Software development for infrastructure. *IEEE Computer Society* 45(1): 47–58.

C++-Metaprogrammierung für Strukturen 6

Im folgenden Kapitel wird ein Verfahren zur Generierung von atomaren Strukturen (Strukturen, die nur Objekte atomarer Typen enthalten) und deren Verwaltungsklassen vorgestellt, die einen automatisierten Zugriff auf die Elemente der Struktur ermöglichen.

Es wird gezeigt, wie mit Hilfe von einfachen Makros eine Struktur mit statischen Funktionen generiert werden kann. Zur Verwaltung der Typen einer Struktur werden Typlisten eingesetzt, um sie für eine weitere Generierung zugänglich zu machen. Mit den Typlisten können dann Verwaltungsklassen generiert werden, die den Zugriff auf die Elemente der Struktur ermöglichen. Damit lässt sich die Struktur beispielsweise sehr leicht serialisieren und visualisieren. Weiterhin können die Typen der Typliste in managed Typen von C++/CLI automatisch konvertiert werden. Damit kann der Inhalt von Strukturen auch in .NET-Programmen verwenden werden. Abschließend wird ein Verfahren zur Generierung einer Dokumentation für die generierten Strukturen vorgestellt.

6.1   Einführendes Beispiel zur Generierung von Strukturen

Am Beispiel der Struktur von Materialdaten soll gezeigt werden, wie mit Hilfe von Makros und der Template-Metaprogrammierung Strukturen generiert, sowie der automatische Datenzugriff auf die einzelnen Elemente realisiert werden kann. Natürlich besteht ein realer Datensatz eines Materialdatenstamms aus deutlich mehr Parametern als hier im Beispiel dargestellt ist, zur Erläuterung reicht diese vereinfachte Struktur aber vollkommen aus.

© Springer-Verlag Berlin Heidelberg 2016
J. Lemke, *C++-Metaprogrammierung*, DOI 10.1007/978-3-662-48550-7_6

```
namespace mat
{
  struct SMaterialData
  {
    long  m_MaterialId;   // material id
    char  m_Name[32];     // name of material
    char  m_Unit[16];     // unit
    float m_Price;        // price in EURO
    long  m_Count;        // count of material
  };
}
```

Im ersten Schritt wird gezeigt, wie die Struktur *SMaterialData* mit einfachen Makros generiert werden kann. Im zweiten Schritt werden Typlisten eingesetzt, um alle Typen der Struktur für die weitere Generierung zugänglich zu machen. Damit können im dritten Schritt Klassen generiert werden, die den Zugriff auf die Variablen der Struktur ermöglichen. Dieses ist eine wichtige Voraussetzung, um die Daten weiter verarbeiten zu können. So wird im vierten Schritt eine vereinfachte Datenbankanbindung entwickelt, um die Daten automatisch in eine Datenbank zu schreiben, oder aus einer Datenbank zu lesen.

6.2   Generieren von Strukturen mit Makros

6.2.1   Generierung von einfachen Strukturen

Die im Abschn. 6.1 abgebildete Struktur soll mit Hilfe von Makros generiert werden. Eine einfache Möglichkeit hierfür ist die Definition des Makros *CREATE_STRUCT*. Das Makro bekommt den Strukturnamen *StructName*, die fünf Typen *T1 – T5* sowie die Namen der Variablen *N1 – N5* als Parameter übergeben.

```
#define CREATE_STRUCT(StructName, T1, N1, T2, N2, T3, N3, \
                      T4, N4, T5, N5)                      \
struct StructName {T1 N1; T2 N2; T3 N3; T4 N4; T5 N5;}

CREATE_STRUCT(SMaterialData,      // structure name
              long,  m_MaterialId, // material id
              char,  m_Name[32],   // name of material
              char,  m_Unit[16],   // unit
              float, m_Price,      // price in EURO
              long,  m_Count);     // count of material
```

Ein Nachteil des Makros *CREATE_STRUCT* ist die feste Anzahl von fünf Parametern. Mit Hilfe der im Abschn. 2.7.1 dargestellten Iteration lässt sich das Makro umstellen. Der Makroname wird zunächst erweitert zu *CREATE_STRUCT_5* um darzustellen, dass dieses Makro Strukturen mit fünf Parametern generiert. Anschließend werden die Makros *ADD_PARAM_x* erzeugt, um rekursiv das jeweils nächste Makro mit einem Parametersatz weniger aufzurufen. Abschließend erzeugt das Makro *ADD_PARAM* den

Eintrag für die Zuweisung eines Variablennamens zu einem Typ. So werden die Variablen der Struktur in der Reihenfolge der Makroparameter definiert.

```
// define 1 parameter
#define ADD_PARAM(T1, N1) T1 N1

// macros with 1 parameter
#define ADD_PARAM_1(T1, N1) \
  ADD_PARAM(T1, N1)

// macros with 2 parameters
#define ADD_PARAM_2(T1, N1, T2, N2) \
  ADD_PARAM_1(T1, N1); ADD_PARAM(T2, N2)

// macros with 3 parameters
#define ADD_PARAM_3(T1, N1, T2, N2, T3, N3) \
  ADD_PARAM_2(T1, N1, T2, N2); ADD_PARAM(T3, N3)

// macros with 4 parameters
#define ADD_PARAM_4(T1, N1, T2, N2, T3, N3, T4, N4) \
  ADD_PARAM_3(T1, N1, T2, N2, T3, N3); ADD_PARAM(T4, N4)

// macros with 5 parameters
#define ADD_PARAM_5(T1, N1, T2, N2, T3, N3, T4, N4, T5, N5) \
  ADD_PARAM_4(T1, N1, T2, N2, T3, N3, T4, N4); ADD_PARAM(T5, N5)
#define CREATE_STRUCT_5(StructName, T1, N1, T2, N2, T3, N3, \
                        T4, N4, T5, N5)                      \
struct StructName {ADD_PARAM_5(T1, N1, T2, N2, T3, N3,      \
                        T4, N4, T5, N5);}
```

Für jede unterschiedliche Parameteranzahl müsste eigentlich auch ein separates Makro definiert werden. Diese Arbeit wird aber auf später verschoben, da das Makro bisher noch nicht vollständig entwickelt ist.

```
CREATE_STRUCT_5(SMaterialData,      // structure name
                long,  m_MaterialId,  // material id
                char,  m_Name[32],   // name of material
                char,  m_Unit[16],   // unit
                float, m_Price,      // price in EURO
                long,  m_Count);     // count of material
```

Es bietet sich an, alle Strukturen in einem bestimmen Namensbereich anzulegen. Hierfür wird das Makro wie folgt erweitert.

```
#define CREATE_STRUCT_5(StructName, Namespace, T1, N1, T2, N2, \
                        T3, N3, T4, N4, T5, N5)                 \
namespace Namespace {                                          \
struct StructName {ADD_PARAM_5(T1, N1, T2, N2, T3, N3,         \
                        T4, N4, T5, N5);};}
```

Im Beispiel wird der Namensbereich *mat* für *Material* ausgewählt.

```
CREATE_STRUCT_5(SMaterialData,        // structure name
                mat,                  // namespace
                long,  m_MaterialId,  // material id
                char,  m_Name[32],    // name of material
                char,  m_Unit[16],    // unit
                float, m_Price,       // price in EURO
                long,  m_Count);      // count of material
```

In manchen Fällen bietet es sich an, für die Variablennamen ein Präfix zu verwenden. Alle Makros müssen deshalb um den Parameter *Prefix* erweitert werden. Das letzte Makro in der Kette *ADD_PARAM* verbindet das Präfix mit dem Variablennamen.

```
#define ADD_PARAM(Prefix, T1, N1) T1 Prefix ## N1

// macros with 1 parameter
#define ADD_PARAM_1(Prefix, T1, N1) \
  ADD_PARAM(Prefix, T1, N1)

// macros with 2 parameters
#define ADD_PARAM_2(Prefix, T1, N1, T2, N2) \
  ADD_PARAM_1(Prefix, T1, N1);              \
  ADD_PARAM(Prefix, T2, N2)

...

// macros with 5 parameters
#define ADD_PARAM_5(Prefix, T1, N1, T2, N2, T3, N3,    \
                            T4, N4, T5, N5)            \
  ADD_PARAM_4(Prefix, T1, N1, T2, N2, T3, N3, T4, N4); \
  ADD_PARAM(Prefix, T5, N5)

#define CREATE_STRUCT_5(StructName, Namespace, Prefix,          \
                T1, N1, T2, N2, T3, N3, T4, N4, T5, N5) \
namespace Namespace {                                           \
struct StructName {ADD_PARAM_5(Prefix, T1, N1, T2, N2, T3, N3,  \
                               T4, N4, T5, N5);};};}
```

Mit der Verwendung des Präfixes *m_* wird nun die im Abschn. 6.1 dargestellte Struktur generiert.

```
CREATE_STRUCT_5(SMaterialData,       // structure name
                mat,                 // namespace
                m_,                  // prefix
                long,  MaterialId,   // material id
                char,  Name[32],     // name of material
                char,  Unit[16],     // unit
                float, Price,        // price in EURO
                long,  Count);       // count of material
```

Das Präfix kann auch weggelassen werden. In diesem Fall bleiben die Variablennamen unverändert.

```
CREATE_STRUCT_5(SMaterialData,      // structure name
                mat,                // namespace
                ,                   // prefix
                long,  MaterialId,  // material id
                char,  Name[32],    // name of material
                char,  Unit[16],    // unit
                float, Price,       // price in EURO
                long,  Count);      // count of material
```

6.2.2   Erweiterte statische Funktionen

Für den späteren automatischen Zugriff auf die einzelnen Elemente der Struktur werden
ein paar statische Funktionen benötigt. In der Headerdatei <*stddef.h*> ist das Makro
offsetof() definiert, das das Byte-Offset von Variablen innerhalb einer Struktur ausgibt. Da
innerhalb des Makros der Strukturname, der Namensbereich, der Präfix und die
Variablennamen bekannt sind, sollten auch innerhalb des Makros die Funktionen
getNamespace(), *getPrefix()*, *getStructname()* und *getOffset(const char *pFieldName)*
vorbereitet werden.

```
#define CREATE_STRUCT_5(StructName, Namespace, Prefix,       \
                   T1, N1, T2, N2, T3, N3, T4, N4, T5, N5) \
namespace Namespace {                                       \
struct StructName {ADD_PARAM_5(Prefix, T1, N1, T2, N2, T3, N3,  \
                          T4, N4, T5, N5);                  \
static const char* getNamespace()  {return (#Namespace);}; \
static const char* getPrefix()     {return (#Prefix);};    \
static const char* getStructname() {return (#StructName);}; \
static int getOffset(const char *pFieldName)               \
{PARAM_OFFSET_5(pFieldName, Namespace::StructName, Prefix,  \
          N1, N2, N3, N4, N5)                               \
return -1;};};}
```

Die Makros *PARAM_OFFSET_x* müssen nun wieder für jede unterschiedliche
Parameteranzahl angelegt werden.

```
#define PARAM_OFFSET(pFieldName, Structname, Prefix, T) \
  if (memcmp(pFieldName, #T, sizeof(#T)) == 0)           \
    return offsetof(Structname, Prefix ## T)

// macros with 1 parameter
#define PARAM_OFFSET_1(FieldName, Structname, Prefix, T1) \
       PARAM_OFFSET(FieldName, Structname, Prefix, T1);

// macros with 2 parameters
#define PARAM_OFFSET_2(FieldName, Structname, Prefix, T1, T2) \
       PARAM_OFFSET_1(FieldName, Structname, Prefix, T1);     \
       PARAM_OFFSET(FieldName, Structname, Prefix, T2);

// macros with 3 parameters
#define PARAM_OFFSET_3(FieldName, Structname, Prefix,    \
                       T1, T2, T3)                        \
       PARAM_OFFSET_2(FieldName, Structname, Prefix,     \
                      T1, T2);                            \
       PARAM_OFFSET(FieldName, Structname, Prefix, T3);

// macros with 4 parameters
#define PARAM_OFFSET_4(FieldName, Structname, Prefix,    \
                       T1, T2, T3, T4)                    \
       PARAM_OFFSET_3(FieldName, Structname, Prefix,     \
                      T1, T2, T3);                        \
       PARAM_OFFSET(FieldName, Structname, Prefix, T4);

// macros with 5 parameters
#define PARAM_OFFSET_5(FieldName, Structname, Prefix,    \
                       T1, T2, T3, T4, T5)                \
       PARAM_OFFSET_4(FieldName, Structname, Prefix,     \
                      T1, T2, T3, T4);                    \
       PARAM_OFFSET(FieldName, Structname, Prefix, T5);
```

Die statischen Methoden können nun wie folgt aufgerufen werden.

```
std::cout << "Namespace: "
          << mat::SMaterialData::getNamespace()
          << ", StructName: "
          << mat::SMaterialData::getStructname()
          << ", Prefix: "
          << mat::SMaterialData::getPrefix() << std::endl;

int Offset[5] = {0};
   Offset[0] = mat::SMaterialData::getOffset("MaterialId");
   // return wrong offset
   Offset[1] = mat::SMaterialData::getOffset("Name[32]");
   // return wrong offset
   Offset[2] = mat::SMaterialData::getOffset("Unit[16]");
   Offset[3] = mat::SMaterialData::getOffset("Price");
   Offset[4] = mat::SMaterialData::getOffset("Count");
```

Die Implementierung der Funktion *getOffset* zeigt, dass für Felder von Typen das Offset falsch berechnet wird. Der Grund hierfür liegt in der Definition eines Feldes.

```
char m_Name[32],        // name of material
```

Obwohl die Elementanzahl den Typ bestimmt, erfolgt die Definition am Parameter. Nach [1] ist ein Feld T[n] der Typ >> Feld mit n Elementen vom Typ T <<.

Mit dem einfachen Klassentemplate *TType* lässt sich das Problem umgehen. Der Typ *T* des Templates wird über den inneren Namen *Ret* neu definiert.

```
template <typename T>
struct TType
{
  typedef T Ret;
};
```

Dem Makro *ADD_PARAM_5* werden nun indirekt die Typen *T1 – T5* über das Template *TType <T>::Ret* übergeben.

```
#define CREATE_STRUCT_5(StructName, Namespace, Prefix,       \
                 T1, N1, T2, N2, T3, N3, T4, N4, T5, N5) \
namespace Namespace {                                         \
struct StructName {ADD_PARAM_5(Prefix, TType<T1>::Ret, N1,    \
                               TType<T2>::Ret, N2,            \
                               TType<T3>::Ret, N3,            \
                               TType<T4>::Ret, N4,            \
                               TType<T5>::Ret, N5);           \
static const char* getNamespace() {return (#Namespace);};     \
static const char* getPrefix()    {return (#Prefix);};        \
static const char* getStructname() {return (#StructName);};   \
static int getOffset(const char *pFieldName)                  \
{ PARAM_OFFSET_5(pFieldName, Namespace::StructName, Prefix,   \
          N1, N2, N3, N4, N5)                                 \
return -1;};};}
```

Mit dieser Änderung können nun die Feldgrößen direkt am Typ angegeben werden.

```
CREATE_STRUCT_5(SMaterialData,      // structure name
                mat,                // namespace
                m_,                 // prefix
                long,    MaterialId, // material id
                char[32], Name,     // name of material
                char[16], Unit,     // unit
                float,   Price,     // price in EURO
                long,    Count);    // count of material
```

Die Methode *getOffset(const char *)* liefert nun das korrekte Byte-Offset für jeden Parameter.

```
int Offset[5] = {0};
Offset[0] = mat::SMaterialData::getOffset("MaterialId");
Offset[1] = mat::SMaterialData::getOffset("Name");
Offset[2] = mat::SMaterialData::getOffset("Unit");
Offset[3] = mat::SMaterialData::getOffset("Price");
Offset[4] = mat::SMaterialData::getOffset("Count");
```

6.2.3 Vereinfachungen mit variadischen Makros

Im Abschn. 2.8.3 Iterationen mit variadischen Argumenten wurde gezeigt, wie Makros für den Anwender weiter vereinfacht werden können. Zukünftig soll es nicht mehr notwendig sein, die Anzahl der Datensätze vorzugeben. Im folgenden Beispiel wird gezeigt, wie in einem ersten Schritt die Anzahl der Datensätze bestimmt wird, bevor in einem zweiten Schritt der Makroname generiert wird.

```
#define CREATE_STRUCT(StructName, Namespace, Prefix, ...) \
        VA_CREATE_STRUCT((VA_NUM_ARGS(__VA_ARGS__),       \
        StructName,Namespace,Prefix,__VA_ARGS__))
#define VA_CREATE_STRUCT(tuple) VA_CREATE_STRUCT_ tuple
#define VA_CREATE_STRUCT_(n, ...) \
        VA_CREATE_STRUCT__(n, (__VA_ARGS__))
#define VA_CREATE_STRUCT__(n, tuple) \
        VA_GLUE_2(CREATE_STRUCT_,VA_GLUE_2(DIV2_,n) tuple)
```

Die Parameter *StructName*, *Namespace* und *Prefix* werden als feste Argumente, alle Datensätze als variadische Argumente übergeben. Im Unterschied zu den im Abschn. 2.8.3 gezeigten Verfahren besteht ein Datensatz hier aus zwei Parametern. Die ermittelte Anzahl der Argumente muss demzufolge durch zwei dividiert werden (siehe Abschn. 2.9).

Mit dem Makro *CREATE_STRUCT* können zukünftig alle Strukturen, unabhängig von der Parameteranzahl, generiert werden.

```
CREATE_STRUCT(SMaterialData,     // structure name
              mat,               // namespace
              m_,                // prefix
              long,     MaterialId, // material id
              char[32], Name,    // name of material
              char[16], Unit,    // unit
              float,    Price,   // price in EURO
              long,     Count);  // count of material
```

6.3 Einsatz von Typlisten

6.3.1 Anlegen der Typliste

Die Typlisten nach 4.1 werden verwendet, um alle Typen von generierten Strukturen zu verwalten und für eine weitere Anwendung zugänglich zu machen. Am Beispiel der bekannten Struktur *SMaterialData* wird die Typliste wie folgt definiert:

```
// create typelist
typedef tmp::Typelist<                    long,
                      tmp::Typelist< char[32],
                      tmp::Typelist< char[16],
                      tmp::Typelist< float,
                      tmp::Typelist< long,
                                     tmp::NullType
                       > > > > > MaterialDataType;
```

Mit dem Einsatz von Makros können die Typlisten übersichtlicher angelegt werden (siehe Abschn. 4.1.1).

```
// create typelist with macros
typedef TYPELIST(long, char[32], char[16], float, long)
        MaterialDataType;
```

Die Typliste *MaterialDataType* kann auch mit dem Template *MakeTypelist* angelegt werden (siehe auch Abschn. 4.1.1).

```
// create typelist with class template
typedef tmp::MakeTypelist<long, char[32], char[16], float, long
                >::Result MaterialDataType;
```

Die Typen der Struktur *SMaterialData* werden nun durch die Typen der Typliste ersetzt. Der erste Typ ist das *Head*-Element der Typliste. Der zweite Typ ist das *Head*-Element vom *Tail*-Element usw.

```
struct SMaterialData
{
  MaterialDataType::Head                      m_MaterialId;
  MaterialDataType::Tail::Head                m_Name;
  MaterialDataType::Tail::Tail::Head          m_Unit;
  MaterialDataType::Tail::Tail::Tail::Head    m_Price;
  MaterialDataType::Tail::Tail::Tail::Tail::Head m_Count;
};
```

Wenn die Typdefinition in der Struktur *SMaterialData* zukünftig über die Typliste erfolgt, dann kann auf das Template *TType<T>* aus Abschn. 6.2.2 verzichtet werden. Hierzu wird das Makro *CREATE_STRUCT_5* um den Parameter der Typliste und die Strukturdefinition um die jeweiligen Typdefinitionen der Typliste erweitert.

```
#define CREATE_STRUCT_5(TypelistName, StructName,            \
                        Namespace, Prefix,                   \
                        T1, N1, T2, N2, T3, N3,              \
                        T4, N4, T5, N5)                      \
namespace Namespace {                                        \
typedef TYPELIST_5(T1, T2, T3, T4, T5) TypelistName;         \
struct StructName {ADD_PARAM_5(Prefix,                       \
          TypelistName::Head, N1,                            \
          TypelistName::Tail::Head, N2,                      \
          TypelistName::Tail::Tail::Head, N3,                \
          TypelistName::Tail::Tail::Tail::Head, N4,          \
          TypelistName::Tail::Tail::Tail::Tail::Head, N5);   \
static const char* getNamespace() {return (#Namespace);};    \
static const char* getPrefix()    {return (#Prefix);};       \
static const char* getStructname() {return (#StructName);};  \
static int getOffset(const char *pFieldName)                 \
{PARAM_OFFSET_5(pFieldName, Namespace::StructName, Prefix,    \
          N1, N2, N3, N4, N5)                                \
return -1;};};};}
```

Die Strukturdefinition mit dem Makro *CREATE_STRUCT* wird um die Typliste als erstes Argument erweitert. Diese kann nun im Quellcode weiter verwendet werden.

```
CREATE_STRUCT(MaterialDataType,        // name of typelist
              SMaterialData,           // name of structure
              mat,                     // name of namespace
              m_,                      // name of prefix
        // atomic type  | typename
              long,         MaterialId, // material id
              char[32],     Name,       // name of material
              char[16],     Unit,       // unit
              float,        Price,      // price in EURO
              long,         Count);     // count of material
```

6.3.2   Generierung von Strukturen mittels Typlisten

Mit dem Klassentemplate *TypeAt* kann der Type beim Anlegen einer Struktur über den Index ermittelt werden (siehe Abschn. 4.1.2). Damit entfällt die aufwendige Syntax über die inneren Namen *Head* und *Tail*.

```
struct SMaterialData
{
  tmp::TypeAt<mat::MaterialDataType, 0> m_MaterialId;
  tmp::TypeAt<mat::MaterialDataType, 1> m_Name;
  tmp::TypeAt<mat::MaterialDataType, 2> m_Unit;
  tmp::TypeAt<mat::MaterialDataType, 3> m_Price;
  tmp::TypeAt<mat::MaterialDataType, 4> m_Count;
};
```

Der Index bietet nun die Möglichkeit, das Erzeugen der Struktur weiter zu vereinfachen. Das Makro *CREATE_STRUCT_5* wird so verändert, dass die Typdefinition zukünftig aus der Typliste erfolgt. Hierfür müssen die Makros *ADD_PARAM_* (vgl. Abschn. 6.2.1) umgestellt werden. Sie enthalten nun die Typliste, den Präfix, sowie die einzelnen Variablennamen als Parameter. Das Makro *ADD_PARAM* schreibt die Variablendefinition für den mit *Pos* angegebenen Index.

```
#define ADD_PARAM(Typelist, Prefix, Pos, N) \
  tmp::TypeAt<Typelist, Pos>::Result Prefix ## N

// macros with 1 parameters
#define ADD_PARAM_1(TypeName, Prefix, N1) \
  ADD_PARAM(TypeName, Prefix, 0, N1)

// macros with 2 parameters
#define ADD_PARAM_2(TypeName, Prefix, N1, N2) \
  ADD_PARAM_1(TypeName, Prefix, N1);          \
  ADD_PARAM(TypeName, Prefix, 1, N2)

// macros with 3 parameters
#define ADD_PARAM_3(TypeName, Prefix, N1, N2, N3) \
  ADD_PARAM_2(TypeName, Prefix, N1, N2);          \
  ADD_PARAM(TypeName, Prefix, 2, N3)

// macros with 4 parameters
#define ADD_PARAM_4(TypeName, Prefix, N1, N2, N3, N4) \
  ADD_PARAM_3(TypeName, Prefix, N1, N2, N3);          \
  ADD_PARAM(TypeName, Prefix, 3, N4)

// macros with 5 parameters
#define ADD_PARAM_5(TypeName, Prefix, N1, N2, N3, N4, N5) \
  ADD_PARAM_4(TypeName, Prefix, N1, N2, N3, N4);          \
  ADD_PARAM(TypeName, Prefix, 4, N5)

#define CREATE_STRUCT_5(TypeName, StructName,         \
                        Namespace, Prefix,            \
                        T1, N1, T2, N2, T3, N3,       \
                        T4, N4, T5, N5)               \
namespace Namespace {                                 \
typedef TYPELIST_5(T1, T2, T3, T4, T5) TypeName;      \
struct StructName {ADD_PARAM_5(TypeName, Prefix,      \
                    N1, N2, N3, N4, N5);};}
```

6.3.3 Konvertieren von Typlisten

In einigen Fällen ist es notwendig, Typlisten in neue Typlisten mit angepassten Typen zu konvertieren. Das kann zum Beispiel dann notwendig sein, wenn atomare Typen einer

Tab. 6.1 Zuordnung von
ursprünglichen und
angepassten Typen

Ursprüngliche Typen		Angepasste Typen
float	->	double
long	->	int
char[DIM]	->	std::string
T[DIM]	->	std::valarray<T>
float[DIM]	->	std::valarray<double>
long[DIM]	->	std::valarray<int>

Schnittstellenstruktur in einfacher zu handhabende Typen im Quellcode umzuwandeln sind. So ist es einfacher eine Zeichenkette als *std::string* zu verwalten, als ein Feld von *char[16]*. In der Tab. 6.1 sind beispielhaft Typen dargestellt, die in andere Typen konvertiert werden sollen.

Die Konvertierung erfolgt mit dem Template *ConvertToBaseType*. Dieses Template arbeitet rekursiv die Typliste ab, bis das *Head*-Element der *NullType* ist. Für jeden Typ der konvertiert werden soll, wird eine Spezialisierung des Templates definiert.

```
namespace tmp
{
  template <typename TList> struct ConvertToBaseType;

  /// last NullType
  template <>
  struct ConvertToBaseType<NullType>
  { typedef NullType Result; };

  /// general form
  template <class Head, class Tail>
  struct ConvertToBaseType<Typelist<Head, Tail> >
  { typedef Typelist<Head, typename ConvertToBaseType<Tail>::
                                     Result> Result; };

  /// convert float to double
  template <typename Tail>
  struct ConvertToBaseType<Typelist<float, Tail> >
  { typedef Typelist<double, typename ConvertToBaseType<Tail>::
                                     Result> Result; };

  /// convert long to int
  template <typename Tail>
  struct ConvertToBaseType<Typelist<long, Tail> >
  { typedef Typelist<int, typename ConvertToBaseType<Tail>::
                                     Result> Result; };

  /// convert array in std::valarray
  template <typename T, unsigned int DIM, typename Tail>
  struct ConvertToBaseType<Typelist<T[DIM], Tail> >
  { typedef Typelist<std::valarray<T>,
                     typename ConvertToBaseType<Tail>::Result>
           Result; };

  /// convert char[DIM] to string
  template <unsigned int DIM, typename Tail>
  struct ConvertToBaseType<Typelist<char[DIM], Tail> >
  { typedef Typelist<std::string,
                     typename ConvertToBaseType<Tail>::Result>
           Result; };

  /// convert array of float in std::valarray<double>
  template <unsigned int DIM, typename Tail>
  struct ConvertToBaseType<Typelist<float[DIM], Tail> >
  { typedef Typelist<std::valarray<double>,
                     typename ConvertToBaseType<Tail>::Result>
           Result; };

  /// convert array of float in std::valarray<double>
  template <unsigned int DIM, typename Tail>
  struct ConvertToBaseType<Typelist<long[DIM], Tail> >
  { typedef Typelist<std::valarray<int>,
                     typename ConvertToBaseType<Tail>::Result>
           Result; };
}
```

Die Typliste *mat::MaterialDataType* des Beispiels kann wie folgt in eine neue Typliste konvertiert werden:

```
typedef tmp::ConvertToBaseType<mat::MaterialDataType>::Result
    NewMaterialDataType;
```

Die Konvertierung in C++/CLI-Typen wird im Abschn. 6.6 vorgestellt.

6.4   Verwaltungsklassen für Strukturen

6.4.1   Klassengeneratoren für Typlisten

Bisher wurden die Strukturen mit Hilfe von Makros und Templates generiert. Der nächste Schritt besteht nun darin, auf die einzelnen Variablen der Struktur zugreifen zu können. Dieses ist eine wichtige Voraussetzung, um später den Inhalt von Strukturen in Dateien oder in einer Datenbank ablegen zu können. Im Abschn. 6.2.2 wurde die statische Funktion *getOffset(const char *pFieldName)* im Makro *CREATE_STRUCT_x* vorbereitet. Mit ihr ist es möglich, die Adresse jeder Variablen innerhalb der Struktur zu ermitteln. Um mit Adressen rechnen zu können, muss ein Zeiger vom Typ *char* angelegt werden, da die Methode *getOffset* den Offset in Bytes liefert. Im folgenden Beispiel soll der Variablen *m_Price* der Wert *11.5* zugewiesen werden. Im ersten Schritt wird die Adresse der Variablen berechnet.

```
mat::SMaterialData MaterialData = {0};

char *Pos = (char*)&MaterialData;
Pos += mat::SMaterialData::getOffset("Price");
```

Im zweiten Schritt wird der Typ an der Indexposition *3* mit dem Template *TypeAt* ermittelt und eine Referenz des Typs angelegt. Die Zuweisung der Adresse erfolgt über eine Typumwandlung, da die Adresse in Pos vom Typ *char** ist. Die Typumwandlung muss mit einem *reinterpret_cast* erfolgen.

Nun kann der Wert *11.5* zugewiesen und ausgegeben werden.

```
typedef tmp::TypeAt<mat::MaterialDataType, 3>::Result Type;

Type &PosLong = reinterpret_cast<Type&>(*Pos);
PosLong = 11.5;

std::cout << "Price = " << MaterialData.m_Price << std::endl;
```

An diesem Beispiel wird ein Problem deutlich. Der Anwender muss wissen, dass die Adresse des Namens „Price" zum Typ der Indexposition 3 gehört. Zur Lösung des Problems muss eine Verwaltungsklasse erzeugt werden, die die Zuordnung der Typen zu den Variablen sicherstellt.

Alexandrescu zeigt in [2], dass mit Typlisten eine Klassenhierarchie aufgebaut werden kann. Die Idee besteht darin, für jeden Typ der Typliste eine Verwaltungsklasse abzuleiten. In der Verwaltungsklasse wird eine Referenz auf den jeweiligen Typ angelegt, die im Konstruktor auf eine Adresse zugewiesen wird.

Im folgenden Beispiel wird das Template *TParameter* als Verwaltungsklasse definiert. Die Templateparameter sind die beiden Typen *Head* und *Tail* der Typliste. Solange der Typ *Tail* ungleich dem *NullType* ist, solange wird die Klasse wiederum von *TParameter* rekursiv abgeleitet. Die Spezialisierung für den *NullType* als *Tail*-Element beendet die Rekursion.

```
template <typename TList> class TParameter;

template <typename Head, typename Tail>
class TParameter<Typelist<Head,Tail> > : public TParameter<Tail>
{
public:
  /// reference value
  Head &m_RefValue;

  TParametervoid *pRefValue)
  : TParameter<Tail>(reinterpret_cast<void*>(
                  reinterpret_cast<char*>(pRefValue) +
                                       sizeof(Head))),
    m_RefValue(*(reinterpret_cast<Head*>(pRefValue)))
  {};
};

template <typename Head>
class TParameter<Typelist<Head, NullType> >
{
public:
  /// reference value
  Head &m_RefValue;

  TParameter<Typelist<Head, NullType> >(void *pRefValue)
  : m_RefValue(*(reinterpret_cast<Head*>(pRefValue)))
  {};
};
```

Die Klasse *TParameter* hat eine Referenz auf den jeweiligen *Head*-Typ der Typliste. Im Konstruktor wird die Adresse der Variablen innerhalb der Struktur über *sizeof(Head)* berechnet. Das funktioniert allerdings nur dann, wenn der Compiler die Variablen ohne Lücken im Speicher hintereinander verwendet. Dieses Problem wird später mit der Funktion *getOffset(…)* beseitigt. Die Basisklasse einer Struktur wird vom Klassentemplate *TParameter* mit der Typliste als Templateargument abgeleitet. Im Konstruktor wird die Adresse der Struktur als Parameter übergeben.

```
class CMaterialData
: public tmp::TParameter<mat::MaterialDataType>
{
public:
  CMaterialData (mat::SMaterialData *pMaterialData)
  : TParameter(reinterpret_cast<void*>(pMaterialData))
  {}
};
```

Ein einfaches Testprogramm könnte nun so aussehen. In der Header-Datei *SMaterialData.h* erfolgt die Strukturdefinition mit Hilfe des Makros *CREATE_STRUCT_5 bzw. CREATE_STRUCT (siehe* Abschn. 6.3.1*)*. Im Hauptprogramm wird als erstes die Struktur *SMaterialData* angelegt und mit 0 initialisiert. Anschließend wird die Verwaltungsklasse *CMaterialData* angelegt und der Zeiger auf die bereits angelegte Struktur *MaterialData* übergeben. Die Variable *m_RefValue* der Verwaltungsklasse zeigt auf die oberste abgeleitete Klasse. Sie ist im Beispiel der Materialdaten vom Typ *long*.

```
#include "SMaterialData.h"

int main()
{
  mat::SMaterialData MaterialData = {0};
  CMaterialData m_MaterialData(&MaterialData);
  m_MaterialData.m_RefValue = 26;
  ...
}
```

Das Klassendiagramm von *CMaterialData* ist in Abb. 6.1 dargestellt.

6.4.2   Basisklasse für alle Typlisten

Die Verwaltungsklasse *CMaterialData* ist abhängig von der Struktur *SMaterialData*. Dem Ziel der Metaprogrammierung folgend muss die Verwaltungsklasse allgemeingültig definiert und angelegt werden können. Dazu wird das allgemeingültige Template *TTypelistData* als Basisklasse mit den Templateargumenten der Struktur und der Typliste definiert.

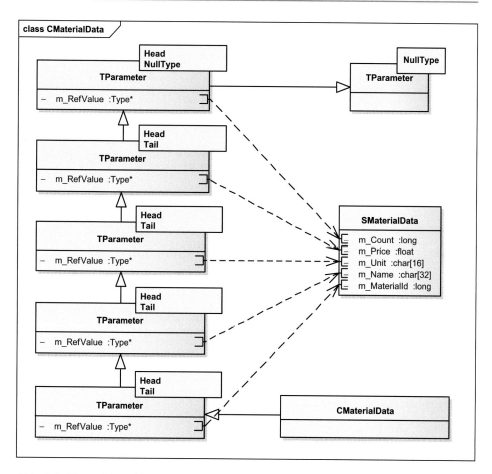

Abb. 6.1 Klassenhierarchie von CMaterialData mit den generierten Basisklassen TParameter

```
template <typename Struct, typename TList>
class TTypelistData : public tmp::TParameter<TList>
{
public:
  Struct m_Data;

public:
  TTypelistData()
  : TParameter(reinterpret_cast<void*>(&m_Data))
  {
    memset(&m_Data, 0, sizeof(m_Data));
  }
};
```

Die neue Basisklasse legt zukünftig auch die Struktur als Membervariable *m_Data*
an. Im Konstruktor kann der gesamte Inhalt der Struktur mit 0 initialisiert werden, wenn
als Typen nur atomare Typen und keine Klassen verwendet werden.

Die Klasse *CMaterialData* kann über eine Typdefinition mittels *typedef* definiert werden.

```
#include "StructMacros.h"
#include "TypelistData.h"

CREATE_STRUCT(MaterialDataType,        // name of typelist
              SMaterialData,           // name of structure
              mat,                     // name of namespace
              m_,                      // name of prefix
          // atomic type  | typename
              long,          MaterialId,  // material id
              char[32],      Name,        // name of material
              char[16],      Unit,        // unit
              float,         Price,       // price in EURO
              long,          Count);      // count of material


namespace mat
{
    typedef TTypelistData<SMaterialData, MaterialDataType> CMaterialData;
}
```

Mit dem Anlegen der Verwaltungsklasse erfolgen nun automatisch das Anlegen und Initialisieren der Struktur, sowie die Verknüpfung der Strukturvariablen mit der Verwaltungsklasse.

```
#include "SMaterialData.h"

int main()
{
    mat::CMaterialData MaterialData;

    MaterialData.m_Data.m_Price = 11.5; // set price

    MaterialData.m_RefValue = 26;        // set material id
    ...
}
```

6.4.3   Angepasste Typen für Klassengeneratoren

In der Verwaltungsklasse können bisher die Verknüpfungen auf die Variablen der Struktur noch nicht richtig benutzt werden, da die Referenz der Variablen *m_RefValue* immer auf die oberste Klasse in der Klassenhierarchie zeigt. Weiterhin besteht das Problem in der exakten Ermittlung der Adresse für die Zuweisung der Referenzen, wenn der Compiler die Variablen mit Lücken im Speicher anlegt. Die beiden Probleme sollen nun mit Hilfe von angepassten Typen für jeden Strukturparameter beseitigt werden.

Neben dem Typ einer Variablen ist der Variablenname für die Funktion *getOffset(...)* von entscheidender Bedeutung. Zum Lesen und Schreiben der Variablen in eine Datenbank muss zusätzlich bekannt sein, ob es sich um eine Schlüsselvariablen handelt oder nicht. Diese Informationen werden im Template *TDatatype* zusammen definiert.

```
#define DATATYPE(T1, T2, T3) TDatatype<T1, T2, T3>

/// class to combine type, typename and key
template <typename T, const char* Typename, bool bKey>
struct TDatatype
{
  typedef T Type;
};
```

Das Makros *CREATE_STRUCT_5* enthält bereits den Typ und den Namen für jede Variable. Die Schlüsselinformationen müssen dem Makro hinzugefügt werden. Hierfür gibt es mehrere Möglichkeiten. Am einfachsten ist, die Schlüsselinformation für jede Variable separat zu definieren.

```
CREATE_STRUCT_5(
    MaterialDataType,              // name of typelist
    SMaterialData,                 // name of structure
    mat,                           // name of namespace
    m_,                            // name of prefix
 // atomic type | typename | key
    long,         MaterialId, true,    // material id
    char[32],     Name,       false,   // name of material
    char[16],     Unit,       false,   // unit
    float,        Price,      false,   // price in EURO
    long,         Count,      false);  // count of material
```

Das Makro *CREATE_STUCT_5* ist wie folgt zu erweitern.

```
#define CREATE_STRUCT_5(TypeName, StructName,                 \
                        Namespace, Prefix,                    \
                        T1, N1, K1, T2, N2, K2, T3, N3, K3,   \
                        T4, N4, K4, T5, N5, K5)               \
namespace Namespace {                                         \
SETNAME(N1, StructName);                                      \
SETNAME(N2, StructName);                                      \
SETNAME(N3, StructName);                                      \
SETNAME(N4, StructName);                                      \
SETNAME(N5, StructName);                                      \
typedef tmp::MakeTypelist<                                    \
  DATATYPE(T1,GETNAME(N1,StructName),K1),                     \
  DATATYPE(T2,GETNAME(N2,StructName),K2),                     \
  DATATYPE(T3,GETNAME(N3,StructName),K3),                     \
  DATATYPE(T4,GETNAME(N4,StructName),K4),                     \
  DATATYPE(T5,GETNAME(N5,StructName),K5)>::Result TypeName;   \
struct StructName {ADD_PARAM_5(TypeName, Prefix,              \
                    N1, N2, N3, N4, N5);                      \
static const char* getNamespace() {return (#Namespace);};    \
static const char* getPrefix()    {return (#Prefix);};       \
static const char* getStructname() {return (#StructName);};  \
static int getOffset(const char *pFieldName)                 \
{PARAM_OFFSET_5(pFieldName, Namespace::StructName, Prefix,    \
            N1, N2, N3, N4, N5)                               \
return -1;};};};}
```

Der Variablenname kann vom Template nur als externe globale Variable verwendet werden, siehe Abschn. 3.4. Daher müssen im Makro die globalen Namen mit dem Makro *SETNAME* zuerst definiert werden, bevor sie als Templateargumente mit dem Makro *GETNAME* verwendet werden können. Wie im Abschn. 3.4 bereits erläutert, muss in einer C++-Sourcedatei das Makro mit der Makrodefinition *DEF_GLOBAL_NAMES* aufgerufen werden.

```
#define DEF_GLOBAL_NAMES
#include "SMaterialData.h"
#undef DEF_GLOBAL_NAMES
```

Das *Head*-Element der Typliste ist jetzt nicht mehr ein atomarer Typ, sondern ein Typ vom Template *TDatatype*. Damit die Deklaration der Variablen in der Struktur mit dem ursprünglichen Typ erfolgen kann, wurde im Klassentemplate *TDatatype* der Typ der Variablen mit *typedef Type* definiert. Das Template *TypeAt* liefert über den inneren Namen *Result* ein Typ *TDatatype* zurück. Das Makro *ADD_PARAM* muss daher um *Result::Type* erweitert werden, um den ursprünglichen Typen zu ermitteln.

```
#define ADD_PARAM(Typelist, Prefix, Pos, N) \
  tmp::TypeAt<Typelist, Pos>::Result::Type Prefix ## N
```

Auch die Klasse *TParameter* muss für das Template *TDatatype* angepasst werden. Die Templateargumente der Spezialisierung werden um den Typnamen und den Schlüssel erweitert. Das *Head*-Element der Typliste ist jetzt nicht mehr das *Head*-Element selbst, sondern ein Klassentemplate vom Type *TDatatype<Type, pTypename, bKey>*. Der Typname wird innerhalb der Klasse als String und der Schlüssel als Enumerator abgelegt. Weiterhin wird auch die Struktur selbst als Argument benötigt, um die Funktion *getOffset (...)* benutzen zu können. Die Funktion *getOffset(...)* wird in der untersten Basisklasse definiert, so dass alle abgeleiteten Klassen diese mit ihrem jeweiligen Typnamen *m_Typename* als Parameter benutzen können.

```
namespace tmp
{
  template <typename TList, typename TStruct> class TParameter;

  template <typename Type, const char* pTypename, bool bKey,
            typename Tail, typename TStruct>
  class TParameter<Typelist<TDatatype<Type, pTypename, bKey>,
                            Tail>, TStruct>
  : public TParameter<Tail, TStruct>
  {
    public:
      /// reference value
      Type                &m_RefValue;

      /// typename
      const std::string   m_Typename;
      /// key
      enum {isKey = bKey};

      TParameter(void *pRefValue)
      : TParameter<Tail, TStruct>(reinterpret_cast<void*>
                                  (pRefValue)),
        m_RefValue(*(reinterpret_cast<Type*>
                     (reinterpret_cast<char*>(pRefValue)
        + getOffset(pTypename)))),
        m_Typename(pTypename != 0 ? pTypename : "NotDefined")
      {}
  };

  template <typename TStruct>
  class TParameter<NullType, TStruct>
  {
    public:
      TParameter(void *pRefValue)
      {};

      int getOffset(const char *pTypename)
      {
        int Offset = TStruct::getOffset(pTypename);

        if (Offset < 0)
          throw;

        return (Offset);
      }
  };
}
```

Das Template *TTypelistData* muss nun der Basisklasse *TParameter* zusätzlich das Argument der Struktur *TStruct* übergeben.

```
template <typename TStruct, typename TList>
class TTypelistData : public tmp::TParameter<TList, TStruct>
{
...
};
```

6.4.4   Weitere Optimierung der Strukturdefinition

Jede Variable der Struktur enthält den Typ, den Namen und die Schlüsselinformation. Damit ist die maximale Anzahl von Variablen in der Struktur auf 41 begrenzt, weil einem Makro maximal 127 Parameter übergeben werden können (127 − 4 allgemeine Parameter − 41 * 3 Variablen). Es fällt aber auf, dass in der Regel die Schlüsselinformationen nur für die ersten Variablen auf *true* gesetzt werden. Man könnte die Definition so ändern, dass ein Makroparameter festlegt, wie viele der ersten Parameter die Schlüsselinformation *true* haben sollen.

Das Klassentemplate *MakeTyplistKey* legt eine Typliste mit Elementen vom Typ *TDatatype* an. Die Schlüsselinformation wird über den Enumerator *Key* in Abhängigkeit des Zähler *Index* gesetzt. Das Template arbeitet rekursiv, indem der nächste Aufruf von *MakeTypelistKey* ohne die beiden ersten Argumente *T1* und *N1* erfolgt und der *Index* dekrementiert wird, solange dieser größer null ist. Zu beachten ist, dass die Standardwerte für die Argumente *N1* bis *N5* auf eine als *extern* definierte Zeichenkette *gNullPtr[]* verweisen und nicht auf den *NULL*-Zeiger.

```
extern const char gNullPtr[];

namespace tmp
{
  template<int Index,
           typename T1  = NullType, const char* N1  = gNullPtr,
           typename T2  = NullType, const char* N2  = gNullPtr,
           typename T3  = NullType, const char* N3  = gNullPtr,
           typename T4  = NullType, const char* N4  = gNullPtr,
           typename T5  = NullType, const char* N5  = gNullPtr>
  struct MakeTypelistKey
  {
  private:
    enum { NewIndex = Index > 0 ? Index-1 : 0,
           Key      = Index > 0 ? 1        : 0 };

  private:
    typedef typename MakeTypelistKey
    <NewIndex, T2,  N2, T3,  N3, T4,  N4, T5,  N5>::
    Result TailResult;

  public:
    typedef Typelist<TDatatype<T1, N1, Key>, TailResult> Result;
  };

  template<unsigned int Index>
  struct MakeTypelistKey<Index>
  {
    typedef NullType Result;
  };
}
```

Das Anlegen der Struktur mit der neu definierten Schlüsselinformation erfolgt mit dem neuen Makro *CREATE_STRUCT_KEY_5*. Die Parameterliste wird um die Anzahl der ersten Schlüsselvariablen *NoOfKeys* erweitert. Die Schlüsselparameter *K1* bis *K5* können nun wieder entfallen. Das neue Makro unterscheidet sich neben der Parameterliste nur um den Aufruf zum Anlegen der Typliste.

```
#define CREATE_STRUCT_KEY_5(TypeName, StructName, Namespace, \
                            Prefix, NoOfKeys,                 \
                            T1, N1, T2, N2, T3, N3,           \
                            T4, N4, T5, N5)                   \
namespace Namespace {                                         \
SETNAME(N1, StructName); SETNAME(N2, StructName);            \
SETNAME(N3, StructName); SETNAME(N4, StructName);            \
SETNAME(N5, StructName);                                      \
typedef tmp::MakeTypelistKey<NoOfKeys,                        \
  T1, GETNAME(N1, StructName),                                \
  T2, GETNAME(N2, StructName),                                \
  T3, GETNAME(N3, StructName),                                \
  T4, GETNAME(N4, StructName),                                \
  T5, GETNAME(N5, StructName)>::Result TypeName;             \
struct StructName {ADD_PARAM_5(TypeName, Prefix,             \
                   N1, N2, N3, N4, N5);                       \
static const char* getNamespace() {return (#Namespace);};   \
static const char* getPrefix()    {return (#Prefix);};      \
static const char* getStructname() {return (#StructName);}; \
static int getOffset(const char *pFieldName)                 \
{PARAM_OFFSET_5(pFieldName, Namespace::StructName, Prefix,   \
               N1, N2, N3, N4, N5)                            \
return -1;};};};}
```

Die Struktur *SMaterialData* kann nun wie folgt angelegt werden.

```
CREATE_STRUCT_KEY_5(
        MaterialDataType,       // name of typelist
        SMaterialData,          // name of structure
        mat,                    // name of namespace
        m_,                     // name of prefix
        1,                      // number of keys
    // atomic type | typename
        long,       MaterialId, // material id
        char[32],   Name,       // name of material
        char[16],   Unit,       // unit
        float,      Price,      // price in EURO
        long,       Count);     // count of material
```

Mit dieser Änderung erhöht sich die maximale Anzahl von Variablen in der Struktur auf 61 (127 – 5 allgemeine Parameter – 61 * 2 Variablen). Mit den beiden Makros *CREATE_STRUCT_5* und *CREATE_STRUCT_KEY_5* ist es dem Anwender überlassen, welche Art der Strukturdefinition angewendet werden soll.

Wie bereits im Abschn. 6.2.3 gezeigt, können auch diese Makros mit variadischen Makros weiter vereinfacht werden, um nicht mehr die Anzahl der Datensätze vorgeben zu müssen.

```
#define CREATE_STRUCT_KEY(StructName, Namespace,              \
                          Prefix, Key, ...)                   \
        VA_CREATE_STRUCT((VA_NUM_ARGS(__VA_ARGS__),StructName, \
                          Namespace,Prefix,Key,__VA_ARGS__))
#define VA_CREATE_STRUCT_KEY (tuple) \
        VA_CREATE_STRUCT_KEY _ tuple
#define VA_CREATE_STRUCT_KEY _(n, ...) \
        VA_CREATE_STRUCT_KEY __(n, (__VA_ARGS__))
#define VA_CREATE_STRUCT_KEY __(n, tuple) \
        VA_GLUE_2(CREATE_STRUCT_KEY _,VA_GLUE_2(DIV2_,n) tuple)
```

Zukünftig können mit dem Makro *CREATE_STRUCT_KEY* alle Strukturen mit der zusätzlichen Schlüsselinformation, unabhängig von der Parameteranzahl generiert werden.

```
CREATE_STRUCT_KEY(
                MaterialDataType,          // name of typelist
                SMaterialData,             // name of structure
                mat,                       // name of namespace
                m_,                        // name of prefix
                1,                         // number of keys
        // atomic type  | typename
                long,       MaterialId,    // material id
                char[32],   Name,          // name of material
                char[16],   Unit,          // unit
                float,      Price,         // price in EURO
                long,       Count);        // count of material
```

6.4.5   Serialisierung der Struktur

Unter Serialisierung von Daten wird das Abbilden der Struktur in eine andere sichere Darstellungsform verstanden. In der Regel dient sie dazu, Daten persistent z. B. im Dateisystem zu speichern. Die Basisklasse für alle Typlisten *TTypelistData* wird um die beiden Templateargumente *TSerialize* und *StructName* erweitert. Eine Interfaceklasse für alle Klassen zur Serialisierung könnte so definiert werden:

```
class ISerialize
{
public:
  /// constructor
  ISerialize() {}

  /// destructor
  virtual ~ISerialize() {}

  /// open serialization
  virtual bool open() = 0;

  /// close serialization
  virtual void close() = 0;

  /// write value
  template <typename T>
  void write(const std::string &Typename,
             const T &Value) const = 0;

  /// read value
  template <typename T>
  void read(const std::string &Typename, T &Value) const = 0;
};
```

Der String *StructName* legt den Namen der Struktur fest. Dieser kann z. B. zur
Generierung des Dateinamens herangezogen werden. Im Beispiel wird die Klasse
CFileStream von der Interfaceklasse *ISerialize* abgeleitet. Alle Methoden von der
Basisklasse müssen überschrieben werden, da sie abstrakt definiert worden sind. Mit …
wird angedeutet, dass der Quellcode hier noch durch den Anwender entwickelt werden
muss.

```cpp
#include "ISerialize.h"
#include <fstream>

class CFileStream : public ISerialize
{
private:
  mutable std::fstream m_FileStream;
  std::string          m_FileName;

public:
  /// constructor
  CFileStream(const std::string &FileName)
  : m_FileName(FileName) ...

  /// destructor
  ~CFileStream() ...

  /// open file stream
  bool open() ...

  /// close file stream
  void close() ...

  /// write value
  template <typename T>
  void write(const std::string &Typename, const T &Value) const
  {
    m_FileStream << Value << std::endl;
  }

  /// read value
  template <typename T>
  void read(const std::string &Typename, T &Value) const
  {
    m_FileStream >> Value;
  }
};
```

Das Lesen und Schreiben der Variablen erfolgt in diesem Beispiel über die Stream-Operatoren. Die Methoden *write* und *read* können aber auch so umgestellt werden, dass sie die Daten formatiert, zum Beispiel im XML-Format schreiben und lesen (siehe Abb. 6.2).

Die Klasse *TParameter*, die jeweils einen Parameter der Struktur verwaltet, muss in der Argumentenliste um die Serialisierung *TSerialize* erweitert werden. Um nun alle Variablen der Struktur serialisieren zu können, werden der Klasse *TParameter* die Methoden zum Schreiben und Lesen hinzugefügt. Diese Methoden schreiben bzw. lesen die Variable über die Methode *write<Type>* bzw. *read<Type>* der Serialisierungsklasse. Anschließend werden die gleichen Methoden der Basisklasse aufgerufen um die nächste Variable zu Schreiben bzw. zu Lesen.

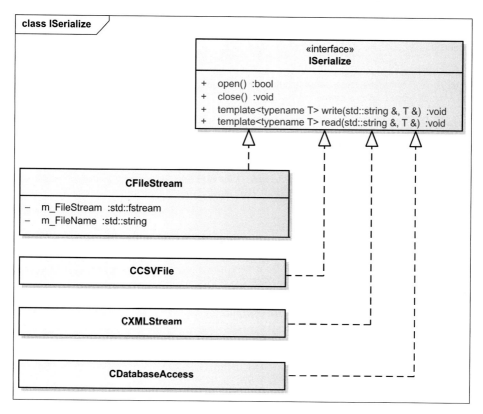

Abb. 6.2 Mögliche Serialisierungsklassen

```
namespace tmp
{
  template <typename TList, typename TStruct,
            typename TSerialize> class TParameter;

  template <typename Type, const char* pTypename,
            bool bKey, typename Tail,
            typename StructType, typename TSerialize>
  class TParameter<Typelist<TDatatype<Type, pTypename, bKey>,
                            Tail>, StructType, TSerialize>
  : public TParameter<Tail, StructType, TSerialize>
  {

    typedef TParameter<Tail, StructType, TSerialize> BaseClass;

  private:
  ...
  public:
    TParameter(void *pRefValue)
    : BaseClass(reinterpret_cast<void*>(pRefValue)),
      m_RefValue(*(reinterpret_cast<Type*>
                    (reinterpret_cast<char*>(pRefValue)
      + getOffset(pTypename)))),
      m_Typename(pTypename != NULL ? pTypename : "NotDefined")
    {}

    /// write value
    void write(const TSerialize &Writer)
    {
      Writer.write<Type>(m_Typename, m_RefValue);
      BaseClass::write(Writer);   // call base class
    }

    /// read value
    void read(const TSerialize &Writer)
    {
      Writer.read<Type>(m_Typename, m_RefValue);
      BaseClass::read(Writer);   // call base class
    }
  };
}
```

Damit der rekursive Aufruf der Schreib- und Lesemethoden beendet werden kann, müssen in der untersten Basisklasse die Methoden erneut definiert werden, ohne erneut eine Basisklasse aufzurufen.

```
namespace tmp
{
  template <typename TStruct, typename TSerialize>
  class TParameter<NullType, TStruct, TSerialize>
  {
  public:
    TParameter(void *pRefValue)
    ...

    template<typename TSerialize>
    void write(const TSerialize &Writer)
    {}

    template<typename TSerialize>
    void read(const TSerialize &Writer)
    {}
  };
}
```

Die Lese- und Schreibmethoden der Verwaltungsklasse *TTypelistData* initialisieren die Serialisierung und rufen die zugehörigen Methoden der ersten abgeleiteten Klasse von *TParameter* auf.

```
template <typename TStruct, typename TList,
         typename TSerialize, const char* StructName>
class TTypelistData
: public tmp::TParameter<TList, TStruct, TSerialize>
{
public:
  TStruct     m_Data;

private:
  TSerialize m_Serialize;

public:
  TTypelistData()
  : TParameter(reinterpret_cast<void*>(&m_Data)),
    m_Serialize(StructName)
  {
    memset(&m_Data, 0, sizeof(m_Data));
  }

  /// write all values
  void write()
  {
    if (m_Serialize.open())
    {
      TParameter<TList, TStruct, TSerialize>::write(m_Serialize);
      m_Serialize.close();
    }
  }

  /// read all values
  void read()
  {
    ...
  }
};
```

Die Struktur *SMaterialData* und die Klasse *CMaterialData* können abschließend wie folgt definiert werden:

```
CREATE_STRUCT_KEY(MaterialDataType,        // name of typelist
                  SMaterialData,           // name of structure
                  mat,                     // name of namespace
                  m_,                      // name of prefix
                  1,                       // number of keys
          // atomic type  | typename
                  long,          MaterialId,// material id
                  char[32],      Name,      // name of material
                  char[16],      Unit,      // unit
                  float,         Price,     // price in EURO
                  long,          Count);    // count of material

    namespace mat
    {
      // define global name for struct name
      SETNAME(MaterialData, SMaterialData);
      typedef TTypelistData<
        SMaterialData,                      // struct name
        MaterialDataType,                   // typelist of structure
        CFileStream,                        // serialization class
        GETNAME(MaterialData, SMaterialData)// global structname
                      >CMaterialData;
    }
```

Das folgende Beispiel zeigt, wie einfach es nun ist, alle Daten der Struktur in einer Datei zu speichern.

```
#include <fstream>

#define DEF_GLOBAL_NAMES
#include "SMaterialData.h"
#undef DEF_GLOBAL_NAMES

int main()
{
  mat::CMaterialData MaterialData;

  MaterialData.m_Data.m_Price = 11.5; // set price
  memcpy(MaterialData.m_Data.m_Name, "Tube",
         sizeof(MaterialData.m_Data.m_Name));
  memcpy(MaterialData.m_Data.m_Unit, "m",
         sizeof(MaterialData.m_Data.m_Unit));

  MaterialData.write();
  ...
}
```

In der Abb. 6.3 ist die Klassenhierarchie von *TTpyelistData* mit den entsprechenden Referenzen auf die Variablen der Struktur *SMaterialData* dargestellt.

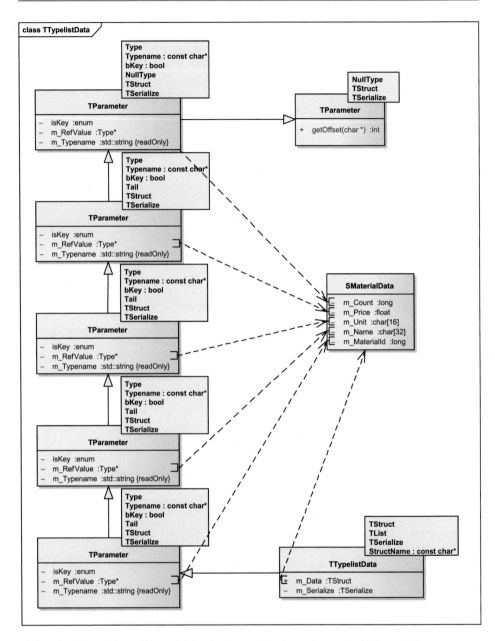

Abb. 6.3 Klassenhierarchie von TTypelistData mit den generierten Basisklassen TParameter

6.4.6   Spezialisierung der Verwaltungsklassen

Warum wurden bisher die Struktur- und Typlistendefinition mit den Makros *CREATE_STRUCT* bzw. *CREATE_STRUCT_KEY* und die Verwaltungsklassendefinition mit dem Template *TTypelistData* getrennt und nicht in einem Makro durchgeführt? Hierfür gibt es mehrere Gründe:

1. Nicht alle Programmteile benötigen sowohl die Struktur- als auch die Verwaltungs-klassendefinition. Eine Aufteilung in zwei getrennte Header-Dateien ist oft ratsam, um den Kompilationsaufwand so gering wie möglich zu halten.
2. Eine Typdeklaration mit *typedef* kann nicht vorwärts deklariert werden. Daher ist manchmal eine Ableitung vom Template *TTypelistData* notwendig.
3. Die Klasse zur Serialisierung sollte auch einem Konfigurationstemplate (Generator) zugänglich sein.
4. Die Verwaltungsklasse sollte spezialisiert werden können.

Im allgemeinen Fall wird die Verwaltungsklasse *CMaterialData* als *typedef* des Templates *TTypelistData* definiert.

```
namespace mat
{
  // define global name for struct name
  SETNAME(MaterialData, SMaterialData);
  typedef TTypelistData<
          SMaterialData,                    // struct name
          MaterialDataType,                 // typelist of structure
          CFileStream,                      // serialization class
    GETNAME(MaterialData, SMaterialData)// global structname
                   > CMaterialData;
}
```

Wenn die Klasse *CMaterialData* jedoch überschriebene oder zusätzliche Mem-berfunktionen beinhalten soll, dann ist eine Spezialisierung der Verwaltungsklasse notwendig.

6.5 Zugriff auf Elemente der Struktur

6.5.1 Zugriff über Index

Sehr häufig ist es notwendig, auf die Elemente einer Struktur über einen Index zuzugreifen. Das ist zum Beispiel dann der Fall, wenn der Inhalt von Strukturen auf der graphischen Benutzeroberfläche (GUI, engl. für Graphical User Interface) in allgemein-gültigen Dialogfenstern dargestellt werden soll. Der Zugriff über den Index wird später auch im Abschn. 6.5.4 in der Zuweisung mit dem Kommaoperator benötigt.

Die Klasse *TParameter* wird um die beiden Methoden *getValue* und *setValue* erweitert. Der Parameter *Index* legt die Indexposition der Variablen innerhalb der Struktur fest. Da jede Ableitungsstufe von *TParameter* einer Indexposition entspricht, wird die entsprechende Funktion der Basisklasse solange aufgerufen und der *Index* dekrementiert, bis der *Index* gleich 0 und die Zuweisung erfolgen kann. Leider kann der Compiler zur Übersetzungszeit nicht feststellen, wann die Zuweisung erfolgt. Daher versucht er alle Typen, die die Schleife durchlaufen, zuweisen zu können. Weil dies aber für Zeichenketten so nicht möglich ist, werden die Methoden *getValue* und *setValue* zusätzlich für den Typ *char** überladen.

```cpp
namespace tmp
{
  template <typename Type, const char* pTypename, bool bKey,
            typename Tail, typename TStruct,
            typename TSerialize>
  class TParameter<Typelist<TDatatype<Type, pTypename, bKey>,
                            Tail>, TStruct,
                   TSerialize>
  : public TParameter<Tail, TStruct, TSerialize>
  {
    ...
    template <typename U>
    bool getValue(U &Value, unsigned int Index)
    {
      if (0 == Index)
      {
        Value = static_cast<U>(m_RefValue);
        return (true);
      }
      else
        return (BaseClass::getValue(Value, --Index));
    }

    bool getValue(char *Value, unsigned int Index)
    {
      if (Index > 0)
        return (BaseClass::getValue(Value, --Index));
      return (false);
    }

    template <typename U>
    bool setValue(const U &Value, unsigned int Index)
    {
      if (0 == Index)
      {
        m_RefValue = static_cast<Type>(Value);
        return (true);
      }
      else
        return (BaseClass::setValue(Value, --Index));
    }

    bool setValue(const char *Value, unsigned int Index)
    {
      if (Index > 0)
        return (BaseClass::setValue(Value, --Index));
      return (false);
    }
  };
}
```

Eine Zeichenkette kann weder einem beliebigen Typen noch einer anderen Zeichen-
kette zugewiesen werden. Das Kopieren einer Zeichenkette erfolgt über die *memcpy*-
Funktion. Da Zeichenketten generell anders zu behandeln sind, wird vom Klas-
sentemplate *TParameter* eine partielle Spezialisierung für ein Feld von Zeichen *char
[DIM]* eingeführt. Die Feldgröße *DIM* wird als Templateargument hinzugefügt. Für die
Deklaration auf die Referenz der Variablen *m_RefValue* wird wieder das bekannte
Template *TType* herangezogen. Die Spezialisierung für den Typ *char[DIM]* wird so
definiert:

```
namespace tmp
{
  template <unsigned int DIM, const char* pTypename, bool bKey,
           typename Tail, typename TStruct,
           typename TSerialize>
  class TParameter<Typelist<TDatatype<char[DIM],
                                      pTypename, bKey>,
                            Tail>, TStruct, TSerialize>
  : public TParameter<Tail, TStruct, TSerialize>
  {
    typedef TParameter<Tail, TStruct, TSerialize> BaseClass;
    typedef typename TType<char[DIM]>::Ret ValueType;

  private:
    /// reference value
    ValueType          &m_RefValue;
    ...

  public:
    TParameter(void *pRefValue)
    : BaseClass(reinterpret_cast<void*>(pRefValue)),
      m_RefValue(*(reinterpret_cast<ValueType*>
                  (reinterpret_cast<char*>(pRefValue)
                   + getOffset(pTypename)))),
      m_Typename(pTypename != NULL ? pTypename : "NotDefined")
    {};
```

Alle Memberfunktionen der Klasse *TParameter* müssen für die Spezialisierung erneut
definiert werden. Nun können in den Methoden *getValue* und *setValue* die Zeichenketten
über die *memcpy*-Funktion kopiert werden.

```
    template <typename U>
    bool getValue(U &Value, unsigned int Index)
    {
      if (Index > 0)
        return (BaseClass::getValue(Value, --Index));

      return (false);
    }

    bool getValue(char *Value, unsigned int Index)
    {
      if (0 == Index)
      {
        memcpy(Value, &m_RefValue, DIM);
        return (true);
      }
      else
        return (BaseClass::getValue(Value, --Index));
    }

    template <typename U>
    bool setValue(const U &Value, unsigned int Index)
    {
      if (Index > 0)
        return (BaseClass::setValue(Value, --Index));

      return (false);
    }

    bool setValue(const char *Value, unsigned int Index)
    {
      if (0 == Index)
      {
        memcpy(&m_RefValue, Value, DIM);
        return (true);
      }
      else
        return (BaseClass::setValue(Value, --Index));
    }
    ...
  };
}
```

Auch in der Spezialisierung für den *NullType* müssen die Methoden *getValue* und *setValue* definiert sein, um die Rekursion zu beenden, falls der *Index* größer als die Anzahl der Ableitungsstufen ist.

```cpp
namespace tmp
{
  template <typename TStruct, typename TSerialize>
  class TParameter<NullType, TStruct, TSerialize>
  {
  public:
    ...
      template <typename U>
      bool getValue(U &Value, unsigned int Index)
      {
        return (false);
      }

      template <typename U>
      bool setValue(const U &Value, unsigned int Index)
      { return (false); }
  };
}
```

Die Variablen der Struktur können nun einfach über den Index geschrieben und gelesen werden.

```cpp
int main()
{

mat::CMaterialData MaterialData;

MaterialData.setValue(12,     0);
MaterialData.setValue("Tube", 1);
MaterialData.setValue("mm",   2);
MaterialData.setValue(11.5,   3);
MaterialData.setValue(4,      4);
if (!MaterialData.setValue("Test", 5))
  std::cout << "Index 5 is not available!" << std::endl;

std::cout << "MaterialId: "
          << MaterialData.m_Data.m_MaterialId << std::endl;
std::cout << "Name:       "
          << MaterialData.m_Data.m_Name      << std::endl;
std::cout << "Unit:       "
          << MaterialData.m_Data.m_Unit      << std::endl;
std::cout << "Price:      "
          << MaterialData.m_Data.m_Price     << std::endl;
std::cout << "Count:      "
          << MaterialData.m_Data.m_Count     << std::endl;

int Value;
if (MaterialData.getValue(Value, 0))
  std::cout << "MaterialId: " << Value << std::endl;
char Name[128];
if (MaterialData.getValue(Name, 1))
  std::cout << "Name:       " << Name << std::endl;
...
}
```

6.5.2   Zugriff über Index zur Kompilationszeit

Wenn die Indexposition bereits zur Kompilationszeit feststeht, dann kann der Zugriff auf
das Element der Struktur effizienter über die Rekursion eines Funktionstemplates erfolgen
(siehe Abschn. 3.1.6). Die Klasse *TParameter* wird um die Funktion *get()* mit den
Templateargumenten des Rückgabetyps *U* und der Indexposition *Index* erweitert. Die
Funktion *get()* ruft solange die Funktion *get()* der Basisklasse auf, bis die vollständige
Spezialisierung für den Typ *Type* und die Indexposition 0 greift. Der Rückgabetyp der
Funktion *get()* ist die Referenz der Variablen.

```
namespace tmp
{
  template <typename Type, const char* pTypename,
            bool bKey, typename Tail,
            typename TStruct, typename TSerialize>
  class TParameter<Typelist<TDatatype<Type, pTypename, bKey>,
                            Tail>, TStruct, TSerialize>
  : public TParameter<Tail, TStruct, TSerialize>
  {
    ...
    template <typename U, std::size_t Index>
    U& get()
    {
      return BaseClass::get<U, Index-1>();
    }

    template <>
    Type& get<Type, 0>()
    {
      return (const_cast<Type&>(m_RefValue));
    }
    ...
  }
};
```

Für statische Rekursionen über Templateargumente ist es nicht notwendig, eine Version der Funktion in der Klasse *TParameter* für den *NullType* aufzunehmen, weil der
Compiler einen Fehler für zu große Indexpositionen liefern würde.

Zur Vorgabe des Rückgabetyps wird in der Verwaltungsklasse *TTyplistData* der Typ
an der Indexposition mit der Metafunktion *tmp::TypeAt* (siehe Abschn. 4.1.2) ermittelt
und der Funktion *get()* als Templateargument explizit vorgegeben.

```
template <typename TStruct, typename TList,
          typename TSerialize, const char* StructName>
class TTypelistData
: public tmp::TParameter<TList, TStruct, TSerialize>
{
public:
  ...
  template <std::size_t Index>
  typename tmp::TypeAt<TList, Index>::Result::Type& get()
  {
    return (TParameter::get<tmp::TypeAt<TList, Index>::
            Result::Type, Index>());
  }
  ...
};
```

Mit der Funktion *get()* können nun die Variablen zur Kompilationszeit zugewiesen werden. Für Zeichenketten wird wie üblich die Funktion *memcpy* benutzt.

```
int main()
{
  mat::CMaterialData MaterialData;

  MaterialData.get<0>() = 12;
  memcpy(&MaterialData.get<1>(), "Tube",
         sizeof(MaterialData.get<1>()));
  memcpy(&MaterialData.get<2>(), "mm",
         sizeof(MaterialData.get<2>()));
  MaterialData.get<3>() = 11.5;
  MaterialData.get<4>() = 4;
  ...
}
```

Für die Funktion *get()* sollte es auch eine Version für den *const* Typ geben, um die Funktion auch in *const*-Funktionen benutzen zu können.

6.5.3   Zugriff über Typnamen

Das Schreiben und Lesen von Parametern der Struktur kann auch über den Typnamen erfolgen. Das kann zum Beispiel dann erforderlich sein, wenn eine bestimmte Variable der Struktur anders zu behandeln ist, wie z. B. ein Zeitstempel, eine laufende Berechnungsnummer usw. Hierzu müssen adäquat zu den Methoden *getValue* und *setValue* die Methoden *getValueByName* und *setValueByName* hinzugefügt werden. Da der Typname innerhalb der Verwaltungsklasse *TParameter* ein *std::string* ist, lässt sich eine Zeichenkette trivial mit dem Gleichheitsoperator vergleichen.

```cpp
template <typename U>
bool getValueByName(U &Value, const char *pTypename)
{
  if (m_Typename == pTypename)
  {
    Value = static_cast<U>(m_RefValue);
    return (true);
  }
  else
    return (BaseClass::getValueByName(Value, pTypename));
}

template <typename U>
bool setValueByName(const U &Value, const char *pTypename)
{
  if (m_Typename == pTypename)
  {
    m_RefValue = static_cast<Type>(Value);
    return (true);
  }
  else
    return (BaseClass::setValueByName(Value, pTypename));
}
```

Nun können die Variablen der Struktur auch über den Typnamen geschrieben und gelesen werden.

```cpp
int main()
{
  mat::CMaterialData MaterialData;

  MaterialData.setValueByName(120, "MaterialId");

  int Value;
  if (MaterialData.getValueByName(Value, "MaterialId"))
    std::cout << "MaterialId: " << Value << std::endl;

  char Name[128];
  if (MaterialData.getValueByName(Name, "Name"))
    std::cout << "Name:       " << Name << std::endl;
    ...
}
```

6.5.4 Zuweisung mit Kommaoperator

Eine Struktur kann beim Anlegen gleich initialisiert werden. Die Initialisierung erfolgt mit dem Zuweisungsoperator gefolgt von in geschweiften Klammern angegebenen und mit Kommas getrennten Werten.

```
mat::SMaterialData MaterialDataStruct =
                        {100, "H-Beam", "m", 22.3f, 12};
```

Nach dem Anlegen der Struktur ist diese Art der Zuweisung nicht mehr möglich. Danach müssen alle Variablen über die jeweiligen Variablennamen zugewiesen werden. Da die Struktur in der Verwaltungsklasse *TTypelistData* als Membervariable angelegt wird, steht diese elegante Möglichkeit der Initialisierung nicht mehr zur Verfügung.

Die Lösung des Problems besteht in der Definition eines Zuweisungsoperators, der mit Kommas getrennte Parameter akzeptiert [3, 4]. Hierzu wird das Klassentemplate *CommaInitializer* in die Klasse *TTypelistData* eingebunden und der Zuweisungsoperator angepasst.

```cpp
template <typename TStruct, typename TList,
          typename TSerialize, const char* StructName>
class TTypelistData
: public tmp::TParameter<TList, TStruct, TSerialize>
{
public:
  /// Comma initializer for operator=
  template <typename TStruct, typename TList,
            typename TSerialize, const char* StructName>
  class CommaInitializer
  {
  private:
    /// matrix reference
    TTypelistData &m_TypelistData;
    /// current index
    unsigned int    m_Index;

  public:
    /// constructor
    template <typename U>
    CommaInitializer(TTypelistData<TStruct, TList,
                                   TSerialize, StructName>
                     &TypelistData, const U &FirstValue)
    : m_TypelistData(TypelistData),
      m_Index(0)
    {
      insert(FirstValue);
    }

    /// comma operator
    template <typename U>
    CommaInitializer& operator,(const U &Value)
    {
      insert(Value);
      return (*this);
    }

  protected:
    /// insert value to current index position
    template <typename U>
    void insert(const U &Value)
    {
      m_TypelistData.setValue(Value, m_Index);
      m_Index++;
    }
  };

  template < typename U>
  CommaInitializer<TStruct, TList, TSerialize, StructName>
    operator=(const U &Value)
  {
    return (CommaInitializer<TStruct, TList, TSerialize,
                             StructName>(*this, Value));
  }
  ...
}
```

Die mit Kommas getrennten Parameter können nun über den Zuweisungsoperator wie folgt der Struktur zugewiesen werden.

```
int main()
{
  mat::CMaterialData MaterialData;

  // copy values with comma operator
  MaterialData = 100, "H-Beam", "m", 22.3, 12;
  ...
}
```

Wie funktioniert der Kommaoperator bzw. das Klassentemplate *CommaInitializer*? Zu Beginn wird der Zuweisungsoperator der Klasse *TTypelistData* aufgerufen. Der Parameter *Value* ist der erste Parameter der Liste, im Beispiel also der Wert *100*. Anschließend wird die Klasse *CommaInitializer* instanziiert und der Zeiger auf die Klasse *TTypelistData* über **this* und der Parameter *Value* im Konstruktor übergeben. Die Templateargumente der Klasse *CommaInitializer* sind identisch mit den Argumenten von *TTypelistData*, damit der **this*-Zeiger im Konstruktor übergeben werden kann.

```
template <typename U>
CommaInitializer<TStruct, TList, TSerialize, StructName>
  operator=(const U &Value)
{
  return (CommaInitializer<TStruct, TList, TSerialize,
                           StructName>(*this, Value));
}
```

Im Konstruktor wird die Klasse *TTyplisteData* als Membervariable gespeichert und der Zähler *m_Index* auf null gesetzt. Anschließend wird der erste Parameter mit der Methode *insert* in der Struktur zugewiesen.

```
/// constructor
template <typename U>
CommaInitializer(TTypelistData<TStruct, TList,
                               TSerialize, StructName>
                &TypelistData, const U &FirstValue)
: m_TypelistData(TypelistData),
  m_Index(0)
{
  insert(FirstValue);
}
```

Die Methode *insert* benutzt nun die in Abschn. 6.5.1 entwickelte Methode *setValue* der Verwaltungsklasse *TTypelistData*, um den Parameter *Value* an der Indexposition zuzuweisen. Anschließend wird die Indexposition um eins erhöht, um beim nächsten Aufruf der Methode *insert* den nächsten Parameter zuweisen zu können.

```
/// insert value to current index position
template <class U>
void insert(const U &Value)
{
  m_TypelistData.setValue(Value, m_Index);
  m_Index++;
}
```

Weil die instanziierte Klasse von *CommaInitializer* der Rückgabewert des Zuweisungs-operators ist, wird als nächstes der Kommaoperator dieser Klasse verwendet. Der Parameter *Value* ist demzufolge der Wert nach dem Komma, im Beispiel also *„H-Beam"*. Der Kommaoperator ruft erneut die Methode *insert* auf, um den Wert *Value* zuzuweisen. Anschließend gibt er den Zeiger auf sich selbst zurück, um für den nächsten Wert wieder den gleichen Kommaoperator verwenden zu können.

```
/// comma operator
template <class U>
CommaInitializer& operator,(const U &Value)
{
  insert(Value);
  return (*this);
}
```

6.6   Konvertieren von C++ nach C++/CLI und umgekehrt

C++/CLI (Common Language Infrastructure) ist die C++-Spracherweiterung von Microsoft für die virtuelle Laufzeitumgebung der .NET-Plattform [5]. Damit die generierten Strukturen auch in .NET-Programmen verarbeitet und visualisiert werden können ist es notwendig, adäquate C++/CLI-Strukturen zu generieren (siehe Tab. 6.2).

Tab. 6.2 Zuordnung der C++-Struktur zu C++/CLI-Struktur

```
/// C++-structure                        /// C++/CLI-structure
namespace mat                            namespace mat_cli
{                                        {
                                           [System::Serializable]
  struct SMaterialData                     public ref struct SMaterialDataCLI
  {                                        {
    long  m_MaterialId;         <--->        Int32    MaterialId;
    char  m_Name[32];                        String^  Name;
    char  m_Unit[16];                        String^  Unit;
    float m_Price;                           Single   Price;
    long  m_Count;                           Int32    Count;
  };                                       };
}                                        }
```

Weiterhin müssen Kopierfunktionen generiert werden, die den Inhalt der beiden Strukturen untereinander zuweisen können.

Neben der bekannten Struktur *mat::SMaterialData* wird die Struktur *mat_cli:: SMaterialDataCLI* benötigt. Zur deutlichen Kennzeichnung der C++/CLI-Strukturen wird an den Namensbereich die Zeichenkette „_cli", sowie an den Klassennamen die Zeichenkette „CLI" angefügt. Die Definition des Metadaten-Attributs *Serializable* zeigt an, dass alle angelegten *Memberdaten* der Klasse serialisiert, d.h. konvertiert werden können (siehe [5] Abschn. 34.7.1 Class definitions). Weiterhin ist es unüblich, in .NET-Klassen den Präfix *m_* zur Kennzeichnung von Membervariablen zu benutzen.

Das Definieren der Typliste als auch das Definieren der Struktur *SMaterialDataCLI* kann mit den Makros und Templates problemlos erfolgen.

```
using namespace System;

// create typelist with macros
typedef TYPELIST_5(Int32, String^, String^, Double, Single)
        MaterialDataTypeCLI;

[System::Serializable]
ref class SMaterialDataCLI
{
public:
  tmp::TypeAt<MaterialDataTypeCLI, 0>::Result MaterialId;
  tmp::TypeAt<MaterialDataTypeCLI, 1>::Result Name;
  tmp::TypeAt<MaterialDataTypeCLI, 2>::Result Unit;
  tmp::TypeAt<MaterialDataTypeCLI, 3>::Result Price;
  tmp::TypeAt<MaterialDataTypeCLI, 4>::Result Count;
};

int main()
{
  SMaterialDataCLI^ MaterialDataCLI = gcnew SMaterialDataCLI();

  MaterialDataCLI->MaterialId = 123;
  MaterialDataCLI->Name       = "Tube";

  Console::WriteLine("The material id is {0}.",
                     MaterialDataCLI->MaterialId);
  Console::WriteLine("The name is {0}.", MaterialDataCLI->Name);

  Console::Read();
  ...
}
```

Die Verwaltungsklasse *TTypelistData* kann jedoch nicht für C++/CLI-Strukturen verwendet werden. Das ist allerdings auch nicht notwendig, weil die Werte für .NET nur zur Verfügung gestellt und nicht verwaltet werden sollen. Hierfür sind drei Schritte notwendig:

1. Konvertieren der Typliste in verwaltete C++/CLI-Typen,
2. Generieren der C++/CLI-Struktur mit verwalteten Typen,
3. Generierung von Funktionen zum Kopieren der Daten von der C++-Struktur zur C++/CLI-Struktur und umgekehrt.

6.6.1 Konvertieren der Typliste

Das Konvertieren der Typliste in verwaltete C++/CLI-Typen erfolgt nach dem gleichen Muster, wie die Konvertierung nach Abschn. 6.3.3. Sie erfolgt mit dem Template *ConvertToCLIType*, welches rekursiv die Typliste abarbeitet. Damit das Einbinden der Header-Datei nicht zu Problemen mit reinen C++-Programmen führt, wird der Quellcode von verwalteten Typen mit der *#ifdef*-Direktive und dem vordefinierten Makro *__cplusplus_cli* nur eingebunden, wenn es sich auch um ein C++/CLI-Programm handelt, d. h. der Compilerschalter für den Common Language Runtime Support (/clr) gesetzt ist. Im folgenden Beispiel werden die Typen der Tab. 6.3 zu verwalteten C++/CLI-Typen konvertiert:

Tab. 6.3 Zuordnung von native Typen zu managed C++/CLI-Typen	C++-Typ		C++/CLI-Typ
	T	->	T
	float	->	System::Single
	double	->	System::Double
	long	->	System::Int32
	char[DIM]	->	System::String^
	long[DIM]	->	array<System::Int32>^

```
namespace tmp
{
  template <class TList> struct ConvertToCLIType;

  template <>
  struct ConvertToCLIType<NullType>
  {
    typedef NullType Result;
  };

  template <class Head, class Tail>
  struct ConvertToCLIType<Typelist<Head, Tail> >
  {
    typedef Typelist<Head,
                     typename ConvertToCLIType<Tail>::Result
                   > Result;
  };

#ifdef __cplusplus_cli
  /// convert float to Single
  template <class Tail>
  struct ConvertToCLIType<Typelist<float, Tail> >
  {
    typedef Typelist<System::Single,
                     typename ConvertToCLIType<Tail>::Result
                   > Result;
  };

  /// convert double to Double
  template <class Tail>
  struct ConvertToCLIType<Typelist<double, Tail> >
  {
    typedef Typelist<System::Double,
                     typename ConvertToCLIType<Tail>::Result
                   > Result;
  };

  /// convert long to Int32
  template <class Tail>
  struct ConvertToCLIType<Typelist<long, Tail> >
  {
    typedef Typelist<System::Int32,
                     typename ConvertToCLIType<Tail>::Result
                   > Result;
  };

  /// convert char[DIM] to System::String
  template <unsigned int DIM, class Tail>
  struct ConvertToCLIType<Typelist<char[DIM], Tail> >
  {
    typedef Typelist<System::String^,
                     typename ConvertToCLIType<Tail>::Result
                   > Result;
  };

  /// convert long[DIM] to array<System::Int32>^
  template <unsigned int DIM, class Tail>
  struct ConvertToCLIType<Typelist<long[DIM], Tail> >
  {
    typedef Typelist<array<System::Int32>^,
                     typename ConvertToCLIType<Tail>::Result
                   > Result;
  };
#endif
}
```

Die Konvertierung der Typliste kann wie folgt aufgerufen werden:

```
// create typelist with macros
typedef TYPELIST_5(long, char[32], char[16], float, long)
       MaterialDataType;

typedef tmp::ConvertToCLIType<MaterialDataType>::Result
       MaterialDataTypeCLI;
```

Es ist weiterhin möglich, die Konvertierung der Typliste direkt im Makro durchzuführen. An den Typnamen der Typliste wird über den ##-Operator die Zeichenkette „*CLI*" angefügt, um sie eindeutig als CLI-Typliste zu kennzeichnen.

```
#define CREATE_STRUCT_KEY_5(TypeName, StructName, Namespace,   \
                            Prefix, NoOfKeys,                   \
                            T1, N1, T2, N2, T3, N3,             \
                            T4, N4, T5, N5)                     \
namespace Namespace {                                          \
SETNAME(N1, StructName); SETNAME(N2, StructName);             \
SETNAME(N3, StructName); SETNAME(N4, StructName);             \
SETNAME(N5, StructName);                                      \
typedef tmp::MakeTypelistKey<NoOfKeys,                        \
                  T1, GETNAME(N1, StructName),                \
                  T2, GETNAME(N2, StructName),                \
                  T3, GETNAME(N3, StructName),                \
                  T4, GETNAME(N4, StructName),                \
                  T5, GETNAME(N5, StructName)                 \
                  >::Result TypeName;                         \
typedef tmp::ConvertToCLIType<TypeName>::Result TypeName##CLI; \
...
```

Innerhalb der Makros sind die Typen in der Klasse *TDatatype* definiert worden. Daher müssen die Templates *ConvertToCLIType* um die entsprechenden Typen erweitert werden (siehe Tab. 6.4).

Tab. 6.4 Zuordnung von C++-TDatatype zu managed C++/CLI-TDatatype

C++-Typ		C++/CLI-Typ
TDatatype<float, Typename, bKey>	->	TDatatype<System::Single, Typename, bKey>
TDatatype<double, Typename, bKey>	->	TDatatype<System::Double, Typename, bKey>
TDatatype<long, Typename, bKey>	->	TDatatype<System::Int32, Typename, bKey>
TDatatype <char[DIM], Typename, bKey>	->	TDatatype<System::String^, Typename, bKey>
TDatatype <long[DIM], Typename, bKey>	->	TDatatype <array<System::Int32>^, Typename, bKey>

```cpp
#ifdef __cplusplus_cli
  /// convert float to Single
  template <const char *Typename, bool bKey, class Tail>
  struct ConvertToCLIType<Typelist<TDatatype<float, Typename,
                                             bKey>, Tail> >
  {
    typedef Typelist<TDatatype<System::Single, Typename, bKey>,
          typename ConvertToCLIType<Tail>::Result> Result;
  };

  /// convert double to Double
  template <const char *Typename, bool bKey, class Tail>
  struct ConvertToCLIType<Typelist<TDatatype<double, Typename,
                                             bKey>, Tail> >
  {
    typedef Typelist<TDatatype<System::Double, Typename, bKey>,
          typename ConvertToCLIType<Tail>::Result> Result;
  };

  /// convert long to Int32
  template <const char *Typename, bool bKey, class Tail>
  struct ConvertToCLIType<Typelist<TDatatype<long, Typename,
                                             bKey>, Tail> >
  {
    typedef Typelist<TDatatype<System::Int32, Typename, bKey>,
          typename ConvertToCLIType<Tail>::Result> Result;
  };

  /// convert char[DIM] to System::String
  template <unsigned int DIM, const char *Typename,
          bool bKey, class Tail>
  struct ConvertToCLIType<Typelist<TDatatype<char[DIM],
                                             Typename,
                                             bKey>, Tail> >
  {
    typedef Typelist<TDatatype<System::String^, Typename, bKey>,
          typename ConvertToCLIType<Tail>::Result> Result;
  };

  /// convert long[DIM] to array<System::Int32>^
  template <unsigned int DIM, const char *Typename,
          bool bKey, class Tail>
  struct ConvertToCLIType<Typelist<TDatatype<long[DIM],
                                             Typename,
                                             bKey>, Tail> >
  {
    typedef Typelist<TDatatype<array<System::Int32>^,
                              Typename, bKey>,
          typename ConvertToCLIType<Tail>::Result> Result;
  };
#endif
```

6.6.2   Generieren der C++/CLI-Struktur

Die Generierung der C++/CLI-Struktur erfolgt nach dem gleichen Muster, wie sie bereits
in den Abschn. 6.2 und 6.3 beschrieben wurde. Weil sie aber innerhalb der *#ifdef*-Direktive
mit dem vordefinierten Makro __*cplusplus_cli* erfolgen muss und eine *#ifdef*-Direktive
innerhalb von Makros unzulässig ist (siehe Abschn. 2.6), müssen die C++/CLI-Strukturen in
eigenen Makros generiert werden. In diesen werden nur für C++/CLI-Programme die
entsprechenden Strukturen angelegt.

Im folgenden Beispiel generiert das Makro *CREATE_STRUCT_CLI_5* eine C++/CLI-
Struktur mit 5 Membervariablen. Dabei wird an den Namensbereich mit dem ##-Operator
die Zeichenkette „_cli“ und an den Strukturnamen die Zeichenkette „CLI“ angefügt.
Weiterhin wird die Interfaceklasse *ITemplatedStruct* definiert, von der alle C++/CLI-
Strukturen abgeleitet werden. Das hat in C++/CLI-Programmen zukünftig den Vorteil,
dass alle generierten Klassen über die Interfaceklasse gemeinsam angesprochen werden
können.

```
#ifdef __cplusplus_cli
  /// interface class for all CLI classes
  public interface struct ITemplatedStruct
  {
    void Load(System::IntPtr Buffer);
    void Update(System::IntPtr Buffer);
  };

#define CREATE_STRUCT_CLI_5(StructName, Namespace,      \
                            TypelistCLI, PrefixCLI,     \
                            N1, N2, N3, N4, N5)         \
namespace Namespace##_cli {                             \
[System::Serializable]                                  \
public ref struct StructName##CLI : ITemplatedStruct   \
        {ADD_PARAM_5(Namespace::TypelistCLI, PrefixCLI, \
                     N1, N2, N3, N4, N5);};}
#else
#define CREATE_STRUCT_CLI_5(Structname, Namespace,      \
                            TypelistCLI, PrefixCLI,     \
                            N1, N2, N3, N4, N5)
#endif
```

Das Makros *CREATE_STRUCT_KEY_5* bzw. *CREATE_STRUCT_5* sind um den Aufruf des Makros *CREATE_STRUCT_CLI_5* am Ende zu erweitern. Der Name für *PrefixCLI* bleibt leer, so dass kein Präfix dem Namen vorangestellt wird. Die Makros legen nun für alle C++/CLI-Programme zusätzlich die entsprechenden C++/CLI-Strukturen an.

```
#define CREATE_STRUCT_KEY_5(TypeName, StructName, Namespace,    \
                            Prefix, NoOfKeys,                    \
                            T1, N1, T2, N2, T3, N3,              \
                            T4, N4, T5, N5)                      \
...
typedef tmp::ConvertToCLIType<TypeName>::Result TypeName##CLI; \
...
CREATE_STRUCT_CLI_5(StructName, Namespace, TypeName##CLI, , N1, N2, N3, N4, N5)
```

6.6.3   Kopieren der Daten von C++ nach C++/CLI und umgekehrt

Im letzten Schritt müssen nun die entsprechenden Funktionen zum Kopieren der Daten von der C++-Struktur zur C++/CLI-Struktur und umgekehrt generiert werden. Hierzu wird die C++/CLI-Klasse um die Methoden *Load* und *Update* erweitert. Beiden Methoden wird eine *IntPtr*-Struktur, die auf ein Objekt der C++-Struktur zeigt, übergeben. Über die Methode *ToPointer* der *IntPtr*-Struktur kann die Adresse der C++-Struktur ermittelt und auf den jeweiligen Typ der Struktur umgewandelt werden. Die *Load*-Methode kopiert dabei die Daten von der C++-Struktur auf die C++/CLI-Struktur und die Methode Update kopiert den Inhalt der C++/CLI-Struktur auf die C++-Struktur.

Die C++/CLI-Struktur *SMaterialDataCLI* müsste vom Makro *CREATE_STRUCT_CLI_5* wie folgt generiert werden.

```
namespace mat_cli
{
  [System::Serializable]
  public ref struct SMaterialDataCLI : ITemplatedStruct
  {
    Int32   MaterialId;
    String^ Name;
    String^ Unit;
    Single  Price;
    Int32   Count;

  internal:
    void Load(mat::SMaterialData *pNative)
    {
      getValue(MaterialId,  pNative->m_MaterialId);
      getValue(Name,        pNative->m_Name);
      getValue(Unit,        pNative->m_Unit);
      getValue(Price,       pNative->m_Price);
      getValue(Count,       pNative->m_Count);
    };

    void Update(mat::SMaterialData *pNative)
    {
      setValue(pNative->m_MaterialId, MaterialId);
      setValue(pNative->m_Name,       Name);
      setValue(pNative->m_Unit,       Unit);
      setValue(pNative->m_Price,      Price);
      setValue(pNative->m_Count,      Count);
    };

  public:
    virtual void Load(System::IntPtr Buffer)
    {
      mat::SMaterialData *NativeStruct =
                    (mat::SMaterialData*)Buffer.ToPointer();
      Load(NativeStruct);
    };

    virtual void Update(System::IntPtr Buffer)
    {
      mat::SMaterialData *NativeStruct =
                    (mat::SMaterialData*)Buffer.ToPointer();
      Update(NativeStruct);
    };
  };
}
```

Für die Zuweisung der Variablen werden die Funktionen *getValue* und *setValue* verwendet. Weil es nicht möglich ist, alle verwalteten Typen in nicht-verwaltete Typen bzw. umgekehrt zuzuweisen, werden die Funktionen mit den verwendeten Typen überladen. Im folgenden Beispiel sind drei Überladungen für die Funktionen *getValue* und *setValue* dargestellt.

```cpp
#ifdef __cplusplus_cli

using namespace System;

/// get value
template <class T, class U>
void getValue(U % ValueCLI, const T &Value)
{
  ValueCLI = Value;
};

template <unsigned int DIM>
void getValue(System::String^% ValueCLI,
              const char (&Value)[DIM])
{
  ValueCLI = gcnew System::String(Value);
};

template <class T, class U, unsigned int DIM>
void getValue(array<U>^% ValueCLI, const T (&Value)[DIM])
{
  if ((ValueCLI == nullptr) || (DIM != ValueCLI->GetLength(0)))
    ValueCLI = gcnew array<U>(DIM);

  for (unsigned int i=0; i<DIM; i++)
    ValueCLI[i] = Value[i];
};
#endif

/// set value
template <class T, class U>
void setValue(T &Value, const U ValueCLI)
{
  Value = ValueCLI;
};

template <unsigned int DIM>
void setValue(char (&Value)[DIM], System::String^ ValueCLI)
{
  memset(Value, 0, sizeof(Value));

  if (ValueCLI != nullptr)
  {
    IntPtr p = Runtime::InteropServices::Marshal::
               StringToHGlobalAnsi(ValueCLI);
    memcpy(Value, (const char *)p.ToPointer(), DIM);
    Runtime::InteropServices::Marshal::FreeHGlobal(p);
  }
}
template <class T, class U, unsigned int DIM>
void setValue(T (&Value)[DIM], array<U>^ ValueCLI)
{
  if (ValueCLI != nullptr)
  {
    // get min. size of both arrays
    const unsigned int Size =
      DIM > (unsigned int)ValueCLI->GetLength(0) ?
      ValueCLI->GetLength(0) : DIM;

    for (unsigned int i=0; i<Size; i++)
      Value[i] = ValueCLI[i];
  }
};
#endif
```

Das Makro *CREATE_STRUCT_CLI_5* ist nun um die Generierung der oben dargestellten Memberfunktionen *Load* und *Update* zu erweitern. Weiterhin muss das Makro in der Parameterliste um das Präfix erweitert werden, weil dieses für die Zuweisung der Variablen benötigt wird.

```
#ifdef __cplusplus_cli
#define CREATE_STRUCT_CLI_5(Structname, Namespace, TypelistCLI, \
                        Prefix, PrefixCLI,                       \
                        N1, N2, N3, N4, N5)                      \
namespace Namespace##_cli {                                     \
[System::Serializable]                                          \
public ref struct Structname##CLI : ITemplatedStruct            \
{ADD_PARAM_5(Namespace::TypelistCLI, PrefixCLI,                 \
            N1, N2, N3, N4, N5);                                 \
internal:                                                       \
  void Load(Namespace::Structname *pNative)                     \
  { FUNCTION_LOAD_5(Prefix, PrefixCLI, N1, N2, N3, N4, N5);};   \
  void Update(Namespace::Structname *pNative)                   \
  { FUNCTION_UPDATE_5(Prefix, PrefixCLI, N1, N2, N3, N4, N5);};}; \
public:                                                         \
  virtual void Load(System::IntPtr Buffer)                      \
  {                                                             \
    Structname *NativeStruct = (Structname*)Buffer.ToPointer(); \
    Load(NativeStruct);                                         \
  };                                                            \
  virtual void Update(System::IntPtr Buffer)                    \
  {                                                             \
    Structname *NativeStruct = (Structname*)Buffer.ToPointer(); \
    Update(NativeStruct);                                       \
  };                                                            \
};}
#else
#define CREATE_STRUCT_CLI_5(Structname, Namespace, TypelistCLI, \
                        Prefix, PrefixCLI,                       \
                        N1, N2, N3, N4, N5)
#endif
```

Für die Funktion *Load* müssen die Makros *FUNCTION_LOAD_x* und für die Funktion *Update* die Makros *FUNCTION_UPDATE_x* definiert werden. Diese rufen rekursiv das jeweils nächste Makro mit einem Parametersatz weniger auf und erzeugen dann den Eintrag für die Zuweisung der Variablen über die *getValue*- bzw. *setValue*-Funktion. So können alle Variablen der Strukturen einander zugewiesen werden.

```
#define FUNCTION_LOAD(Prefix, PrefixCLI, N)    \
        getValue(PrefixCLI##N, pNative->Prefix##N)
#define FUNCTION_UPDATE(Prefix, PrefixCLI, N) \
        setValue(pNative->Prefix##N, PrefixCLI##N)

// macros for 1 parameter names
#define FUNCTION_LOAD_1(Prefix, PrefixCLI, N1)    \
        FUNCTION_LOAD(Prefix, PrefixCLI, N1)
#define FUNCTION_UPDATE_1(Prefix, PrefixCLI, N1) \
        FUNCTION_UPDATE(Prefix, PrefixCLI, N1)

// macros for 2 parameter names
#define FUNCTION_LOAD_2(Prefix, PrefixCLI, N1, N2)    \
        FUNCTION_LOAD_1(Prefix, PrefixCLI, N1);    \
        FUNCTION_LOAD(Prefix, PrefixCLI, N2)
#define FUNCTION_UPDATE_2(Prefix, PrefixCLI, N1, N2) \
        FUNCTION_UPDATE_1(Prefix, PrefixCLI, N1);  \
        FUNCTION_UPDATE(Prefix, PrefixCLI, N2)

// macros for 3 parameter names
#define FUNCTION_LOAD_3(Prefix, PrefixCLI, N1, N2, N3)    \
        FUNCTION_LOAD_2(Prefix, PrefixCLI, N1, N2);    \
        FUNCTION_LOAD(Prefix, PrefixCLI, N3)
#define FUNCTION_UPDATE_3(Prefix, PrefixCLI, N1, N2, N3) \
        FUNCTION_UPDATE_2(Prefix, PrefixCLI, N1, N2);  \
        FUNCTION_UPDATE(Prefix, PrefixCLI, N3)

// macros for 4 parameter names
#define FUNCTION_LOAD_4(Prefix, PrefixCLI, N1, N2, N3, N4)    \
        FUNCTION_LOAD_3(Prefix, PrefixCLI, N1, N2, N3);    \
        FUNCTION_LOAD(Prefix, PrefixCLI, N4)
#define FUNCTION_UPDATE_4(Prefix, PrefixCLI, N1, N2, N3, N4) \
        FUNCTION_UPDATE_3(Prefix, PrefixCLI, N1, N2, N3);  \
        FUNCTION_UPDATE(Prefix, PrefixCLI, N4)

// macros for 5 parameter names
#define FUNCTION_LOAD_5(Prefix, PrefixCLI, N1, N2, N3, N4, N5)  \
        FUNCTION_LOAD_4(Prefix, PrefixCLI, N1, N2, N3, N4);    \
        FUNCTION_LOAD(Prefix, PrefixCLI, N5)
#define FUNCTION_UPDATE_5(Prefix, PrefixCLI, N1, N2, N3, N4, N5)\
        FUNCTION_UPDATE_4(Prefix, PrefixCLI, N1, N2, N3, N4); \
        FUNCTION_UPDATE(Prefix, PrefixCLI, N5)

#ifdef __cplusplus_cli
#define CREATE_STRUCT_CLI_5(Structname, Namespace, TypelistCLI, \
                            Prefix, PrefixCLI,                  \
                            N1, N2, N3, N4, N5)                 \
...
#endif
```

Nach der Erweiterung der Makros kann das korrekte Kopieren der Daten von der C++-Struktur in die C++/CLI-Struktur und umgekehrt überprüft werden. Im Beispiel sind die Daten der C++-Struktur *mat::SMaterialData* über die Membervariablen *m_Data* erreichbar.

```
int main()
{
  mat::CMaterialData *pMaterialData = new mat::CMaterialData();
  *pMaterialData = 100, "H-Beam", "m", 22.3, 12;
  mat_cli::SMaterialDataCLI^ MaterialDataCLI =
                        gcnew mat_cli::SMaterialDataCLI();

  MaterialDataCLI->Load(&pMaterialData->m_Data);
  memset(&pMaterialData->m_Data, 0,
        sizeof(pMaterialData->m_Data));
  MaterialDataCLI->Update(&pMaterialData->m_Data);
  ...
}
```

6.7   Dokumentation der generierten Strukturen

6.7.1   Vorbetrachtungen

Die Dokumentation von Quellcode ist für viele Programmierer ein sehr sensibles Thema. Am einfachsten ist es, den Quellcode sofort beim Erstellen zu dokumentieren, denn eine Dokumentation, die erst im Nachhinein durchgeführt wird, ist in der Regel fehlerhaft und unvollständig.

Die einfachste Art der Dokumentation ist die Verwendung von lesbaren und aussage-kräftigen Namen für Variablen, Funktionen, Klassen, Makros usw. sowie die Einhaltung von internationalen und unternehmensspezifischen Programmierrichtlinien. Die Lesbar-keit von Quellcode ist mit dem Lesen eines Buches vergleichbar. Beim Lesen setzt der Leser nicht die einzelnen Buchstaben zu Wörtern zusammen um das Wort zu bilden und zu verstehen, sondern er erkennt das Wort als Ganzes und kann es interpretieren. Definiert der Programmierer im Quellcode Namen, die für den Leser nicht geläufig oder zweideutig sind, schränkt das die Lesbarkeit und somit das Verständnis für den Quellcode stark ein. Heute gibt es keinen Grund mehr, Namen auf ein absolutes Minimum abzukürzen. Warum den Namen *Index* mit *Idx* oder *Temperature* mit *Temp*, um nur zwei Beispiele zu nennen, abkürzen? Das Abkürzen von Namen macht nur dann Sinn, wenn diese aus mehreren Einzelnamen zusammengesetzt werden und die große Namenslänge wieder zum erschwerten Lesen führt. Auch die Reihenfolge der Wörter, die einen zusammengesetzten Namen bilden, ist von entscheidender Bedeutung für die Lesbarkeit von Quellcode.

Hierfür gibt es die unterschiedlichsten Regeln für die Namensbildung (z. B. Genitivregel usw.). Dabei ist die natürliche Reihenfolge der Wörter im normalen Sprachgebrauch so einfach und eindeutig. Warum eine Variable für die *Oberflächentemperatur* in Englisch in der falschen Reihenfolge mit *TempSurf* festlegen? Dabei ist *SurfaceTemperature* so einfach zu lesen und zu verstehen. Selbst eine Abkürzung wie *SurfTemperature*, *SurfaceTemp* oder *SurfTemp* ist allemal besser, als die grammatisch falsche Reihenfolge von *TempSurf*.

Eine zweite Art der Dokumentation ist das Einfügen von Kommentaren oberhalb oder hinter der Quellcodezeile. In C++ sollten möglichst zwei Schrägstiche // zum Einfügen eines Kommentars verwendet werden, weil der Kommentar dadurch etwas besser lesbar ist und die Zeichen /* und */ für das auskommentieren ganzer Codeblöcke dadurch weiterhin zur Verfügung steht.

```
// calculate speed in [m/s]
double Speed = Length / Time;

/* calculate speed in [m/s] */
double Speed = Length / Time;

double Speed = Length / Time; // calculate speed in [m/s]
```

In den Beispielen der vorherigen Kapitel wurden häufig drei Schrägstriche /// zum Einfügen eines Kommentars verwendet. Der Grund hierfür liegt in der Benutzung von Generatoren, die alle Quellcodedateien parsen und daraus eine HTML-Dokumentation generieren können. Die drei Schrägstriche weisen die Generatoren (z. B. Doxygen [6]) an, den Kommentar zur Beschreibung der Variablen, Funktion oder Klasse in der Dokumentation mit einzubeziehen.

```
/// insert value at current index position
template <class U>
void insert(const U &Value)
...
```

Die Dokumentation mit Dokumentationsgeneratoren ist sehr anwenderfreundlich. Leider steht diese Art der Dokumentation für den innerhalb von C++ generierten Quellcode nicht so einfach zur Verfügung, da dieser ja erst beim Kompilieren erzeugt wird. In diesem Kapitel wird ein Verfahren vorgestellt, mit dem es dennoch möglich ist, den generierten Quellcode mit Dokumentationsgeneratoren zu generieren. Die Grundidee besteht darin, die Verwaltungsklassen für Strukturen um eine Generatorfunktion zu erweitern, um für unterschiedlichste Dokumentationsgeneratoren alle notwendigen Informationen zur Verfügung stellen zu können.

6.7.2   Erweiterung der Verwaltungsklasse um die Dokumentation

Die Verwaltungsklasse *TParameter* soll um vier Parameter zur Dokumentation jeder Variablen der Struktur erweitert werden. Dazu gehört die Einheit *m_Unit*, die Beschreibung der Variablen *m_Comment*, sowie der Wertebereich der Variablen von *m_Minimum* zu *m_Maximum*.

```
std::string m_Unit;    // unit
std::string m_Comment; // comment
double      m_Minimum; // minimum value
double      m_Maximum; // maximum value
```

Im Abschn. 6.5.1 wurde für eine Zeichenkette vom Typ *char[DIM]* bereits eine Spezialisierung der Verwaltungsklasse *TParameter* vorgenommen.

```
template <unsigned int DIM, const char* pTypename,
         bool bKey, typename Tail,
         typename TStruct, typename TSerialize>
class TParameter<Typelist<TDatatype<char[DIM], pTypename, bKey
                          >, Tail
                 >, TStruct, TSerialize>
: public TParameter<Tail, TStruct, TSerialize>
```

Zur umfangreichen Dokumentation der Variablen ist es aber notwendig, auch den Typ der Variablen zu dokumentieren. Somit müssen für fast alle Typen Spezialisierungen des Templates *TParameter* vorgenommen werden. Damit das den Quellcode nicht unnötig aufbläht ist es angebracht, die Klasse *TParameter* von einer Basisklasse *TParameterBase* abzuleiten. Die Basisklasse *TParameterBase* enthält den gesamten Quellcode, der typunabhängig ist. Alle typabhängigen Funktionen werden weiter in *TParameter* implementiert. Zur schnellen Implementierung können alle Memberfunktionen von *TParameter* nach *TParameterBase* verschoben werden.

```cpp
namespace tmp
{
  template <typename TList, typename TStruct,
            typename TSerialize> class TParameter;

  template <typename Type, const char* pTypename,
            bool bKey, typename Tail,
            typename TStruct, typename TSerialize>
  class TParameterBase
  : public TParameter<Tail, TStruct, TSerialize>
  {
    public:
      typedef TParameter<Tail, TStruct, TSerialize> BaseClass;

      /// reference value
      Type        &m_RefValue;
      /// typename
      std::string m_Typename;
      /// key
      bool        m_bKey;
      /// unit
      std::string m_Unit;
      /// comment
      std::string m_Comment;
      /// minimum value
      double      m_Minimum;
      /// maximum value
      double      m_Maximum;
    public:
      IParameterBase(void *RefValue)
      : BaseClass(reinterpret_cast<void*>(RefValue)),
        m_RefValue(*(reinterpret_cast<Type*>
                    (reinterpret_cast<char*>(RefValue) +
                     BaseClass::getOffset(pTypename)))),
        m_Typename(pTypename != NULL ? pTypename : "NotDefined"),
        m_bKey     (bKey),
        m_Minimum (0.0),
        m_Maximum (0.0)
      {}

      template <typename U>
      bool getValue(U &Value, unsigned int Index) {...}
      bool getValue(char *Value, unsigned int Index) {...}
      template <typename U>
      bool setValue(const U &Value, unsigned int Index) {...}
      bool setValue(const char *Value, unsigned int Index) {...}
      template <typename U>
      bool getValueByName(U &Value, const char *pTypename) {...}
      bool getValueByName(char *Value, const char *pTypename)
      {...}
      template <typename U>
      bool setValueByName(const U &Value, const char *pTypename)
      {...}

      bool setValueByName(const char *Value,
                          const char *pTypename)
      {...}

      void write(const TSerialize &Writer) {...}

      void read(const TSerialize &Writer) {...}
  };
} // tmp
```

Die Klasse *TParameter* verkürzt sich drastisch und enthält nur noch den Konstruktor, um die Argumente der Basisklasse übergeben zu können.

```
namespace tmp
{
  template <typename Type, const char* pTypename,
            bool bKey, typename Tail,
            typename TStruct, typename TSerialize>
  class TParameter<Typelist<TDatatype<Type, pTypename, bKey
                          >, Tail
                 >, TStruct, TSerialize>
   : public TParameterBase<Type, pTypename, bKey, Tail,
                           TStruct, TSerialize>
  {
    public:
      TParameter(void *pRefValue)
       : TParameterBase<Type, pTypename, bKey, Tail, TStruct,
                        TSerialize>(pRefValue)
      {};
  };
} // tmp
```

Damit sind die Vorbereitungen zur Implementierung des Dokumentationsgenerators abgeschlossen. Die einfachste Art, die vier Parameter für die Dokumentation zu setzen, besteht im Aufruf der Methode *setTypeInformation* zur Laufzeit des Programms. Die Methode wird solange rekursiv für das nächste Element aufgerufen, bis entweder der Typname *m_Typename* gleich dem Typnamen *TypeInformation* der Struktur ist, oder die Basisklasse der *NullType* ist.

```
...
class TParameterBase
: public TParameter<Tail, TStruct, TSerialize>
{
    ...
    bool setTypeInformation(const STypeInformation
                                  &TypeInformation)
    {
      if (m_Typename == TypeInformation.m_Typename)
      {
        m_Unit    = TypeInformation.m_Unit;
        m_Comment = TypeInformation.m_Comment;
        m_Minimum = TypeInformation.m_Minimum;
        m_Maximum = TypeInformation.m_Maximum;

        return (true);
      }
      else
      {
        return (BaseClass::
                setTypeInformation(TypeInformation));
      }
    }
  ...
```

Die Struktur *STypeInformation* ist dabei wie folgt definiert.

```
struct STypeInformation
{
  std::string m_Typename;    // typename
  std::string m_Unit;        // unit
  std::string m_Comment;     // comment
  double      m_Minimum;     // minimum value
  double      m_Maximum;     // maximum value
};
```

Im folgenden Beispiel wird die Typinformation für die *MaterialId* beispielhaft vorgestellt.

```
int main()
{
  mat::CMaterialData MaterialData;
  MaterialData = 100, "H-Beam", "m", 22.3, 12;

  tmp::STypeInformation TypeInformation;
  TypeInformation.m_Typename = "MaterialId";   // typename
  TypeInformation.m_Unit     = "";             // unit
  TypeInformation.m_Comment  =
    "material identification number";          // comment
  TypeInformation.m_Minimum  = 100000;         // minimum value
  TypeInformation.m_Maximum  = 999999;         // maximum value

  MaterialData.setTypeInformation(TypeInformation);
  ...
}
```

6.7.3 Dokumentation mit Typlisten

In diesem Abschnitt wird gezeigt, wie die Parameter der Dokumentation schon zur Kompilationszeit vorbereitet und beim Anlegen der Verwaltungsklasse effizient zugewiesen werden können. Bisher wurden Typlisten und Klassentemplates für die Verwaltung von Variableninformationen innerhalb von Strukturen verwendet. Jetzt werden die Typlisten verwendet, um auch die Informationen zur Dokumentation der Variablen zu verwalten. Das Klassentemplate *TDatatypeInfo* beinhaltet als Argumente den Variablenname *Typename*, die Einheit *Unit*, den Kommentar *Comment*, den Gültigkeitsbereich *Minimum* und *Maximum*, sowie einen Exponenten, um die Minimum- und Maximumwerte als Gleitkommazahl darstellen zu können.

```
template <const char* Typename, const char* Unit,
          const char *Comment,
          int Minimum, int Maximum, int Exponent>
struct TDatatypeInfo
{};
```

Das Template *TDatatypeInfo* lässt sich am besten mit einem Makro anlegen. Innerhalb des Makros werden die Minimum- und Maximumwerte mit 1000 multipliziert und der Exponent auf -3 gesetzt, weil als Templateargumente keine Gleitkommazahlen als Nichttyp-Parameter zulässig sind (siehe Abschn. 3.2.2).[1] Damit kann als kleinster Wert die Zahl 0.001 dargestellt werden.

```
#define DATATYPEINFO(T1, T2, T3, T4, T5) \
        TDatatypeInfo<T1, T2, T3, (int)T4*1000, (int)T5*1000, -3>
```

Die gesamte Typliste wird ebenfalls mit einem Makro angelegt. Im folgenden Beispiel ist das Makro *CREATE_TYPELIST_INFO_5* zum Erstellen einer Typliste für die Dokumentation von 5 Variablen dargestellt. Der größte Schreibaufwand besteht darin, mit den Makros *SETNAME* und *GETNAME* die Zeichenketten als externe globale Variable zu definieren.

```
#define CREATE_TYPELIST_INFO_5(TypeName,StructName,Namespace, \
                    T1,N1,K1,Min1,Max1,                        \
                    T2,N2,K2,Min2,Max2,                        \
                    T3,N3,K3,Min3,Max3,                        \
                    T4,N4,K4,Min4,Max4,                        \
                    T5,N5,K5,Min5,Max5)                        \
SETNAME_UNIT(T1, N1, TypeName);                                \
SETNAME_COMMENT(T1, K1, TypeName);                             \
SETNAME_UNIT(T2, N2, TypeName);                                \
SETNAME_COMMENT(T2, K2, TypeName);                             \
SETNAME_UNIT(T3, N3, TypeName);                                \
SETNAME_COMMENT(T3, K3, TypeName);                             \
SETNAME_UNIT(T4, N4, TypeName);                                \
SETNAME_COMMENT(T4, K4, TypeName);                             \
SETNAME_UNIT(T5, N5, TypeName);                                \
SETNAME_COMMENT(T5, K5, TypeName);                             \
namespace Namespace {                                          \
typedef tmp::MakeTypelist<                                     \
  DATATYPEINFO(GETNAME(T1, StructName),                        \
            GETNAME_UNIT(T1, TypeName),                        \
            GETNAME_COMMENT(T1, TypeName), Min1, Max1),        \
  DATATYPEINFO(GETNAME(T2, StructName),                        \
            GETNAME_UNIT(T2, TypeName),                        \
            GETNAME_COMMENT(T2, TypeName), Min2, Max2),        \
  DATATYPEINFO(GETNAME(T3, StructName),                        \
            GETNAME_UNIT(T3, TypeName),                        \
            GETNAME_COMMENT(T3, TypeName), Min3, Max3),        \
  DATATYPEINFO(GETNAME(T4, StructName),                        \
            GETNAME_UNIT(T4, TypeName),                        \
            GETNAME_COMMENT(T4, TypeName), Min4, Max4),        \
  DATATYPEINFO(GETNAME(T5, StructName),                        \
            GETNAME_UNIT(T5, TypeName),                        \
            GETNAME_COMMENT(T5, TypeName), Min5, Max5)         \
            >::Result TypeName;}
```

---

[1] In Abschn. 10.2 werden zwei Verfahren beschrieben, wie Gleitkommazahlen als Templateargumente indirekt dargestellt werden können.

Um keine Namenskonflikte beim Generieren mit globalen Variablen zu erhalten, wird in den jeweiligen Namen die entsprechende Zeichenkette *Comment, Unit* oder *Version* mit angefügt.

```
#define GETNAME(X, StructName) GLUE3(g, X, StructName)
#define GETNAME_COMMENT(X, StructName) \
        GLUE4(g, X, Comment, StructName)
#define GETNAME_UNIT(X, StructName)    \
        GLUE4(g, X, Unit, StructName)
#define GETNAME_VERSION(X, StructName) \
        GLUE4(g, X, Version, StructName)

#ifdef DEF_GLOBAL_NAMES
  #define SETNAME(T1, StructName) \
    extern const char GETNAME(T1, StructName)[] = STR(T1);
  #define SETNAME_COMMENT(T1, String, StructName) \
    extern const char GETNAME_COMMENT(T1, StructName)[] = String
  #define SETNAME_UNIT(T1, String, StructName) \
    extern const char GETNAME_UNIT(T1, StructName)[] = String
  #define SETNAME_VERSION(T1, String, StructName) \
    extern const char GETNAME_VERSION(T1, StructName)[] = String
#else
  #define SETNAME(T1, StructName) \
    extern const char GETNAME(T1, StructName)[];
  #define SETNAME_COMMENT(T1, String, StructName) \
    extern const char GETNAME_COMMENT(T1, StructName)[]
  #define SETNAME_UNIT(T1, String, StructName) \
    extern const char GETNAME_UNIT(T1, StructName)[]
  #define SETNAME_VERSION(T1, String, StructName) \
    extern const char GETNAME_VERSION(T1, StructName)[]
#endif
```

Die Typliste für die Dokumentation der Beispielstruktur *mat::SMaterialData* kann nun generiert werden. Der Name der Typliste *MaterialDataInfoType* ist der erste Parameter im Makro.

```
CREATE_TYPELIST_INFO_5(MaterialDataInfoType, // typelist
                       SMaterialData,        // structure name
                       mat,                  // namespace
//typename | unit | comment                 | min    | max
  MaterialId, "",    "material identification", 100000, 999999,
  Name,       "",    "name of material",        0,      0,
  Unit,       "",    "unit",                    0,      0,
  Price,      "EUR", "net price",               0.01,   10000,
  Count,      "",    "count in unit of material", 0,    0);
```

Die Makros zum Generieren der Typliste enthalten 5 Parameter pro Variable. Da einem Makro maximal 127 Parameter übergeben werden können, ist es nur möglich, eine Typliste mit maximal 24 Einträgen zu erzeugen. Um mehr als 24 Variablen zu generieren, ist eine Aufteilung in zwei Typlisten notwendig. Diese können mit dem Template *tmp:: Append* wieder zu einer Typliste zusammengefasst werden (siehe Abschn. 4.1.2).

```
typedef tmp::Append<Typelist1, Typelist2>::Result Typelist3;
```

Auch diese Makros können mit variadischen Makros weiter vereinfacht werden, um nicht mehr die Anzahl der Datensätze vorgeben zu müssen. Das Makro *VA_NUM_ARGS5* dividiert die Anzahl der Argumente durch 5, um die Anzahl der Typinformationen von *TDatatypeInfo* zu erhalten.

```
// macros for n parameter names
#define CREATE_DATATYPE_INFO(Typename, Structname, ...)        \
        CREATE_DATATYPE_INFO_TL((VA_NUM_ARGS5_((__VA_ARGS__)),\
                        Typename, Structname, __VA_ARGS__))
#define CREATE_DATATYPE_INFO_TL(tuple) \
        CREATE_DATATYPE_INFO_TL_ tuple
#define CREATE_DATATYPE_INFO_TL_(n, ...) \
        CREATE_DATATYPE_INFO_TL__(n, (__VA_ARGS__))
#define CREATE_DATATYPE_INFO_TL__(n, tuple) \
        VA_GLUE_2(CREATE_DATATYPE_INFO_,n tuple)
```

Neben den Variablen der Struktur sollte die Struktur selbst auch einen Kommentar und eine Versionsnummer enthalten. Die Typliste der Dokumentation, der Kommentar der Struktur sowie die Versionsnummer werden im Template *TStructInfo* als Argumente verwaltet.

```
/// definition of structure info
template <typename TList,
         const char *pComment,
         const char *pVersion>
struct TStructInfo
{
  typedef TList Typelist;
};
```

Wie nicht anders zu erwarten war, lässt sich das Template *TStructInfo* am einfachsten mit dem Makro *STRUCTINFO* erzeugen.

```
#define STRUCTINFO(T1, T2, T3, T4)                 \
SETNAME_COMMENT(T1, T2, T4);                        \
SETNAME_VERSION(T1, T3, T4);                        \
typedef tmp::TStructInfo<T1,                        \
                   GETNAME_COMMENT(T1,T4),   \
                   GETNAME_VERSION(T1,T4)> T4;
```

Im Beispiel der Struktur *mat::SMaterialData* könnte die Generierung der Dokumentation wie folgt aussehen:

```
STRUCTINFO(MaterialDataInfoType,
   "The structure SMaterialData includes the base material data.",
   "1.00",
   MaterialDataStructInfoType);
```

Die nächste Aufgabe besteht nun darin, die Informationen der Struktur den Verwaltungsklassen *TTypelistData* und *TParameter* zu übergeben. Weil die Generierung der Struktur getrennt von der Generierung der Dokumentation bleiben soll, wird von der Klasse *TTypelistData* die Klasse *TTypelistDataInfo* abgeleitet. Die Aufgabe von *TTypelistDataInfo* besteht darin, die Typliste der Dokumentation, den Kommentar der Struktur und die Versionsnummer als Templateargumente aufzunehmen und weiter zu verarbeiten. Die Variablen des Strukturkommentars und der Versionsnummer werden in der Basisklasse aufgenommen, um später nur eine Generatorfunktion, die auf alle Variablen zugreifen kann, anlegen zu müssen.

```
template <typename TStruct, typename TList,
          typename TSerialize, const char* StructName>
class TTypelistData : public tmp::TParameter<TList, TStruct,
                                             TSerialize>
{
...
protected:
  TSerialize        m_Serialize;
  /// name of structure
  const std::string m_StructName;
  /// flag to control the type information
  bool              m_bTypeInformation;
  /// comment
  std::string       m_Comment;
  /// version string
  std::string       m_Version;
...
```

Im Konstruktor von *TTypelistDataInfo* wird die Funktion *setTypeInfoLoop<Info>()* mit der Typliste der Dokumentation *Info* als Argument aufgerufen. Diese Funktion arbeitet rekursiv und ruft solange die Methode *setTypeInfo* der Basisklasse *TTypelistData* auf, bis die Spezialisierung für *tmp::NullType* greift.

```
template <typename TStruct, typename TList, typename TSerialize,
         const char *StructName, typename StructInfoType

         > class TTypelistDataInfo;

template <typename TStruct, typename TList, typename TSerialize,
         const char *StructName, typename Info,
         const char *StructInfo, const char *Version>
class TTypelistDataInfo<TStruct, TList, TSerialize, StructName,
                        tmp::TStructInfo<Info,
                                          StructInfo,
                                          Version> >
: public TTypelistData<TStruct, TList, TSerialize, StructName>
{
public:
  /// constructor
  TTypelistDataInfo()
  : TTypelistData<TStruct, TList, TSerialize, StructName>()
  {
    m_Comment = StructInfo;
    m_Version = Version;
    m_bTypeInformation = true;
    setTypeInfoLoop<Info>();
  }

protected:
  /// set type information for head, call function for tail too
  template <typename List>
  void setTypeInfoLoop()
  {
    List::Head InfoTmp;
    setTypeInfo(InfoTmp);
    setTypeInfoLoop<List::Tail>();
  }

  /// spezialization for NullType, do nothing
  template <>
  void setTypeInfoLoop<tmp::NullType>()
  {}
};
```

Die Methode *setTypeInfo* wird solange rekursiv für das nächste Element aufgerufen, bis entweder der Typname *m_Typename* gleich dem Typnamen *Typename* des Arguments ist, oder die Basisklasse der *tmp::NullType* ist. Die Minimum- und Maximumwerte werden mit dem Exponent wieder korrigiert.

```
template <typename Type, const char* pTypename, bool bKey,
          typename Tail, typename TStruct, typename TSerialize>
class TParameterBase
: public TParameter<Tail, TStruct, TSerialize>
{
  public:
  ...
    template <const char* Typename, const char* Unit,
              const char *Comment,
              int Minimum, int Maximum, int Exponent>
    bool setTypeInfo(TDatatypeInfo<Typename, Unit, Comment,
                                   Minimum, Maximum, Exponent
                                   > DatatypeInfo)
  {
    if (m_Typename == Typename)
    {
      m_Unit    = Unit;
      m_Comment = Comment;
      double ExponentTmp = pow(10.0, Exponent);
      m_Minimum = (double)Minimum * ExponentTmp;
      m_Maximum = (double)Maximum * ExponentTmp;

      return (true);
    }

    return (BaseClass::setTypeInfo(DatatypeInfo));
  }
...
```

Die Klasse *CMaterialData* wird über eine Typdefinition mittels *typedef* analog Abschn. 6.4.2 definiert.

```
typedef TTypelistDataInfo<SMaterialData,
                          MaterialDataType,
                          CFileStream,
                          GETNAME(MaterialData, SMaterialData),
                          MaterialDataStructInfoType
                          > CMaterialData;
```

Mit dem Anlegen der Verwaltungsklasse erfolgen nun automatisch das Anlegen und Initialisieren der Struktur, die Verknüpfung der Strukturvariablen mit der Verwaltungsklasse und das Speichern aller Strukturdokumentationen.

```
#include "SMaterialData.h"

int main()
{
  mat::CMaterialData MaterialData;
  ...
}
```

Die vollständige Beispielstruktur für *mat::SMaterialData* in der Datei „*SMaterialData.h*" ist nachstehend dargestellt.

```cpp
#ifndef SMaterialData_h
#define SMaterialData_h

#include "CreateStructMacros.h" // macros to create structure
#include "TypelistData.h"       // templates for typelist
#include "FileStream.h"         // file stream class definition

CREATE_STRUCT_KEY(MaterialDataType,          // name of typelist
                  SMaterialData,             // name of structure
                  mat,                       // name of namespace
                  m_,                        // name of prefix
                  1,                         // number of keys
             // atomic type  | typename
                  long,         MaterialId,// material id
                  char[32],     Name,      // name of material
                  char[16],     Unit,      // unit
                  float,        Price,     // price in EURO
                  long,         Count);    // count of material

CREATE_TYPELIST_INFO(MaterialDataInfoType,   // typelist
                     SMaterialData,          // structure name
                     mat,                    // namespace
//typename   | unit | comment               | min   | max
  MaterialId, "",    "material identification", 100000, 999999,
  Name,       "",    "name of material",             0,      0,
  Unit,       "",    "unit",                         0,      0,
  Price,      "EUR", "net price",                 0.01, 10000,
  Count,      "",    "count in unit of material",    0,      0);

namespace mat
{
  SETNAME(MaterialData, SMaterialData);

  STRUCTINFO(MaterialDataInfoType,
  "The structure SMaterialData includes the base material data.",
  "1.00",
  MaterialDataStructInfoType);

  typedef TTypelistDataInfo<SMaterialData,
                            MaterialDataType,
                            CFileStream,
                            GETNAME(MaterialData, SMaterialData),
                            MaterialDataStructInfoType
                          > CMaterialData;
}  // mat

#endif  // SMaterialData_h
```

6.7.4 Schreiben der Dokumentation für beliebige Generatoren

Das Prinzip der Dokumentation der generierten Strukturen besteht darin, für jede Struktur eine geeignete Datei mit den Strukturdefinition, sowie allen Kommentarzeilen anzulegen. Die Datei wird in einem gesonderten Verzeichnis gespeichert, um es dem jeweiligen Dokumentationsgenerator zugänglich zu machen.

Die Dokumentation soll für beliebige Generatoren möglich sein. Jedem Generatortyp wird hierfür ein eindeutiger Wert als Enumerator zugewiesen. In den folgenden Beispielen soll die Dokumentation für Doxygen [6] vorgestellt werden. Für alle anderen Generatoren gelten aber die gleichen Ansätze.

```
enum EDocType
{
  eDoxygen = 0,
  eXML,
  eXML_CLI
};
```

Die Verwaltungsklasse *TTypelistData* wird um die Methode *writeDocumentation* erweitert. Die generierte Datei zur Dokumentation soll sich im Verzeichnis befinden, die mit der Umgebungsvariablen *C++DocFolder* definiert wurde. Wenn diese Variable auf dem System nicht definiert ist, wird auch keine Dokumentationsdatei angelegt. Die Systemvariable dient somit auch als Schalter zum Erstellen der Dokumentation. Die Methode *writeDocumentation* führt für Doxygen folgende Aktionen der Reihe nach aus:

- Erzeugen des Dateinamens,
- Schreiben der Information wer und wann diese Datei generiert hat,
- Einfügen des Namensbereichs,
- Einfügen eines Kommentars und der Versionsnummer für die Struktur,
- Einfügen der Definition des Strukturnamens,
- Dokumentation aller Variablen der Struktur,
- Speichern der Datei.

```cpp
void writeDocumentation(const std::string &Path,
                        EDocType DocType = eDoxygen)
{
    const char *pChar = NULL;

#if defined (_WIN32)
    // get environment variable from system
    pChar = getenv("C++DocFolder");
#endif

    if (pChar != NULL)
    {
        std::string StructName = pChar;
        StructName += "\\" + Path + "\\" + TStruct::getStructname();

        switch (DocType)
        {
        case eDoxygen:
            StructName += ".h";
            std::ofstream out;
            out.open(StructName.c_str());
            if (out.is_open())
            {
                char buffer[64] = {0};
                time_t t = time(0);
                strftime(buffer, 64, "(%Y.%m.%d %X)", localtime(&t));
                buffer[63] = 0;
                out << "// This file was generated from TTypelistData "
                    << "for documentation only! "
                    << buffer << "\n\n\n";

                if (*TStruct::getNamespace() != 0)
                    out << "namespace " << TStruct::getNamespace()
                        << "\n{\n\n";
                if (m_Comment.size() > 0)
                {
                    strftime(buffer, 64, "%d-%b-%Y", localtime(&t));
                    buffer[63] = 0;

                    out << "/*!\n* \\brief   " << m_Comment.c_str();
                    if (m_Version.size() > 0)
                        out << "\n* \\version " << m_Version.c_str();

                    out << "\n* \\date    " << buffer << "\n*/\n\n";
                }

                out << "struct " << TStruct::getStructname() << "\n{\n";
                // write doc. for elements
                TParameter::writeDocumentation(out, DocType);
                out << "};  // " << TStruct::getStructname() << "\n";

                if (*TStruct::getNamespace() != 0)
                    out << "\n} // " << TStruct::getNamespace() << "\n";
                out << std::endl;
                out.close();
            }
            break;
            ...
        }
    }
}
```

Die Dokumentation der Variablen der Struktur erfolgt mit der Methode *writeDocumentation* der Klasse *TParameter*. Diese ruft als ersten die allgemeingültige Methode *writeDocumentationHead* auf, die oberhalb der Variablendeklaration die Zeilen für die Dokumentation der Variablen einfügt.

```
void writeDocumentation(std::ostream &out,
                        EDocType DocType = eDoxygen)
{
  writeDocumentationHead(out, DocType);

  switch (DocType)
  {
    case eDoxygen:
      out << "  " << std::left << std::setw(6)
          << typeid(Type).name() << " "
          << BaseClass::getPrefix() << m_Typename.c_str()
          << ";\n" << std::endl;
      break;
      ...
  }
  BaseClass::writeDocumentation(out, DocType);
}
```

Für eine Zeichenkette vom Typ *char[DIM]* ist es nicht möglich, über den Operator *typeid* den Typnamen korrekt zu bestimmen. Daher wird in der Spezialisierung der Klasse *TParameter* für den Typ *char[DIM]* eine eigene Implementierung der Methode *writeDocumentation* geschrieben.

```
void writeDocumentation(std::ostream &out,
                        EDocType DocType = eDoxygen)
{
  writeDocumentationHead(out, DocType);

  switch (DocType)
  {
    case eDoxygen:
      out << "  char   " << BaseClass::getPrefix()
          << m_Typename.c_str()
          << "[" << DIM << "]" << ";\n" << std::endl;
      break;
      ...
  }

  BaseClass::writeDocumentation(out, DocType);
}
```

Auch für Felder vom Typ *Type[DIM]* ist eine Spezialisierung notwendig, um mit *typeid* und der Feldgröße *DIM* den Typnamen korrekt zu beschreiben. Die Spezialisierung der Klasse *TParameter* für alle Felder vom Typ *Type[DIM]* sowie die Methode *writeDocumentation* könnte wie folgt aussehen:

```
template <typename Type, unsigned int DIM,
          const char* pTypename, bool bKey,
          typename Tail, typename TStruct, typename TSerialize>
class TParameter<Typelist<TDatatype<Type[DIM], pTypename, bKey
                                     >, Tail
                                   >, TStruct, TSerialize>
: public TParameterBase<Type[DIM], pTypename, bKey, Tail,
                         TStruct, TSerialize>
{
public:
  TParameter(void *pRefValue)
  : TParameterBase<Type[DIM], pTypename, bKey, Tail,
                   TStruct, TSerialize>(pRefValue)
  {};


  void writeDocumentation(std::ostream &out,
                          EDocType DocType = eDoxygen)
  {
    writeDocumentationHead(out, DocType);

    switch (DocType)
    {
      case eDoxygen:
        out << "   " << std::left << std::setw(6)
            << typeid(Type).name() << " "
            << BaseClass::getPrefix() << m_Typename.c_str()
            << "[" << DIM << "]"
            << ";\n" << std::endl;
        break;
      ...
    }
    BaseClass::writeDocumentation(out, DocType);
  }
};
```

Die bereits erwähnte Methode *writeDocumentationHead* befindet sich in der Basisklasse *TParameterBase*, weil die Dokumentation für alle Variablen typunabhängig ist.

```cpp
void writeDocumentationHead(std::ostream &out,
                            EDocType DocType = eDoxygen)
{
  switch (DocType)
  {
    case eDoxygen:
      if (m_Comment.size() > 0)
      {
        out << "   /*!\n  * \\brief " << m_Comment.c_str();
        if (m_bKey)
          out << " (key)";
        if (m_Unit.size() > 0)
        {
          out << " [" << m_Unit.c_str() << "]";
          if ((m_Minimum != 0.0) || (m_Maximum != 0.0))
            out << "\n  * - Minimum = " << m_Minimum << " "
                << m_Unit.c_str()
                << "\n  * - Maximum = " << m_Maximum << " "
                << m_Unit.c_str();
        }
        else
        {
          if ((m_Minimum != 0.0) || (m_Maximum != 0.0))
            out << "\n  * - Minimum = " << m_Minimum
                << "\n  * - Maximum = " << m_Maximum;
        }
        out << "\n  */\n";
      }
      else
      {
        out << "   /// " << m_Typename.c_str();
        if (m_bKey)
          out << " (key)";
        if (m_Unit.size() > 0)
          out << " [" << m_Unit.c_str() << "]";
        if ((m_Minimum != 0.0) || (m_Maximum != 0.0))
          out << " (" << m_Minimum << " ... "
              << m_Maximum << ")";
        out << "\n";
      }
      break;
    ...
  }
}
```

Das Erstellen der Dokumentationsdatei für eine generierte Struktur erfolgt durch den Aufruf der Methode *writeDocumentation* unter Angabe eines relativen Pfades und des Enumerators für den entsprechenden Dokumentationsgenerator. Im Beispiel wird die Datei für Doxygen generiert.

```
int main()
{
  mat::CMaterialData MaterialData;

  MaterialData.writeDocumentation("", eDoxygen);
  ...
};
```

Die generierte Datei sieht für Doxygen wie folgt aus:

```
// This file was generated from TTypelistData for documentation
only! (2014.05.11 21:46:09)


namespace mat
{

/*!
 * \brief   The structure SMaterialData includes the base
material data.
 * \version 1.00
 * \date    11-May-2014
 */

struct SMaterialData
{
  /*!
   * \brief material identification number (key)
   * - Minimum = 100000
   * - Maximum = 999999
   */
  long    m_MaterialId;

  /*!
   * \brief name of material
   * - Minimum = 100000
   * - Maximum = 999999
   */
  char    m_Name[32];

  /*!
   * \brief unit
   */
  char    m_Unit[16];

  /*!
   * \brief net price [EUR]
   * - Minimum = 0.01 EUR
   * - Maximum = 10000 EUR
   */
  float   m_Price;


  /*!
   * \brief count in unit of material
   */
  long    m_Count;

};  // SMaterialData

}  // mat
```

Literatur

1. Stroustrup, Bjarne. 2000. *Die C++ programmiersprache*. München: Addison-Wesley. ISBN 3-8273-1660-X.
2. Alexandrescu, Andrei. 2003. *Modernes C++ design*. Heidelberg: REDLINE GMBH. ISBN:978-3-8266-1347-0.
3. Czarnecki, Krzysztof, und Ulrich W. Eisenecker. 2000. *Generative programming*. Boston: Addision-Westley. ISBN 0-201-30977-7.
4. Veldhuizen, Todd. 2000. *Techniques for Scientific C++*. s.l.: Indiana University Computer Science, Technical report# 542.
5. Standard ECMA-372. 2005. *C++/CLI Language Specification*. Genf : s.n.
6. Dimitri van Heesch. 2013. Doxygen. [Online] [Cited: 31. 05. 2013.] www.doxygen.org.

Weitere Anwendungsbeispiele für generierte Strukturen

7

Die generierten Strukturen und die Typlisten nach Kap. 6 bilden die Grundlage für die weiteren Anwendungsmöglichkeiten. Im folgenden Kapitel wird zunächst gezeigt, wie die generierten Strukturen mit einer beliebigen Datenbank verbunden werden können. Danach wird die Generierung von graphischen Dialogen und deren Verknüpfung mit den Strukturen für *wxWidgets* (1) und *Qt* (2) vorgestellt. Diese zwei Anwendungsbeispiele sollen die vielfältigen Möglichkeiten in der weiteren Verwendung der generierten Strukturen aufzeigen.

7.1 Allgemeine Vorgehensweise

Die Typliste einer generierten Struktur ist die Basis für alle weiteren Anwendungen, weil sie die notwendigen Informationen über die Struktur enthält. Mit Hilfe der Typliste können, wie im Abschn. 6.4.2 gezeigt, Verwaltungsklassen generiert werden, die den Zugriff auf jede Membervariable ermöglichen.

Die Verwaltungsklasse *TTypelistData* aus Abschn. 6.4.2 stellt die Basis für die zusätzliche Funktionalität dar, weil sie das Objekt der Struktur als Membervariable *m_Data* anlegt.

© Springer-Verlag Berlin Heidelberg 2016
J. Lemke, *C++-Metaprogrammierung*, DOI 10.1007/978-3-662-48550-7_7

```
template <typename Struct, typename TList>
class TTypelistData : public tmp::TParameter<TList>
{
public:
  Struct m_Data;
  ...
};
```

Ein sehr einfacher Weg wäre es, die Klasse *TTypelistData* sowie die Klassen *TParameter* um die Funktionalität der gewünschten Anwendung zu erweitern. Dieses führt allerdings zu einem sehr aufgeblähten und unstrukturierten Programmcode, welches dem Konzept der generativen Softwareentwicklung widerspricht.

Besser wäre es, eine neue Verwaltungsklasse nach dem Muster von *TTypelistData* anzulegen mit dem Unterschied, dass diese Klasse nur noch auf die Struktur *m_Data* bzw. seiner Membervariablen verweist. Die Referenz auf die Struktur wird über den Konstruktor gesetzt. Die Verwaltungsklassen für die einzelnen Membervariablen der Struktur nach dem Muster von *TParameter* enthalten nur noch die zusätzliche Funktionalität. Die drei Punkte im Beispiel sollen andeuten, dass weiterer Source hinzugefügt werden kann.

```
template <typename Struct, typename TList, ...>
class TTypelistDataXX : public TParameterXX<TList>, ...
{
public:
  TTypelistDataXX(TStruct &Data, ...)
    : TParameterXX(reinterpret_cast<void*>(&Data)), ...
{
  ...
};
```

7.2   Generierung einer Datenbankschnittstelle

7.2.1   Verwaltungsklasse zur Datenbankanbindung

Die Generierung einer Datenbankschnittstelle hängt in erster Linie von der eingesetzten Datenbanksoftware ab. Im folgenden Abschnitt wird davon ausgegangen, dass die Datenbanksoftware in seiner Schnittstelle nur SQL-Befehle ausführt und ggf. Ergebnisse im Textformat zurückliefern kann. Eine allgemeine Interfaceklasse für die Kommunikation mit einer Datenbank könnte wie folgt aussehen:

```
enum EDatabaseType
{ eOracle, eMySQL, eSQLite };

class IDBAccess
{
protected:
  /// enumerator for database type
  EDatabaseType m_DatabaseType;

public:
  /// constructor
  IDBAccess(EDatabaseType DatabaseType)
  : m_DatabaseType(DatabaseType) {}

  /// destructor
  virtual ~IDBAccess() {}

  /// abstract methode to open the database
  virtual bool open(const std::string &DSN,
                    const std::string &UserId,
                    const std::string &Password) = 0;

  /// abstract methode to close the database
  virtual void close() = 0;

  /// abstract methode to check the open status
  virtual bool isOpen() const = 0;

  /// abstract methode to execute a sql statement
  virtual bool execSql(const std::string &SqlStatement) = 0;

  /// abstract method to add a sql statement
  virtual bool freeStatement() = 0;

  /// execute statement and return the firs result row
  virtual bool selectFirstRow(const std::string& WhereCondition,
                              std::vector<std::string>& Result)
                              = 0;

  /// return the next Row from a result set
  virtual bool selectNextRow(std::vector<std::string>& Result)
                             = 0;

  /// return the error message
  virtual std::string& getErrorMessage() = 0;
};
```

Von dieser Interfaceklasse können nun die jeweiligen konkreten datenbankabhängigen Zugriffsklassen abgeleitet werden.

```
class CSQLiteDBAccess : public IDBAccess
{...}

class CODBCDBAccess : public IDBAccess
{...}
```

Der konkrete Datenbanktyp wird als Templateargument *TDB* der Verwaltungsklasse *TTypelistDataDB* definiert. Im einfachsten Fall wird die Verwaltungsklasse *TTypelistDataDB* von *TParameterDB* und *TDB* abgeleitet.

```
template <typename TStruct, typename TList, typename TDB,
          const char* StructName, typename Info>
class TTypelistDataDB : public TParameterDB<TList, TStruct, Info
                                 >, public TDB
{
public:
  TTypelistDataDB(TStruct &Data, ...) // database parameter
  : TParameterDB(reinterpret_cast<void*>(&Data)),
    TDB(...)      // database parameter
{
...
};
```

Die Verbindung zur Datenbank kann aber auch als Referenz auf das Datenbankobjekt *TDB* erfolgen.

```
template <typename TStruct, typename TList, typename TDB,
          const char* StructName, typename Info>
class TTypelistDataDB
: public TParameterDB<TList, TStruct, Info>
{
private:
  TDB &m_DBAccess; // reference to database
public:
  TTypelistDataDB(TStruct &Data, TDB &DBAccess)
  : TParameterDB(reinterpret_cast<void*>(&Data)),
    m_DBAccess(TDB)
{
...
};
```

Die Mehrfachvererbung im oberen Beispiel hat den Vorteil, dass alle Methoden und Parameter der Basisklasse auch der abgeleiteten Klasse *TTypelistDataDB* zur Verfügung stehen und somit der Programmieraufwand geringer ist. Die Variante mit der Referenz auf *TDB* im unteren Beispiel hat den Vorteil in einer geringeren Abhängigkeit von Headerdateien, was das Kompilieren erleichtert. In den weiteren Anwendungen wird das Design der Mehrfachvererbung angewendet.

Das Templateargument *StructName* wird verwendet, um den Tabellennamen festzulegen. Das Argument *Info* wird für die Generierung eines Kommentars für die Tabelle verwendet. Dem Konstruktor wird eine Referenz auf die Struktur von *TStruct* als Parameter übergeben. Diese Referenz wird wiederum der Basisklasse *TParameterDB* zur Referenzierung auf die einzelnen Strukturelemente übergeben. Das Klassentemplate von *TTypelistDataDB* könnte wie folgt aussehen:

```
template <typename TStruct, typename TList, typename TDB,
          const char* StructName, typename Info>
class TTypelistDataDB
: public TParameterDB<TList, TStruct, Info>, public TDB
{
protected:
  /// name of structure
  std::string m_TableName;
  /// comment
  std::string m_Comment;
  /// version string
  std::string m_Version;

public:
  TTypelistDataDB(TStruct &Data)
  : TParameterDB(reinterpret_cast<void*>(&Data)),
    TDB()
  {
    m_TableName = StructName;
    // convert table name to upper case
    std::transform(m_TableName.begin(),
                   m_TableName.end(),
                   m_TableName.begin(),
                   toupper);
  }
  ...
};
```

Im folgenden Beispiel wird nach dem Einbinden der Materialdaten die Verwaltungsklasse für den Datenbankzugriff mit einer einfachen *typedef*-Anweisung definiert. Diese *typedef*-Anweisung kann auch schon in der Headerdatei von *SMaterialData.h* erfolgen. Das hat auf der einen Seite den Vorteil, dass mit dem Einbinden der Headerdatei bereits alle Typen definiert sind. Auf der anderen Seite handelt man sich den Nachteil einer Abhängigkeit zur Datenbank ein, was wiederum in anderen Quellcodeabschnitten unerwünscht sein kann.

Im Programm wird zuerst eine Instanz der Klasse *mat::CMaterialData* angelegt. Anschließend wird eine Instanz der Verwaltungsklasse *mat::CTypelistDataDB* erzeugt und die Referenz auf die Struktur von *SMaterialData* übergeben.

```
#include "SMaterialData.h"

namespace mat
{
  typedef TTypelistDataDB<SMaterialData,
                          MaterialDataType,
                          CSQLiteDBAccess,  // SQLite db access
                          GETNAME(MaterialData, SMaterialData),
                          MaterialDataInfoType>
          CTypelistDataDB;
}

int main()
{
  // create object of class material data
  mat::CMaterialData   MaterialData;
  // create database connection to material data
  mat::CTypelistDataDB TypelistDataDB(MaterialData.m_Data);
...
};
```

7.2.2   Anlegen einer Datenbanktabelle

Nachdem nun die Verwaltungsklasse für den Datenbankzugriff angelegt wurde, muss diese noch mit Leben gefüllt werden. Eine erste typische Anwendung ist das Anlegen einer Datenbanktabelle mit der *create table*-Anweisung. Dieser Anwendungsfall soll beispielhaft für viele weitere generierte *sql*-Anweisungen dienen.

Die *create table*-Anweisung für das Beispiel der Materialdaten sieht wie folgt aus:

```
CREATE TABLE MATERIALDATA
(
MaterialId INTEGER NOT NULL,
Name VARCHAR2(32),
Unit VARCHAR2(16),
Price REAL,
Count INTEGER,
CONSTRAINT PK_MATERIALDATA PRIMARY KEY (MaterialId)
);
```

Die *sql*-Anweisung enthält sowohl strukturabhängige als auch strukturunabhängige Elemente. Die strukturunabhängigen Elemente sind die *create table*-Anweisung, die *constraint* Anweisung zur Definition der Schlüssel, sowie der Tabellenname. Diese Elementinformationen sind in der Verwaltungsklasse *TTypelistDataDB* bekannt. Die strukturabhängigen Elemente sind die Typen und die Namen der einzelnen Membervariablen der Struktur. Somit werden für das Erzeugen der *create table*-Anweisung Methoden in der Verwaltungsklasse und in der Basisklasse benötigt.

In der Verwaltungsklasse *TTypelistDataDB* wird die Methode *createTable()* definiert. Diese legt einen String für die *sql*-Anweisung an und füllt diesen mit der Anweisung:

„*CREATE TABLE MATERIALDATA*". Anschließen wird die Methode *createTableStatementString* der Basisklasse von *TParameterDB* für alle Strukturelemente, die Schlüsselelemente sind, aufgerufen, um diese an den Anfang der Tabelle zu stellen. Danach folgen alle Nicht-Schlüsselelemente. Am Ende der *sql*-Anweisung werden nochmals alle Schlüsselelemente für die *constraint primary key*-Anweisung hinzugefügt. Zum Schluss erfolgt der Aufruf der Methode *execSql* der Datenbank-Zugriffsklasse, um die *sql*-Anweisung auszuführen.

```cpp
/// create table in database
bool createTable()
{
  std::string CreateTableString("CREATE TABLE ");
  CreateTableString += m_TableName;
  CreateTableString += "(";

  if (createTableStatementString(CreateTableString,
                                 true, false))
  {
    if (createTableStatementString(CreateTableString,
                                   false, false))
    {
      CreateTableString += " CONSTRAINT PK ";
      CreateTableString += m_TableName;
      CreateTableString += " PRIMARY KEY (";

      if (createTableStatementString(CreateTableString,
                                     true, true))
      {
        CreateTableString += "));";
        return (execSql(CreateTableString));
      }
    }
  }

  return (false);
}
```

Die Basisklasse *TParameterDB* enthält alle Membervariablen und Funktionen, die zur Verwaltung der Strukturelemente notwendig sind. Die Methode *createTableStatementString* ist ähnlich rekursiv aufgebaut, wie alle anderen Methoden der Klasse auch. Am Ende der Methode wird wiederum die Methode der Basisklasse aufgerufen. Der Parameter *Key* legt fest, ob das Element in die Anweisung hinzugefügt werden soll. Der Parameter *Constraint* definiert, ob die Schlüsselelemente am Ende in die *constraint primary key*-Anweisung eingefügt werden sollen.

Wie auch schon in *TParameter* wird für Zeichenketten eine eigene Spezialisierung der Klasse *TParameterDB* vorgenommen. Die Methode *createTableStatementString* für Zeichenketten sieht wie folgt aus:

```
template <unsigned int DIM, const char* pTypename, bool bKey,
          typename Tail, typename TStruct, const char* Unit,
          const char *Comment, int Minimum, int Maximum,
          int Exponent, typename TailInfo>
class TParameterDB<Typelist<TDatatype<char[DIM], pTypename, bKey
                                >, Tail>, TStruct,
                   Typelist<TDatatypeInfo<pTypename, Unit,
                                          Comment, Minimum,
                                          Maximum, Exponent
                                >, TailInfo> >
: public TParameterDB<Tail, TStruct, TailInfo>
...
{
protected:
  bool createTableStatementString(std::string &CreateTable,
                                  const bool Key,
                                  const bool Constraint)
  {
    if (Constraint)
    {
      if (m_bKey)
      {
        CreateTable += m_Typename;
        CreateTable += ",";
      }
    }
    else if (Key == m_bKey)
    {
      std::stringstream Stream;
      Stream << m_Typename.c_str() <<" VARCHAR2(" << DIM << ")";

      if (m_bKey)
        Stream << " NOT NULL";
      Stream << ", ";

      CreateTable += Stream.str();
    }

    return (BaseClass::createTableStatementString(
            CreateTable, Key, Constraint));
  }
...
};
```

Für alle übrigen Typen wird im folgenden Beispiel keine weitere Spezialisierung vorgenommen. Der jeweilige Parametertyp wird über die Metafunktion *TIs-FloatingPoint<Type>::Ret* aus Abschn. 4.2 ermittelt.

```
template <typename Type, const char* pTypename, bool bKey,
          typename Tail typename TStruct, const char* Unit,
          const char *Comment, int Minimum, int Maximum,
          int Exponent, typename TailInfo>
class TParameterDB<Typelist<TDatatype<Type, pTypename, bKey
                                       >, Tail>, TStruct,
                   Typelist<TDatatypeInfo<pTypename, Unit,
                                          Comment, Minimum,
                                          Maximum, Exponent
                                          >, TailInfo> >
: public TParameterDB<Tail, TStruct, TailInfo>
{
...
protected:
  bool createTableStatementString(std::string &CreateTable,
                                  const bool Key,
                                  const bool Constraint)
  {
    if (Constraint)
    {
      if (m_bKey)
      {
        CreateTable += m_Typename;
        CreateTable += ",";

      }
    }
    else if (Key == m_bKey)
    {
      CreateTable += m_Typename;

      if (TIsFloatingPoint<Type>::Ret)
        CreateTable += " REAL";
      else
        CreateTable += " INTEGER";

      if (m_bKey)
        CreateTable += " NOT NULL";
      CreateTable += ", ";
    }

    return (BaseClass::createTableStatementString(CreateTable,
                                                  Key,
                                                  Constraint));
  }
...
};
```

Die Rekursion wird in der Basisklasse *TParameterDB* für den Typ *NullType* beendet.

```
template <typename Type, typename TStruct, typename Info>
class TParameterDB;

template <typename TStruct, typename Info>
class TParameterDB<NullType, TStruct, Info>
{
...
protected:
  bool createTableStatementString(std::string &CreateTable,
                                  const bool Key,
                                  const bool Constraint)
  {
    if (Constraint)
      // delete last comma
      CreateTable.resize(CreateTable.size()-1);

    return (true);
  }
...
}
```

Das Anlegen der Tabelle kann nun getestet werden. Zuvor sollte aber die Datenbank initialisiert und geöffnet werden.

```
#include "SMaterialData.h"

namespace mat
{
  typedef TTypelistDataDB<SMaterialData,
                          MaterialDataType,
                          CSQLiteDBAccess,  // SQLite db access
                          GETNAME(MaterialData, SMaterialData),
                          MaterialDataInfoType>
             CTypelistDataDB;
}

int main()
{
  // create object of class material data
  mat::CMaterialData    MaterialData;
  // create database connection to material data
  mat::CTypelistDataDB TypelistDataDB(MaterialData.m_Data);

  TypelistDataDB.setDataSource("Test.db");
  TypelistDataDB.open();
  TypelistDataDB.createTable();
...
}
```

7.2.3 Lesen und Schreiben von Daten

Das Schreiben von Daten in die Datenbank mit der *insert*-Anweisung erfolgt analog zum
Anlegen einer Tabelle. Die Methode *insert()* der Verwaltungsklasse *TTypelistDataDB*
sieht wie folgt aus:

```cpp
// insert data
bool insert()
{
  std::string InsertString("insert into ");
  InsertString += m_TableName;
  InsertString += " values (";

  if (createInsertString(InsertString))
  {
    InsertString += ");";
    return (execSql(InsertString));
  }

  return (false);
}
```

In der Spezialisierung der Klasse *TParameterDB* für Zeichenketten muss der Wert in
Hochkommas eingeschlossen werden.

```cpp
bool createInsertString(std::string &InsertString)
{
  InsertString += "'";
  InsertString += m_RefValue;
  InsertString += "'";
  InsertString += ",";

  return (BaseClass::createInsertString(InsertString));
}
```

Für alle anderen Typen kann die *convertToString* Methode aus Abschn. 5.1.1
verwendet werden, um die Zahlen in Zeichenketten umzuwandeln.

```cpp
bool createInsertString(std::string &InsertString)
{
  char Buffer[32];
  int Length = lgr::convertToString(m_RefValue, Buffer);
  Buffer[Length]   = ',';
  Buffer[Length+1] = 0;
  InsertString += Buffer;

  return (BaseClass::createInsertString(InsertString));
}
```

Die Spezialisierung für den *NullType* beendet die Rekursion. Da beim Einfügen der Werte immer ein Komma folgt, muss das letzte Komma am Ende der Anweisung wieder entfernt werden.

```cpp
bool createInsertString(std::string &InsertString)
{
  // delete last comma
  InsertString.resize(InsertString.size()-1);

  return (true);
}
```

Das Lesen von Daten aus der Datenbank ist etwas komplexer, da zuerst die *select*-Anweisung erzeugt und anschließend der Ergebnisstring wieder in die Strukturelemente zurückkopiert werden muss. In der Verwaltungsklasse *TTypelistDataDB* sieht die Methode *select()* wie folgt aus:

```cpp
bool select()
{
  std::string SelectString("select * from ");
  SelectString += m_TableName;
  SelectString += " where ";

  if (createWhereString(SelectString))
  {
    SelectString += ";";

    std::vector<std::string> Result;
    if (selectFirstRow(SelectString, Result))
    {
      std::vector<std::string>::iterator Iterator =
                                    Result.begin();
      setResults(Iterator);
    }
  }

  return (false);
}
```

Die Methode *createWhereString* kopiert nur dann Werte in die *where* Bedingung, wenn das Element auch ein Schlüsselelement ist. In der Spezialisierung der Klasse *TParameterDB* für Zeichenketten wird der Wert in Hochkommas eingeschlossen werden.

```
bool createWhereString(std::string &WhereString)
{
  if (m_bKey)
  {
    WhereString += m_Typename;
    WhereString += "='";
    WhereString += m_RefValue;
    WhereString += "'";
    WhereString += ",";
  }

  return (BaseClass::createWhereString(WhereString));
}
```

Für alle anderen Typen wird die Zahl wieder mit der Methode *convertToString()* in eine Zeichenkette umgewandelt, wenn es sich um ein Schlüsselelement handelt.

```
bool createWhereString(std::string &WhereString)
{
  if (m_bKey)
  {
    char Buffer[32];
    int Length = lgr::convertToString(m_RefValue, Buffer);
    Buffer[Length]   = ',';
    Buffer[Length+1] = 0;

    WhereString += m_Typename;
    WhereString += "=";
    WhereString += Buffer;
  }

  return (BaseClass::createWhereString(WhereString));
}
```

Die Spezialisierung für den *NullType* beendet wie gewohnt die Rekursion.

```
bool createWhereString(std::string &WhereString)
{
  // delete last comma
  WhereString.resize(WhereString.size()-1);

  return (true);
}
```

Die Methode *selectFirstRow(…)* der Datenbankzugriffsklasse führt die sql-Anweisung aus. In der Regel stellen die Zugriffsklassen auf Datenbanken Methoden zur Verfügung, um auf die Ergebnisse für jedes einzelne Element zugreifen zu können. Im vorliegenden Beispiel kopiert die Datenbankklasse die Ergebnisse der Reihe nach in einen Vektor von Strings.

```
std::vector<std::string> Result;
if (selectFirstRow(SelectString, Result))
{
  std::vector<std::string>::iterator Iterator =Result.begin();
  setResults(Iterator);
}
```

Die Ergebnisstrings im Vektor müssen nun wieder den einzelnen Strukturelementen zugewiesen werden. Am einfachsten ist es, hierfür einen Iterator zu verwenden, der am Anfang auf *begin()* gesetzt wird. Anschließend wird die Methode *setResults(Iterator)* der Basisklasse *TParameterDB* aufgerufen. In der Spezialisierung für Zeichenketten wird der Inhalt, auf den der Iterator zeigt, mit der Anweisung *strncpy* in die Variable kopiert. Die Dimension *DIM* stellt sicher, dass nicht zu viele Zeichen kopiert werden können.

```
bool setResults(std::vector<std::string>::iterator &Iterator)
{
  strncpy(m_RefValue, (*Iterator).c_str(), DIM);

  return (BaseClass::setResults(++Iterator));
}
```

Für alle Zahlen erfolgt die Konvertierung des Strings zu einer Zahl mit der Klasse *std:: stringstream*.

```
bool setResults(std::vector<std::string>::iterator &Iterator)
{
  std::stringstream Stream;
  Stream << *Iterator;
  Stream >> m_RefValue;

  return (BaseClass::setResults(++Iterator));
}
```

Zum Schluss kann noch einmal das Anlegen der Tabelle, das Schreiben und das Lesen der Daten getestet werden. Eine Typliste, eine Verwaltungsklasse für Typlisten sowie eine einfache *typedef* Anweisung reichen aus, um die Kommunikation der Struktur mit einer Datenbank zu ermöglichen.

```
#include "SMaterialData.h"

namespace mat
{
typedef TTypelistDataDB<SMaterialData, MaterialDataType,
                        CSQLiteDBAccess,
                        GETNAME(MaterialData, SMaterialData),
                        MaterialDataInfoType
                        > CTypelistDataDB;
}

int main()
{
  // create object of class material data
  mat::CMaterialData    MaterialData;
  // create database connection to material data
  mat::CTypelistDataDB TypelistDataDB(MaterialData.m_Data);
  TypelistDataDB.setDataSource("Test.db");
  TypelistDataDB.open();

  TypelistDataDB.createTable();

  MaterialData.m_Data.m_MaterialId = 66;
  strcpy(MaterialData.m_Data.m_Name, "Tube");
  strcpy(MaterialData.m_Data.m_Unit, "m");
  MaterialData.m_Data.m_Price = 11.2f;
  MaterialData.m_Data.m_Count = 13;
  TypelistDataDB.insert();

  memset(&MaterialData.m_Data, 0, sizeof(MaterialData.m_Data));

  MaterialData.m_Data.m_MaterialId = 66;
  TypelistDataDB.select();

  TypelistDataDB.close();
...
};
```

7.2.4   Ausblick auf erweiterte Funktionalitäten

Zugegeben, das Beispiel im vorherigen Kapitel ist sehr einfach gehalten und muss noch vervollständigt werden. Aber es zeigt, wie einfach es ist, mit Referenzen auf die einzelnen Elemente einer beliebigen generierten Struktur zu arbeiten. Es gibt eine Reihe von mächtigen Bibliotheken zur Datenbankanbindung, die nur noch die Referenzen und einige Typinformationen von Elementen einer Struktur benötigen. Auch diese Softwaresysteme lassen sich mit den Verwaltungsklassen sehr einfach initialisieren.

Mit der Spezialisierung der Basisklasse *TParameterDB* besteht auch die Möglichkeit, ein- oder mehrdimensionale Felder verwalten zu können, obwohl Datenbanken in der Regel keine Felder unterstützen. Die Felder können in der Spezialisierung in viele Einzelwerte aufgelöst und verwaltet werden. Im folgenden Beispiel wird eine Spezialisierung für ein beliebiges Feld vom Typ *Type[DIM]* vorgestellt. Da es für Zeichenketten mit *char[DIM]* bereits eine Spezialisierung gibt, gilt die Spezialisierung für *Type[DIM]* nur für Felder von Zahlen. In der Methode *createTableStatementString* wird dem Elementnamen eine laufende Nummer angefügt.

```
template <typename Type, unsigned int DIM,
          const char* pTypename, bool bKey,
          typename Tail, typename TStruct,
          const char* Unit, const char *Comment,
          int Minimum, int Maximum,
          int Exponent, typename TailInfo>
class TParameterDB<Typelist<TDatatype<Type[DIM], pTypename, bKey
                                      >, Tail>, TStruct,
                   Typelist<TDatatypeInfo<pTypename, Unit,
                                          Comment, Minimum,
                                          Maximum, Exponent
                                          >, TailInfo> >
: public TParameterDB<Tail, TStruct, TailInfo>
{
...
protected:
  bool createTableStatementString(std::string &CreateTable,
                                  const bool Key,
                                  const bool Constraint)
  {
    if (Constraint)
    {
      if (m_bKey)
      {
        std::ostringstream Stream;
        for (unsigned int i=0; i<DIM; i++)
        {
          Stream << m_Typename.c_str() << i+1 << ",";
        }
        CreateTable += Stream.str();
      }
    }
    else if (Key == m_bKey)
    {
      if (Key == m_bKey)
      {
        std::ostringstream Stream;
        for (unsigned int i=0; i<DIM; i++)
        {
          Stream << m_Typename.c_str() << i+1;
          if (TIsFloatingPoint<Type>::Ret)
            Stream << " REAL";
          else
            Stream << " INTEGER";

          if (m_bKey)
            Stream << " NOT NULL";
          Stream << ", ";
        }
        CreateTable += Stream.str();
      }
    }

    return (BaseClass::createTableStatementString(CreateTable, Key, Constraint));
  }
...
};
```

Im folgenden Beispiel wird der Typ der Variablen *Price* auf ein Feld von zwei Gleitkommazahlen erweitert.

```
CREATE_STRUCT_5(
        MaterialDataType,              // name of typelist
        SMaterialData,                 // name of structure
        mat,                           // name of namespace
        m_,                            // name of prefix
     // atomic type  | typename  | key
        long,          MaterialId, true,    // material id
        char[32],      Name,       false,   // name of material
        char[16],      Unit,       false,   // unit
        float[2],      Price,      false,   // price in EURO
        long,          Count,      false);  // count of material
```

Die generierte *create table*-Anweisung sieht dann wie folgt aus:

```
CREATE TABLE MATERIALDATA
(
MaterialId INTEGER NOT NULL,
Name VARCHAR2(32),
Unit VARCHAR2(16),
Price1 REAL, Price2 REAL,
Count INTEGER,
CONSTRAINT PK_MATERIALDATA PRIMARY KEY (MaterialId)
);
```

Die gleiche Spezialisierung muss auch für alle weiteren Methoden durchgeführt werden.

7.3   Generierung einer Visualisierung

Neben der Möglichkeit, Daten in einer Datenbank ablegen zu können, besteht auch häufig die Notwendigkeit, die Daten für den Anwender in Form von Dialogen sichtbar zu machen. In diesem Abschnitt wird gezeigt, wie Dialoge in *wxWidgets* und *Qt* mit Typlisten und Verwaltungsklassen generiert werden können. Der Vorteil in der Generierung von Dialogen mit Typlisten liegt darin, dass die Dialoge bereits zur Kompilationszeit erstellt werden können. Demgegenüber müssen Dialoge in verwaltetem Code (managed code) erst zur Laufzeit geparst und dann generiert werden. Ein Flackern bzw. zeitlicher Versatz beim Aufbau der Dialoge ist die Folge. Aber auch mit C++/CLI und verwaltetem Code kann der hier vorgestellte Generator eingesetzt werden.

7.3.1   Generierung von graphischen Dialogen mit wxWidgets

Für *wxWidgets* [1] wird eine Verwaltungsklasse nach dem Muster von *TTypelistData* angelegt. Die Verwaltungsklasse für *wxWidgets TwxDialogData* ist sowohl von *wxDialog* als auch von der Basisklasse *TwxDialogParameter* abgeleitet. Der Konstruktor von

TwxDialogData wurde um alle notwendigen Parameter der Klasse *wxDialogs* erweitert, die dann auch der Basisklasse übergeben werden. Die Methode *initDialog* initialisiert den Dialog mit allen Dialogelementen.

```
template <typename TStruct, typename TList,
         const char* StructName, typename Info>
class TwxDialogData
: public wxDialog ,
  public TwxDialogParameter<TList,TStruct,Info>
{
protected:
  /// name of structure
  const std::string m_StructName;

public:
  TwxDialogData(TStruct        &Data,
                wxWindow       *pParent,
                wxWindowID     id,
                const wxString &title,
                const wxPoint  &pos  = wxDefaultPosition,
                const wxSize   &size = wxDefaultSize,
                long   style         = wxDEFAULT_DIALOG_STYLE |
                                       wxRESIZE_BORDER,
                const wxString &name = wxDialogNameStr)
  : wxDialog(pParent, id, title, pos, size, style, name),
    TwxDialogParameter(reinterpret_cast<void*>(&Data)),
    m_StructName(StructName != NULL ? StructName : "NotDefined")
  {
    initDialog(); // initialize the dialog
    load();       // copy parameter into edit elements
  }

private:
  void initDialog()
  {
    wxBoxSizer *pMainSizer = new wxBoxSizer(wxVERTICAL);
    wxBoxSizer *pBoxSizer  = new wxStaticBoxSizer(wxVERTICAL,
                                                  this,
                          wxString(m_StructName.c_str()));
    wxFlexGridSizer *pGridSizer = new wxFlexGridSizer(3);
    addDialogComponent(this, pGridSizer);
    pBoxSizer->Add(pGridSizer, 0, wxALL, 5);
    pMainSizer->Add(pBoxSizer, 0, wxALL, 5);

    wxStdDialogButtonSizer *pButtons =
                            new wxStdDialogButtonSizer();
    pButtons->AddButton(new wxButton(this, wxID_OK));
    pButtons->AddButton(new wxButton(this, wxID_CANCEL));
    pButtons->Realize();

    pMainSizer->Add(pButtons, 0, wxALL, 5);
    SetSizer(pMainSizer);
    pBoxSizer->SetSizeHints(this);
  }
};
```

Die Basisklasse *TwxDialogParameter* ist wieder nach dem Muster von *TParameter* aufgebaut. Da die Dialogelemente von *wxWidgets* die Streamoperatoren unterstützen, ist eine Spezialisierung für Zeichenketten nicht erforderlich.

```
template <typename Type, const char* pTypename, bool bKey,
          typename Tail, typename TStruct, const char* Unit,
          const char *Comment, int Minimum, int Maximum,
          int Exponent, typename TailInfo>
class TwxDialogParameter<Typelist<TDatatype<Type, pTypename,
                                                bKey>, Tail
                         >, TStruct,
       Typelist<TDatatypeInfo<pTypename, Unit, Comment,
                              Minimum, Maximum, Exponent>,
                TailInfo> >
: public TwxDialogParameter<Tail, TStruct, TailInfo>
{
...
private:
  wxTextCtrl *m_pTextCtrl;

public:
  TwxDialogParameter(void *RefValue)
  : BaseClass(reinterpret_cast<void*>(RefValue)),
    ...
    m_pTextCtrl(NULL)
  {}

  void addDialogComponent(wxWindow *pParent, wxSizer *pSizer)
  {
    std::string Text = m_Typename + ":";
    wxStaticText *pStaticText = new wxStaticText(pParent,
                                                 wxID_ANY,
                                                 Text.c_str());
    pSizer->Add(pStaticText, 0, wxALIGN_CENTRE_VERTICAL, 5);

    if (NULL == m_pTextCtrl)
    {
      m_pTextCtrl = new wxTextCtrl(pParent,
                                   wxID_ANY, wxEmptyString);
      m_pTextCtrl->SetBackgroundColour(wxColour(0xE0,0xFF,0xE0));
      pSizer->Add(m_pTextCtrl, 0, wxALL, 2);
    }
    pStaticText = new wxStaticText(pParent,
                                   wxID_ANY,
                                   m_Unit.c_str());
    pSizer->Add(pStaticText, 0, wxALIGN_CENTRE_VERTICAL, 5);

    BaseClass::addDialogComponent(pParent, pSizer);
  }

  void load()
  {
    m_pTextCtrl->Clear();
    (*m_pTextCtrl) << m_RefValue;
    BaseClass::load();
  }

  void update()
  {
    std::stringstream Stream;
    Stream << m_pTextCtrl->GetValue().c_str();
    Stream >> m_RefValue;
    BaseClass::update();
  }
};
```

Auch für die Klasse *TwxDialogParameter* muss eine Spezialisierung für den *NullType* definiert werden, damit die Rekursionen beendet werden können.

```
template <typename Type, typename TStruct, typename Info>
class TwxDialogParameter;

template <typename TStruct, typename Info>
class TwxDialogParameter<NullType, TStruct, Info>
{
public:
  TwxDialogParameter(void *pRefValue)
  {}

  void addDialogComponent(wxWindow *pParent, wxSizer *pSizer)
  {}

  void load()
  {}

  void update()
  {}
};
```

Die Methode *addDialogComponent(...)* fügt alle notwendigen Dialogelemente ein. Zu Beginn wird ein statischer Text mit dem Namen des Parameters und einem Doppelpunkt eingefügt. Anschließend folgt ein Element vom Typ *wxTextCtrl*, in das der Wert des Parameters später eingetragen wird. Zum Schluss wird ein statischer Text mit der Einheit eingefügt. Die Methoden *load()* bzw. *update()* kopieren den Wert des Parameters in das Textfeld oder kopieren es vom Textfeld zurück in den Parameter. Der Dialog wird mit einer *typdef*-Anweisung wie gewohnt definiert.

```
#include "SMaterialData.h"

namespace mat
{
  typedef TwxDialogData<SMaterialData,
                        MaterialDataType,
                        GETNAME(MaterialData, SMaterialData),
                        MaterialDataInfoType>
          wxMaterialDataDialog;
}
```

In der Anwendung muss wieder zuerst die Struktur oder die Verwaltungsklasse der Struktur angelegt werden, bevor die Dialogklasse selbst mit der Referenz auf die Struktur angelegt und initialisiert werden kann. Wenn der Dialog benutzt werden soll, müssen mit der Methode *load()* zuerst die Daten der Struktur in die entsprechenden Dialogfelder kopiert werden. Anschließend wird der Dialog mit *ShowModel* dargestellt. Die im Dialog geänderten Daten werden nach dem Drücken von OK mit der Methode *update()* wieder zurück in die jeweiligen Parameter kopiert.

Abb. 7.1 Materialdaten-
Dialog in wxWidgets

```
mat::CMaterialData MaterialData;

pMaterialDataDialog = new mat::wxMaterialDataDialog(
                        MaterialData.m_Data,
                        this, 12, _T("Generated Dialog")));
...
pMaterialDataDialog->load();
if (pMaterialDataDialog->ShowModal() == wxID_OK)
  pMaterialDataDialog->update();
```

Der generierte Dialog in *wxWidgets* ist in Abb. 7.1 dargestellt.

7.3.2 Generierung von graphischen Dialogen mit Qt

In *Qt* [2] wird die Verwaltungsklasse *TQtDialogData* von *QDialog* und von *TQtDialog-Parameter* abgeleitet. Der Sourcecode ist aber identisch aufgebaut wie bei *wxWidgets*. Nur die Methode *update()* muss noch einmal separat definiert werden, weil auch die Klasse *QDialog* eine Methode *update* zur Verfügung stellt, die jedoch hier nicht verwendet werden soll.

```
template <typename TStruct, typename TList,
          const char* StructName, typename Info>
class TQtDialogData
: public QDialog , public TQtDialogParameter<TList,TStruct,Info>
{
protected:
  /// name of structure
  const std::string m_StructName;

public:
  TQtDialogData(TStruct          &Data,
                QWidget          *pParent,
                const char       *pName)
  : QDialog(pParent, pName),
    TQtDialogParameter(reinterpret_cast<void*>(&Data)),
    m_StructName(StructName != NULL ? StructName : "NotDefined")
  {
    initDialog(); // initialize the dialog
    load();       // copy parameter into edit elements
  }

  void update()
  {
    TQtDialogParameter<TList, TStruct, Info>::update();

  }

private:
  void initDialog()
  {
    std::string String = m_StructName;
    String += " - Dialog";
    setCaption(String.c_str());

    QGridLayout *pGridLayout = new QGridLayout();
    pGridLayout->setMargin(11);
    pGridLayout->setSpacing(6);

    addDialogComponent(this, pGridLayout);

    QPushButton *pOKButton     = new QPushButton(tr("O&K"),
                                                 this);
    QPushButton *pCancelButton = new QPushButton(tr("C&ancel"),
                                                 this);

    QHBoxLayout *pButtonLayout = new QHBoxLayout();
    pButtonLayout->addWidget(pOKButton);
    pButtonLayout->addWidget(pCancelButton);

    QVBoxLayout *pMainLayout = new QVBoxLayout(this);
    pMainLayout->addLayout(pGridLayout);
    pMainLayout->addLayout(pButtonLayout);
  }
};
```

Die Basisklasse von *TQtDialogParameter* kann wie folgt aussehen.

```cpp
template <typename Type, const char* pTypename, bool bKey,
         typename Tail, typename TStruct, const char* Unit,
         const char *Comment, int Minimum,
         int Maximum, int Exponent, typename TailInfo>
class TQtDialogParameter<Typelist<TDatatype<Type, pTypename,
                                             bKey>, Tail
                         >, TStruct,
      Typelist<TDatatypeInfo<pTypename, Unit, Comment,
                             Minimum, Maximum, Exponent>,
               TailInfo> >
: public TQtDialogParameter<Tail, TStruct, TailInfo>
{
...
private:
  QLineEdit  *m_pLineEdit;
public:
  TQtDialogParameter(void *RefValue)
   : BaseClass(reinterpret_cast<void*>(RefValue)),
     ...
     m_pLineEdit(NULL)
  {}

void addDialogComponent(QWidget*pParent,
                        QGridLayout *pGridLayout)
{
  if (NULL == m_pLineEdit)
  {
    unsigned int Row = pGridLayout->numRows();
    if ((pGridLayout->numCols() <= 1) && (Row > 0))
      Row--;
    std::string Text = m_Typename + ":";
    QLabel *pTypename = new QLabel(Text.c_str(), pParent);
    m_pLineEdit = new QLineEdit(pParent);
    pTypename->setBuddy(m_pLineEdit);
    QLabel *pUnit = new QLabel(m_Unit.c_str(), pParent);

    QHBoxLayout *pHBoxLayout = new QHBoxLayout();
    pHBoxLayout->addWidget(pTypename);
    pGridLayout->addLayout(pHBoxLayout, Row, 0);

    pHBoxLayout = new QHBoxLayout();
    pHBoxLayout->addWidget(m_pLineEdit);
    pGridLayout->addLayout(pHBoxLayout, Row, 1);

    pHBoxLayout = new QHBoxLayout();
    pHBoxLayout->addWidget(pUnit);
    pGridLayout->addLayout(pHBoxLayout, Row, 2);
  }
  BaseClass::addDialogComponent(pParent, pGridLayout);
}

void load()
{
  if (NULL != m_pLineEdit)
  {
    std::stringstream Stream;
    Stream << m_RefValue;

    m_pLineEdit->clear();
    m_pLineEdit->setText(Stream.str().c_str());
  }
  BaseClass::load();
}

void update()
{
  std::stringstream Stream;
  Stream << m_pLineEdit->text();
  Stream >> m_RefValue;

  BaseClass::update();
}
};
```

Abb. 7.2 Materialdaten-
Dialog in *Qt*

Auch der *Qt*-Dialog für die Materialdaten wird mit einer *typedef*-Anweisung definiert.

```
namespace mat
{
  typedef TQtDialogData<SMaterialData,
                        MaterialDataType,
                        GETNAME(MaterialData, SMaterialData),
                        MaterialDataInfoType>
          QtMaterialDataDialog;
}
```

Der *Qt*-Dialog kann nun mit einem einfachen Testprogramm getestet werden.

```
int main(int argc, char *argv[])
{
  QApplication app(argc, argv);

  mat::CMaterialData MaterialData;
  MaterialData.m_Data.m_MaterialId = 66;
  strcpy(MaterialData.m_Data.m_Name, "Tube");
  strcpy(MaterialData.m_Data.m_Unit, "m");
  MaterialData.m_Data.m_Price = 11.2f;
  MaterialData.m_Data.m_Count = 13;

  mat::QtMaterialDataDialog *pMaterialDataDialog =
    new mat::QtMaterialDataDialog(MaterialData.m_Data, NULL,
                                  "TestDialog");
  app.setMainWidget(pMaterialDataDialog);

  pMaterialDataDialog->load();
  pMaterialDataDialog->exec();
  pMaterialDataDialog->update();
  ...
}
```

Der generierte Dialog in *Qt* ist in der Abb. 7.2 dargestellt.

Literatur

1. wxWidgets. 2015. wxWidgets. https://www.wxwidgets.org/docs/. Zugegriffen am 31. 04. 2015.
2. Qt. 2015. Qt documentation Qt 4.8. http://doc.qt.io/qt-4.8/. Zugegriffen am 31. 04. 2015.

Sicheres Rechnen mit Einheiten

8

Das Rechnen mit physikalischen Größen erfordert eine korrekte Berücksichtigung der Einheiten. Es sollte heute mit der modernen Softwaretechnik kein Problem mehr sein, unterschiedliche Einheitensysteme zu verwenden und untereinander sicher zu konvertieren.

In diesem Kapitel werden templatebasierte Ansätze zur Realisierung von unterschiedlichen, dem jeweiligen Anwendungsgebiet angepassten, Einheitensystemen vorgestellt. Die Definition der Einheit erfolgt dabei über Templateargumente, um die Einheitenrechnung bereits zur Kompilationszeit durch den Compiler durchführen zu können. Damit geht die Einheitenrechnung kaum zu Lasten der Performance. Neben den einfachen, templatebasierten Ansätzen wird auch ein flexibles Einheitensystem über Typlisten vorgestellt. Es wird für alle Einheitensysteme gezeigt, wie sie sich untereinander frei und sicher konvertieren lassen.

8.1   Vorbetrachtungen

Physikalische Größen sind in der Regel einheitenbehaftet und müssen korrekt berücksichtig werden. In der Metaprogrammierung erfolgt die Einheitenrechnung und -prüfung vom Compiler zur Übersetzungszeit. Fehler werden vom Compiler sofort erkannt und können somit zukünftig nicht mehr zu Laufzeitfehlern führen [1].

Das wohl berühmteste Beispiel, was die Folgen eines Einheitenfehlers in einer Software betrifft, ist der Absturz des 125 Millionen Dollar teuren Mars Climate Orbiter am 23. September 1999 [2]. Die Kurskorrekturtabellen der Sonde wurden vom Hersteller Lockheed Martin für das imperiale System in Pound-force x Sekunde berechnet, statt wie von der NASA erwartet im SI-System in Newton x Sekunde. Die Kurskorrekturen waren somit um den Faktor 4,48 größer als in der SI-Einheit erwartet. Sie Sonde kam dem Roten Planeten, anstatt mit 150 km, mit 57 km zu nahe und ist in der Marsatmosphäre entweder verglüht oder von ihr abgeprallt und zerstört worden.

© Springer-Verlag Berlin Heidelberg 2016
J. Lemke, *C++-Metaprogrammierung*, DOI 10.1007/978-3-662-48550-7_8

In den folgenden Abschnitten werden unterschiedliche templatebasierte Einheitensysteme auf der Metaebene entwickelt und Konvertierungen zwischen ihnen erarbeitet. Die Definitionen aller Einheitssysteme sollen sich im übergeordneten Namensbereich *unit* befinden.

Das folgende Beispiel eines Geschwindigkeitsmodells soll Ausgangpunkt der weiteren Betrachtungen sein. Das Beispiel ist sehr einfach gehalten, ohne Beschleunigungsterme in der Gleichung, ohne Interfaceklasse und ohne Fehlerbehandlungen. Das Geschwindigkeitsmodell soll die verstrichene Zeit bei einer zurückgelegten Länge bzw. die Länge einer vorgegebenen Zeit berechnen. Solche Modelle kommen zum Beispiel zum Einsatz, um in Automationssystemen die Zeit zu berechnen, die ein Produkt auf einer Produktionslinie benötigt, um von einer Bearbeitungseinheit zur nächsten zu gelangen.

```cpp
class CSpeedModel
{
private:
  double m_Speed; // [m/s]

public:
  CSpeedModel(const double &Speed) : m_Speed(Speed) {}; // [m/s]

  double getTime(const double &Length)  // [m]
  {
    if (0.0 == m_Speed)
      return (0.0);                        // write error message
    return (Length / m_Speed);            // [s]
  };

  double getLength(const double &Time) // [s]
  {
    return (m_Speed * Time);
  }
};
```

Die Methode *getTime(const double &Length)* des Geschwindigkeitsmodells nimmt einen einheitenlosen Wert der Länge als Parameter entgegen und liefert einen einheitenlose Wert der Zeit zurück. Wird fälschlicherweise die Länge in Millimeter der Methode übergeben, wird im Beispiel eine Zeit von 2000 Sekunden statt 2 Sekunden berechnet.

```cpp
int main()
{
  CSpeedModel SpeedModel(5.0);

  // length in m
  std::cout << "Length=10m, Time  ="
            << SpeedModel.getTime(10.0)     << "s.\n";
  // length in mm
  std::cout << "Length=10m, Time  ="
            << SpeedModel.getTime(10000.0) << "s.\n";
  // time in s
  std::cout << "Time  = 2s, Length="
            << SpeedModel.getLength(2)     << "m.\n ";

  ...
};
```

Solche Fehler können vermieden werden, wenn alle einheitenbezogenen Werte statt vom Typ *double* oder *float*, vom Typ einer Basiseinheit sind. Im Beispiel werden Klassen für die Länge in Meter, die Zeit in Sekunden und die Geschwindigkeit in Metern pro Sekunde definiert. Die interne Variable *m_Value* wird als *private* definiert, damit sie von außen nicht manipuliert werden kann. Weiterhin wird ein expliziter Konstruktor verwendet, um bei der Initialisierung der Klasse über eine Zuweisung eine Typumwandlung zu verhindern, d. h. es soll nicht möglich sein, der Klasse eine Variable z. B. vom Typ *double* zuzuweisen.

```cpp
class CMeter
{
private:
  double m_Value;   // [m]

public:
  explicit CMeter(const double &Value) : m_Value(Value) {}

  double getValue() const {return (m_Value);};
};

class CSecond
{
private:
  double m_Value;   // [s]

public:
  explicit CSecond(const double &Value) : m_Value(Value) {}

  double getValue() const {return (m_Value);};
};

class CSpeed
{
private:
  double m_Value; // [m/s]

public:
  explicit CSpeed(const double &Value) : m_Value(Value) {}

  double getValue() const {return (m_Value);};
};
```

Das Geschwindigkeitsmodell wird so umgestellt, dass nur noch die Klassen *CMeter*, *CSecond* und *CSpeed* verwendet werden. Es ist nicht mehr möglich, die Zeit über einheitenlose Parameter zu berechnen. Die Methode *getTime(const CMeter &Meter)* erwartet zwingend eine Länge in Metern über die Klasse *CMeter* und gibt die Zeit in Sekunden über die Klasse *CSecond* zurück. Jeder andere Typ würde direkt zu einem Kompilationsfehler führen, was auch gewollt ist.

```
class CSpeedModel
{
private:
  CSpeed m_Speed; // [m/s]

public:
  explicit CSpeedModel(const CSpeed &Speed) : m_Speed(Speed) {};

  CSecond getTime(const CMeter &Meter)  // [m]
  {
    // [s]
    return (CSecond(Meter.getValue() / m_Speed.getValue()));
  };

  CMeter getLength(const CSecond &Second) // [s]
  { // [m]
    return (CMeter(m_Speed.getValue() * Second.getValue()));
  }

};
```

Die Berechnung der Zeit und der Länge würde im Testprogramm nun so aussehen:

```
int main()
{
  CSpeedModel SpeedModel(CSpeed(5.0)); // [m/s]

  CMeter  Meter(10.0); // [m]
  CSecond Second(2.0); // [s]

  std::cout << "Length = 10 m, Time   = "
            << SpeedModel.getTime(Meter).getValue()
            << " s." << std::endl;
  std::cout << "Time   = 2 s, Length = "
            << SpeedModel.getLength(Second).getValue()
            << " m." << std::endl;
  ...
};
```

Die Berechnung der Zeit im Geschwindigkeitsmodell *CSpeedModel* ist allerdings schreibaufwändig und unübersichtlich.

```
return (CSecond(Meter.getValue() / m_Speed.getValue())); // [s]
```

Gesucht wird eine Schreibweise, die wie im einführenden Beispiel übersichtlicher ist.

```
return (Length / m_Speed); // [s]
```

Um diese einfache Schreibweise zu erreichen, wird der Divisionsoperator überladen, der eine Länge in Metern durch eine Geschwindigkeit in Metern pro Sekunde berechnet und als Ergebnis eine Zeit in Sekunden zurückliefert.

```
CTime operator/(CLength const &Length, CSpeed const &Speed)
{
  return (CTime(Length.m_Length / Speed.m_Speed));
};
```

Das Gleiche gilt für die Berechnung der Zeit, für den der Multiplikationsoperator überladen wird, der eine Zeit in Sekunden mit einer Geschwindigkeit in Metern pro Sekunden multipliziert und das Ergebnis in Metern zurückliefert.

```
CMeter operator*(CSecond const &Second, CSpeed const &Speed)
{
  return (CMeter(Second.getValue() * Speed.getValue()));
}
```

Mit dem *operator/* und dem *operator** sieht die Schreibweise im Quellcode nun wieder so aus wie im einführenden Beispiel.

```
class CSpeedModel
{
  ...
  CSecond getTime(const CMeter &Meter) // [m]
  {
    return (Meter / m_Speed); // [s]
  };

  CMeter getLength(const CSecond &Second) // [s]
  {
    return (Second * m_Speed);  // [m]
  }
};
```

Wenn man nun ein Einheitensystem für alle möglichen Kombinationen von Einheiten entwickeln will, stößt man mit der bisherigen Vorgehensweise schnell an die Grenzen, weil für jede Einheitenkombination eine eigenständige Klasse sowie viele Operatoren definiert werden müssen.

8.2   Einheiten mit Templates realisieren

Mit der Verwendung von Templates lässt sich die Kombinationsvielfalt in der Einheitenrechnung in den Griff bekommen. Als erste Annäherung wird für jede Basisklasse ein Klassentemplate mit einem Nichttyp-Parameter für die Dimension der Größe definiert.

```
template <int DIM>
class CMeter
{
private:
  double m_Value;  // [m]

public:
  explicit CMeter(const double &Value) : m_Value(Value) {}

  const double& getValue() const {return (m_Value);};
};

template <int DIM>
class CSecond
{
private:
  double m_Value;  // [s]

public:
  explicit CSecond(const double &Value) : m_Value(Value) {}

  const double& getValue() const {return (m_Value);};
};
```

Mit einem Multiplikationsoperator als Template können nun beliebige Längendimensionen in Meter miteinander multipliziert werden. Die Dimensionen *DIM1* und *DIM2* werden bei der Multiplikation von physikalischen Einheiten addiert.

```
template <int DIM1, int DIM2>
CMeter<DIM1+DIM2> operator*(CMeter<DIM1> const &Value1,
                            CMeter<DIM2> const &Value2)
{
  return (CMeter<DIM1+DIM2>(Value1.getValue() *
                            Value2.getValue()));
}
```

Im Beispiel werden in der ersten Multiplikation zwei Längen zu einer Fläche multipliziert. In der zweiten Berechnung eine Fläche und eine Länge zu einem Volumen. Für beide Rechnungen wird der gleiche Multiplikationsoperator verwendet.

```
int main()
{
  CMeter<1> Length(23.5);          // m
  CMeter<1> Width(4.0);            // m
  CMeter<1> Heigth(2.0);           // m
  CMeter<2> Area   = Length * Width; // m^2
  CMeter<3> Volume = Area * Heigth;  // m^3

  std::cout << "Area   = " << Length.getValue()
            << " m * "     << Width.getValue()
            << " m = "     << Area.getValue()
            << " m^2."     << std::endl;
  std::cout << "Volume = " << Area.getValue()
            << " m^2 * "   << Heigth.getValue()
            << " m = "     << Volume.getValue()
            << " m^3."     << std::endl;
  ...
};
```

Bisher lässt sich mit den Templates nur das Berechnen gleichartiger Einheiten vereinfachen. In der zweiten Annäherung werden die beiden Einheiten Meter und Sekunden zu einem Template zusammengefasst. Das Klassentemplate *TUnit<DIM_m, DIM_s>* kann alle Einheiten verarbeiten, die sich aus den Basiseinheiten Meter und Sekunden zusammensetzen lassen. Für jede Basiseinheit wird ein Nichttyp-Parameter der Dimension *DIM_m* und *DIM_s* definiert.

```
template <int DIM_m, int DIM_s>
class TUnit
{
private:
  double m_Value;  // [m]

public:
  explicit TUnit(const double &Value) : m_Value(Value) {}

  const double& getValue() const {return (m_Value);};
};
```

Die Einheiten setzen sich multiplikativ aus den einzelnen Dimensionen der Basiseinheiten zusammen. Am Beispiel der Geschwindigkeit wird dieses beispielhaft dargestellt.

$$v = \frac{m}{s} = m^1 \cdot s^{-1} \rightarrow TUnit < 1, -1 >$$

Basiseinheiten, die in der definierten Einheit nicht vorkommen, erhalten die Dimension 0,

da ein Wert hoch null gleich 1 ist. Dieses wird an der Definition der Einheit Meter
nachfolgend dargestellt.

$$m = m^1 \cdot s^0 = m \cdot 1 \rightarrow TUnit < 1, 0 >$$

Mit dem Template *TUnit* und der *typedef*-Deklaration können beispielsweise folgende
Einheiten definiert werden.

```
typedef TUnit<1, 0> TMeter;        // [m]
typedef TUnit<0, 1> TSecond;       // [s]
typedef TUnit<1,-1> TSpeed;        // [m/s]
typedef TUnit<1,-2> TAcceleration; // [m/s^2]
```

Für die Multiplikation und die Division der Einheiten vom Typ *TUnit<DIM_m,
DIM_s>* ist nur noch jeweils ein Operator notwendig.

```
template <int DIM_m1, int DIM_s1, int DIM_m2, int DIM_s2>
TUnit<DIM_m1-DIM_m2, DIM_s1-DIM_s2>
  operator/(TUnit<DIM_m1, DIM_s1> const &Value1,
            TUnit<DIM_m2, DIM_s2> const &Value2)
{
  return (TUnit<DIM_m1-DIM_m2, DIM_s1-DIM_s2>
          (Value1.getValue() / Value2.getValue()));
}

template <int DIM_m1, int DIM_s1, int DIM_m2, int DIM_s2>
TUnit<DIM_m1+DIM_m2, DIM_s1+DIM_s2>
  operator*(TUnit<DIM_m1, DIM_s1> const &Value1,
            TUnit<DIM_m2, DIM_s2> const &Value2)
{
  return (TUnit<DIM_m1+DIM_m2, DIM_s1+DIM_s2>
          (Value1.getValue() * Value2.getValue()));
}
```

Das Geschwindigkeitsmodell wird abschließend so verändert, dass nur noch Variablen vom Typ *TUnit* verwendet werden.

```
class CSpeedModel
{
private:
  TSpeed m_Speed;

public:
  explicit CSpeedModel(const TSpeed &Speed) : m_Speed(Speed) {};

  TSecond getTime(const TMeter &Meter)
  {
    return (Meter / m_Speed);
  };

  TMeter getLength (const TSecond &Second)
  {
    return (Second * m_Speed);
  };
};
```

Für eine allgemeingültige Einheitenrechnung sind neben den Multiplikations- und Divisionsoperatoren noch Additions- und Subtraktionsoperatoren, sowie Potenz- und Wurzelfunktionen zu definieren. Auf die Darstellung dieser Erweiterungen soll in diesem Abschnitt verzichtet werden, da auf sie später noch einmal ausführlich eingegangen wird.

8.3   Das SI-Einheitensystem

Das SI-Einheitensystem (franz. Système International d'unités) umfasst 7 Basiseinheiten, die in Tab. 8.1 dargestellt sind [3]. Soll ein Einheitensystem verwendet werden, welches alle sieben Basiseinheiten verwalten kann, muss das Template *TUnit* alle sieben Basiseinheiten umfassen.

Das Template *TUnit<m,kg,s,A,K,mol,cd>* mit den sieben Dimensionsparametern der Basisgrößen kann jede SI-Einheit und deren Kombination exakt darstellen. Die Definitionen des SI-Einheitensystems befindet sich im Namensbereich *si* innerhalb des übergeordneten Namensbereichs *unit*.

Tab. 8.1 SI-Basiseinheiten

Basisgröße	Einheit	Einheitenzeichen
Länge	Meter	m
Masse	Kilogramm	kg
Zeit	Sekunde	s
Stromstärke	Ampere	A
Temperatur	Kelvin	K
Stoffmenge	Mol	mol
Lichtstärke	Candela	cd

```
namespace unit
{
namespace si
{
  /// unit for meter, kilogram, second, ampere,
  ///          kelvin, mole and candela
  template<int m, int kg, int s, int A, int K, int mol, int cd>
  class TUnit
  {
  public:
    enum { meter    = m,
           kilogram = kg,
           second   = s,
           ampere   = A,
           kelvin   = K,
           mole     = mol,
           candela  = cd };

  private:
    /// value
    double m_Value;

  public:
    /// constructor with value
    explicit TUnit() : m_Value(0.0) {}

    /// constructor with value
    explicit TUnit(double const &Value) : m_Value(Value) {}

    /// get value
    const double& getValue() const {return (m_Value);}
  };
} // si
} // unit
```

Die sieben SI-Basisgrößen können wie folgt definiert werden:

```
namespace unit
{
namespace si
{
  /// predefined unit templates
  ///      TUnit< m,kg, s, A, K,mol,cd>
  typedef TUnit< 1, 0, 0, 0, 0,  0, 0> TMeter;       // [m]
  typedef TUnit< 0, 1, 0, 0, 0,  0, 0> TKilogram;    // [kg]
  typedef TUnit< 0, 0, 1, 0, 0,  0, 0> TSecond;      // [s]
  typedef TUnit< 0, 0, 0, 1, 0,  0, 0> TAmpere;      // [A]
  typedef TUnit< 0, 0, 0, 0, 1,  0, 0> TKelvin;      // [K]
  typedef TUnit< 0, 0, 0, 0, 0,  1, 0> TMole;        // [mol]
  typedef TUnit< 0, 0, 0, 0, 0,  0, 1> TCandela;     // [cd]
} // si
} // unit
```

Die zusammengesetzten Einheiten oder physikalischen Konstanten lassen sich auf gleiche Weise wie folgt definieren:

```
namespace unit
{
namespace si
{
  /// predefined unit templates
  ///     TUnit< m,kg, s, A, K,mol,cd>
  typedef TUnit< 0, 0, 0, 0, 0,  0, 0> TFactor;      // []
  typedef TUnit< 0, 0, 2, 0, 0,  0, 0> TSecond2;     // [s^2]
  typedef TUnit< 1, 0,-1, 0, 0,  0, 0> TSpeed;       // [m/s]
  typedef TUnit< 1, 0,-2, 0, 0,  0, 0> TAcceleration; // [m/s^2]

  const TAcceleration GravityAcceleration(9.81);     // [m/s^2]
} // si
} // unit
```

Für die Multiplikations- und Divisionsoperatoren werden die zwei Hilfstemplates *TUnitMul* und *TUnitDiv* benötigt, die die Einheitenberechnung der Multiplikation und der Division für das gewählte Einheitensystem übernehmen. Der Ergebnistyp wird als Typdefinition mit dem Namen *Ret* definiert. Diese Hilfstemplates sind notwendig, um für verschiedene Einheitensysteme eine einheitliche Schreibweise der entsprechenden Operatoren zu gewährleisten (siehe Abschn. 8.4.1).

```
namespace unit
{
namespace si
{
  /// product of two units
  template<typename Unit1, typename Unit2> struct TUnitMul;

  template<int m1, int kg1, int s1, int A1,
           int K1, int mol1, int cd1,
           int m2, int kg2, int s2, int A2,
           int K2, int mol2, int cd2>
  struct TUnitMul<TUnit<m1,kg1,s1,A1,K1,mol1,cd1>,
                  TUnit<m2,kg2,s2,A2,K2,mol2,cd2> >
  {
    enum { meter    = m1   + m2,
           kilogram = kg1  + kg2,
           second   = s1   + s2,
           ampere   = A1   + A2,
           kelvin   = K1   + K2,
           mole     = mol1 + mol2,
           candela  = cd1  + cd2 };

    typedef TUnit<meter, kilogram, second, ampere,
                  kelvin, mole, candela> Ret;
  };

  /// division of two units
  template<typename Unit1, typename Unit2> struct TUnitDiv;

  template<int m1, int kg1, int s1, int A1,
           int K1, int mol1, int cd1,
           int m2, int kg2, int s2, int A2,
           int K2, int mol2, int cd2>
  struct TUnitDiv<TUnit<m1,kg1,s1,A1,K1,mol1,cd1>,
                  TUnit<m2,kg2,s2,A2,K2,mol2,cd2> >
  {
    enum { meter    = m1   - m2,
           kilogram = kg1  - kg2,
           second   = s1   - s2,
           ampere   = A1   - A2,
           kelvin   = K1   - K2,
           mole     = mol1 - mol2,
           candela  = cd1  - cd2 };

    typedef TUnit<meter, kilogram, second, ampere,
                  kelvin, mole, candela> Ret;
  };
} // si
} // unit
```

Die Additions-, Subtraktions-, Multiplikations- und Divisionsoperatoren werden
außerhalb des Namensbereiches *unit::si* definiert.

```
/// operator+ for addition
template<int m, int kg, int s, int A, int K, int mol, int cd>
typename unit::si::TUnit<m,kg,s,A,K,mol,cd>
  operator+(unit::si::TUnit<m,kg,s,A,K,mol,cd>
    const &U1, unit::si::TUnit<m,kg,s,A,K,mol,cd> const &U2)
{
  return (typename unit::si::TUnit<m,kg,s,A,K,mol,cd>
         (U1.getValue() + U2.getValue()));
}

/// operator- for subtraction
template<int m, int kg, int s, int A, int K, int mol, int cd>
typename unit::si::TUnit<m,kg,s,A,K,mol,cd>
  operator-(unit::si::TUnit<m,kg,s,A,K,mol,cd>
    const &U1, unit::si::TUnit<m,kg,s,A,K,mol,cd> const &U2)
{
  return (typename unit::si::TUnit<m,kg,s,A,K,mol,cd>
         (U1.getValue() - U2.getValue()));
}

/// operator* for multiplication
template<typename Unit1, typename Unit2>
typename unit::si::TUnitMul<Unit1, Unit2>::Ret
  operator*(Unit1 const &U1, Unit2 const &U2)
{
  return (typename unit::si::TUnitMul<Unit1, Unit2>
               ::Ret(U1.getValue() * U2.getValue()));
}

/// operator/ for division
template<typename Unit1, typename Unit2>
typename unit::si::TUnitDiv<Unit1, Unit2>::Ret
  operator/(Unit1 const &U1, Unit2 const &U2)
{
  return (typename unit::si::TUnitDiv<Unit1, Unit2>
               ::Ret(U1.getValue() / U2.getValue()));
}
```

Die Operatoren können in einem einfachen Beispiel schnell überprüft werden.

```
int main()
{
  unit::si::TMeter  LengthSi(5.0);              // [m]
  unit::si::TSecond TimeSi(2.0);                // [s]
  unit::si::TSpeed  SpeedSi = LengthSi / TimeSi; // [m/s]
  ...
};
```

Das Template *unit::si::TUnit* sollte auch um die Operatoren +=, −=, *= und /= erweitert werden.

```
namespace unit
{
namespace si
{
  /// unit for meter, kilogram, second, ampere,
  ///           kelvin, mole and candela
  template<int m, int kg, int s, int A, int K, int mol, int cd>
  class TUnit
  {
    ...
    typedef TUnit<meter, kilogram, second, ampere,
                  kelvin, mole, candela> Type;

    /// operator+
    Type& operator+=(Type const& RightUnit)
    {
      m_Value += RightUnit.getValue();
      return (*this);
    };

    /// operator-
    Type& operator-=(Type const& RightUnit)
    {
      m_Value -= RightUnit.getValue();
      return (*this);
    };

    Type& operator*=(TUnit<0, 0, 0, 0, 0, 0, 0> const& Factor)
    {
      m_Value *= Factor.getValue();
      return (*this);
    }

    Type& operator/=(TUnit<0, 0, 0, 0, 0, 0, 0> const& Factor)
    {
      m_Value /= Factor.getValue();
      return (*this);
    }
  };
} // si
} // unit
```

Im nachfolgenden Beispiel wird die Verwendung dieser Operatoren dargestellt.

```
int main()
{
  unit::si::TSpeed  SpeedSi(2.0);    // [m/s]
  unit::si::TFactor FactorSi(1.25);

  SpeedSi *= FactorSi;               // [m/s]
  SpeedSi += unit::si::TSpeed(1.0);  // [m/s]
  ...
};
```

Als letzte Rechenoperationen sollen nun noch die Potenz- und Wurzelfunktionen entwickelt werden. In diesen werden die Dimensionen mit dem Exponenten multipliziert bzw. dividiert.

```cpp
namespace unit
{
namespace si
{
  /// power
  template<typename Unit, int Exponent> struct TUnitPow;

  template<int m, int kg, int s, int A, int K,
           int mol, int cd, int Exponent>
  struct TUnitPow<TUnit<m,kg,s,A,K,mol,cd>,Exponent>
  {
    enum { meter    = m   * Exponent,
           kilogram = kg  * Exponent,
           second   = s   * Exponent,
           ampere   = A   * Exponent,
           kelvin   = K   * Exponent,
           mole     = mol * Exponent,
           candela  = cd  * Exponent };

    typedef TUnit<meter, kilogram, second, ampere,
                  kelvin, mole, candela> Ret;
  };

  /// root
  template<typename Unit, int Exponent> struct TUnitRoot;

  template<int m, int kg, int s, int A, int K,
           int mol, int cd, int Exponent>
  struct TUnitRoot<TUnit<m,kg,s,A,K,mol,cd>,Exponent>
  {
    enum { meter    = m   / Exponent,
           kilogram = kg  / Exponent,
           second   = s   / Exponent,
           ampere   = A   / Exponent,
           kelvin   = K   / Exponent,
           mole     = mol / Exponent,
           candela  = cd  / Exponent };

    typedef TUnit<meter, kilogram, second, ampere,
                  kelvin, mole, candela> Ret;
  };
} // si
} // unit
```

Die Potenzfunktion wird mit dem Namen *power* und der Spezialfall für das Quadrat mit dem Namen *srt* definiert. Der Exponent sollte das erste Templateargument sein, um die Einheit *Unit* im Funktionsaufruf nicht explizit mit angeben zu müssen (siehe Abschn. 3.1.3).

```
/// power with exponent
template<int Exponent, typename Unit>
typename unit::si::TUnitPow<Unit, Exponent>::Ret
        power(Unit const &Value)
{
  return (typename unit::si::TUnitPow<Unit, Exponent>::Ret
                 (pow(Value.getValue(), Exponent)));
}

/// power 2
template<typename Unit>
typename unit::si::TUnitPow<Unit, 2>::Ret
        sqr(Unit const & Value)
{
  return (typename unit::si::TUnitPow<Unit, 2>::Ret
                 (Value.getValue()*Value.getValue()));
}
```

Die Wurzelfunktion erhält den Namen *root* und der Spezialfall für die Quadratwurzel
den Namen *sqrt*.

```
/// root with exponent
template<int Exponent, typename Unit>
typename unit::si::TUnitRoot<Unit, Exponent>::Ret
        root(Unit const & Value)
{
  return (typename unit::si::TUnitRoot<Unit, Exponent>::Ret
                 (pow(Value.getValue(),1.0/Exponent)));
}

/// square root
template<typename Unit>
typename unit::si::TUnitRoot<Unit, 2>::Ret
        sqrt(Unit const & Value)
{
  return (typename unit::si::TUnitRoot<Unit, 2>::Ret
                 (pow(Value.getValue(), 1.0/2.0)));
}
```

Den Potenz- und Wurzelfunktionen müssen die Einheit und der Exponent als
Templateargumente übergeben werden.

```
int main()
{
  unit::si::TUnit< 3, 0,  0, 0, 0, 0, 0> Volume =
    power<3>(unit::si::TMeter(2.0));

  unit::si::TMeter Length =
    root<3>(unit::si::TUnit< 3, 0,  0, 0, 0, 0, 0>(8.0));
  ...
};
```

Neben dem Rechen mit Einheiten sind auch die Vergleichsoperatoren notwendig, um
Bedingungen auszuwerten und Schleifen programmieren zu können.

```
/// operator==
template<int m, int kg, int s, int A, int K, int mol, int cd>
bool operator==(unit::si::TUnit<m,kg,s,A,K,mol,cd> const &U1,
                unit::si::TUnit<m,kg,s,A,K,mol,cd> const &U2)
{
  return (U1.getValue() == U2.getValue());
}

/// operator>
template<int m, int kg, int s, int A, int K, int mol, int cd>
bool operator>(unit::si::TUnit<m,kg,s,A,K,mol,cd> const &U1,
               unit::si::TUnit<m,kg,s,A,K,mol,cd> const &U2)
{
  return (U1.getValue() > U2.getValue());
}

/// operator<
template<int m, int kg, int s, int A, int K, int mol, int cd>
bool operator<(unit::si::TUnit<m,kg,s,A,K,mol,cd> const &U1,
               unit::si::TUnit<m,kg,s,A,K,mol,cd> const &U2)
{
  return (U1.getValue() < U2.getValue());
}
```

8.4   Vereinfachte Einheitensysteme

Nicht immer ist es von Vorteil, das SI-Einheitensystem mit den 7 Basiseinheiten zu verwenden. Im Zeitalter moderner Software- und Rechentechnik sollten wir in der Lage sein, für alle Anwendungsfälle geeignete Einheitensysteme zu verwenden, um nicht die generelle Akzeptanz zu Einheitensystemen zu verlieren. Warum sollen wir in Kelvin rechnen, wenn uns das Grad Celsius geläufiger ist? Es muss also möglich sein, innerhalb eines Einheitensystems korrekt zurechnen und es in alle anderen Einheitensysteme umrechnen zu können. Im folgenden Abschnitt werden Vereinfachungen der Einheitensysteme vorgestellt, die für den jeweiligen Anwendungsfall voll ausreichend sind.

8.4.1   Das MKS-Einheitensystem

Das MKS-Einheitensystem umfasst nur die drei SI-Basisgrößen Meter, Kilogramm und Sekunden. Aus den Anfangsbuchstaben der Größen setzt sich auch der Name dieses Einheitensystems zusammen. Die Definitionen des MKS-Einheitensystems befindet sich im Namensbereich *mks* innerhalb des übergeordneten Namensbereichs *unit*.

```
namespace unit
{
namespace mks
{
  /// unit for meter, kilogram and second
  template<int m, int kg, int s>
  class TUnit
  {
  public:
    enum { meter    = m,
           kilogram = kg,
           second   = s };

    typedef TUnit<meter,kilogram,second> Type;

  private:
    /// value
    double m_Value;

  public:
    /// constructor with value
    explicit TUnit() : m_Value(0.0) {}

    /// constructor with value
    explicit TUnit(double const &Value) : m_Value(Value) {}

    /// get value
    const double& getValue() const {return (m_Value);}

    /// operatoren
    ...
  };

  /// predefined unit templates
  typedef TUnit< 0, 0,  0> TFactor;        // []    dimless

  typedef TUnit< 1, 0,  0> TMeter;         // [m]
  typedef TUnit< 0, 1,  0> TKilogram;      // [kg]
  typedef TUnit< 0, 0,  1> TSecond;        // [s]

  typedef TUnit< 0, 0,  2> TSecond2;       // [s^2]
  typedef TUnit< 1, 0, -1> TSpeed;         // [m/s]
  typedef TUnit< 1, 0, -2> TAcceleration;  // [m/s^2]

  const TAcceleration GravityAcceleration(9.81);   // [m/s^2]
} // si
} // unit
```

Alle Funktionen und Operatoren, die bereits im SI-Einheitensystem entwickelt wurden, müssen auch für das MKS-Einheitensystem definiert werden. In der Schreibweise im Quellcode unterscheidet sich dieses Einheitensystem nur im Namen *unit::mks* des Namensbereichs.

```cpp
int main()
{
  unit::mks::TMeter  Length(5.0);   // [m]
  unit::mks::TSecond Time(2.0);     // [s]

  unit::mks::TSpeed  Speed = Length / Time; // [m/s]
  unit::mks::TFactor Factor(1.25);
  Speed *= Factor;
  ...
};
```

8.4.2 Ein Ingenieur-Einheitensystem

In Abhängigkeit des Fachgebietes eines Ingenieurs sind Abwandlungen des SI-Einheitensystems zweckmäßig. Ein Maschinenbauingenieur verwendet beispielsweise für die Längeneinheit statt Meter die kleinere Einheit Millimeter, weil alle Maßeinheiten der Länge in technischen Zeichnungen beispielsweise in Millimeter sind. Auch Spannungen werden statt in Newton pro Quadratmeter in Newton pro Quadratmillimeter angegeben. In thermodynamischen Berechnungen ist es aber wieder notwendig, die Einheit Meter zu verwenden. Weiterhin wird für die Temperatur die Maßeinheit Grad Celsius statt Kelvin verwendet, weil wir diese Einheit auch im täglichen Leben verwenden.

Ein Ingenieur-Einheitensystem könnte beispielsweise wie folgt aussehen. Die Stoffmenge in Mol und die Lichtstärke in Candela wird nicht verwendet. Stattdessen werden die Einheiten Millimeter und Grad Celsius mit aufgenommen. Die Definitionen des Ingenieur-Einheitensystems soll sich im Namensbereich *meng* (für mechanical engineer) innerhalb des übergeordneten Namensbereichs *unit* befinden.

```cpp
namespace unit
{
namespace meng
{
  /// unit for meter, kilogram, second, ampere,
  ///            kelvin, mole and candela
  template<int mm, int m, int kg, int s,
           int A, int K, int C>
  class TUnit
  {
  public:
    enum { millimeter = mm,
           meter      = m,
           kilogram   = kg,
           second     = s,
           ampere     = A,
           kelvin     = K,
           celsius    = C };

    typedef TUnit<millimeter, meter, kilogram, second,
                  ampere, kelvin, celsius> Type;

    /// convert unit millimeter to meter
    TUnit<0, millimeter+meter, kilogram, second, ampere,
          kelvin, celsius> convertToMeter() const
    {
      double Value = m_Value;

      if (mm > 0)
        for (int i=0; i<mm; i++)
          Value /= 1000.0;
      else
        for (int i=0; i>mm; i--)
          Value *= 1000.0;

      return (TUnit<0, millimeter+meter, kilogram, second,
                    ampere, kelvin, celsius>(Value));
    }

    /// convert unit celsius to kelvin
    TUnit<0,0,0,0,0,celsius,0> convertToKelvin() const
    {
      double Value = m_Value;

      if (celsius > 0)
      {
        double Celsius = pow(Value, 1.0/celsius);
        double Kelvin  = Celsius + 273.15;
        Value = pow(Kelvin, celsius);
      }
      else
      {
        double Celsius = pow(1.0/Value, 1.0/celsius);
        double Kelvin  = Celsius + 273.15;
        Value = 1.0/pow(Kelvin, celsius);
```

```
    }

    return (TUnit<0,0,0,0,0,celsius,0>(Value));
  }
  ...
};

  typedef TUnit< 1, 0, 0,  0, 0, 0, 0> TMillimeter;   // [mm]
  typedef TUnit< 0, 1, 0,  0, 0, 0, 0> TMeter;        // [m]
  typedef TUnit< 0, 0, 1,  0, 0, 0, 0> TKilogram;     // [kg]
  typedef TUnit< 0, 0, 0,  1, 0, 0, 0> TSecond;       // [s]
  typedef TUnit< 0, 0, 0,  0, 1, 0, 0> TAmpere;       // [A]
  typedef TUnit< 0, 0, 0,  0, 0, 1, 0> TKelvin;       // [K]
  typedef TUnit< 0, 0, 0,  0, 0, 0, 1> TCelsius;      // [C]

  typedef TUnit< 0, 0, 0,  2, 0, 0, 0> TSecond2;      // [s^2]
  typedef TUnit< 0, 1, 0, -1, 0, 0, 0> TSpeed;        // [m/s]
  typedef TUnit< 0, 1, 0, -2, 0, 0, 0> TAcceleration; // [m/s^2]
} // si
} // unit
```

Auch für dieses Einheitensystem sind alle Funktionen und Operatoren zu definieren. Zusätzlich wurden Funktionen zum Konvertieren der Einheiten Millimeter zu Meter *convertToMeter* und Grad Celsius zu Kelvin *convertToKelvin* definiert. Diese Funktionen werden später benötigt, wenn mit Einheiten gerechnet wird und die Einheiten in andere Einheitensysteme konvertiert werden müssen.

```
int main()
{
  unit::meng::TCelsius Temperature(20.0);
  unit::meng::TKelvin  TempKelvin =
                            Temperature.convertToKelvin();
  ...
};
```

8.4.3   Das astronomische Einheitensystem

In der klassischen Astronomie werden zur Berechnung der Koordinaten von astronomischen Objekten, wie zum Beispiel von Sonne, Mond, Planeten, Kometen usw., nicht die SI-Basiseinheiten Meter, Kilogramm und Sekunde verwendet. Stattdessen werden in der Ephemeridenrechnung[1] die Einheiten Astronomische Einheit, Sonnenmasse und Tag benutzt [4]. In der Tab. 8.2 sind die Einheiten des astronomischen Einheitensystems dargestellt.

---

[1]Berechnung der Position von Körpern in unserem Sonnensystem auf Basis der tatsächlich beobachteten Positionen der Himmelskörper und der Gravitationstheorie.

Tab. 8.2 Einheiten der Ephemeridenrechnung

Basisgröße	Einheit	Einheitenzeichen	Umrechnung
Länge	Astronomische Einheit	AE	149 597 870 km
Masse	Sonnenmasse	$M_\odot$	$1.9891 \cdot 10^{30}$ kg
Zeit	Tag	d	86 400 s

Die Definition des Astronomischen Einheitensystems soll sich im Namensbereich *astro* innerhalb des übergeordneten Namensbereichs *unit* wie folgt befinden:

```
namespace unit
{
namespace astro
{
  /// unit for meter, kilogram and second
  template<int AE, int SM, int d>
  class TUnit
  {
  public:
    enum { AstroUnit = AE,
           SolarMass = SM,
           Day       = d };

    typedef TUnit<AstroUnit,SolarMass,Day> Type;
    ...
  };

  /// predefined unit templates
  typedef TUnit< 1, 0, 0> TAE;          // [AE]
  typedef TUnit< 0, 1, 0> TSM;          // [SM]
  typedef TUnit< 0, 0, 1> TDay;         // [d]

  const TUnit< 3, -1, -2>
    GravitationalConstant(0.0002959122082855911025);
} // astro
} // unit
```

Für das Astronomische Einheitensystem sind alle Funktionen und Operatoren adäquat dem SI-Einheitensystem zu definieren.

Beispiel zur Berechnung der Gravitationskonstante

Nach dem Dritten Keplerschen Gesetz ist das Quadrat der Umlaufdauer eines Planeten U_P proportional zur dritten Potenz des Abstandes des Planeten zur Sonne a_P. In der Gleichung ist G die Gravitationskonstante, $M_\odot$ die Sonnenmasse und M_P die Masse des Planeten.

$$U_P{}^2 = \frac{4 \cdot \pi^2}{G \cdot (M_\odot + M_P)} a_P{}^3$$

Die Gravitationskonstante wurde von C. F. Gauß 1809 für die Erdbahn mit den damals genauesten Zahlenwerten ermittelt. Der Abstand der Erde zur Sonne a_E wurde dabei als

Astronomische Einheit AE definiert. Aus dem Dritten Keplerschen Gesetz angewandt auf die Erdbahn folgt:

$$U_E{}^2 = \frac{4 \cdot \pi^2}{G \cdot (M_\odot + M_E)} AE^3$$

Durch Umstellen der Gleichung nach der Gravitationskonstante G und Einsetzen der Zahlenwerte für die Erdbahn folgt:

$$G = \frac{4 \cdot \pi^2}{U_E{}^2 \cdot (M_\odot + M_E)} AE^3 = \frac{4 \cdot \pi^2}{(365,2563835d)^2 \cdot (1 + 1/354710) \cdot M_\odot} AE^3$$

Somit konnte für die Gravitationskonstante damals folgender Zahlenwert ermittelt werden:

$$G = 0,0002959122 \cdot \frac{AE^3}{d^2 \cdot M_\odot}$$

Mit den Jahren verbesserten sich stets die Zahlenwerte der Umlaufdauer der Erde um die Sonne, sowie die Masse der Erde zur Sonne. Um aber nicht die Gravitationskonstante, die vielen Ephemeriden[2] [5] zu Grunde gelegt wurde, verändern zu müssen, wurde die Länge der Astronomischen Einheit angepasst. Der Abstand der Erde zur Sonne beträgt mit den aktuellen Zahlenwerten nun:

$$a_E = \sqrt[3]{\frac{U_E{}^2 \cdot G \cdot (M_\odot + M_E)}{4 \cdot \pi^2}} = 1,000000036AE$$

Nach diesem kurzen Exkurs zur Definition der Astronomischen Einheit und zur Herleitung der Gravitationskonstante kann das Astronomische Einheitensystem hierfür angewendet werden. Im folgenden Beispiel wird die Gravitationskonstante G berechnet.

```
int main()
{
  unit::astro::TUnit<3,-1,-2> G =
    unit::astro::TFactor(4.0*Pi*Pi)
   *unit::astro::pow3(unit::astro::TAE(1.0))
   /( unit::astro::pow2(unit::astro::TDay(365.2563835))
    *unit::astro::TSM(1.0+1.0/354710));
   ...
};
```

---

[2] Tafelwerk von Positionen beweglicher astronomischer Objekte in konstanten Zeitabständen.

8.5   Konvertierung zwischen den Einheitensystemen

Beim Einsatz unterschiedlicher Einheitensysteme ist es notwendig, diese untereinander
sicher zu konvertieren. Hierfür muss für jede Kombination von Einheitensystemen ein
entsprechendes Funktionstemplate zur Konvertierung bereitgestellt werden. Im folgenden
Beispiel wird gezeigt, wie alle vorgestellten Einheitensysteme in das SI-Einheitensystem
mit der Funktion *convert* konvertiert werden können. Der Compiler stellt hierbei sicher,
dass nur konvertierbare Einheiten auch konvertiert werden.

```
namespace unit
{
namespace si
{
  // convert unit from mks to si
  template<int m, int kg, int s>
  TUnit<m,kg,s,0,0,0,0>
    convert(const unit::mks::TUnit<m,kg,s> &Value)
  {
    return (TUnit<m,kg,s,0,0,0,0>(Value.getValue()));
  };

  // convert unit from meng to si
  template<int m, int kg, int s, int A, int K>
  TUnit<m,kg,s,A,K,0,0>
    convert(const unit::meng::TUnit<0,m,kg,s,A,K,0> &Value)
  {
    return (TUnit<m,kg,s,A,K,0,0>(Value.getValue()));
  };

  // convert unit from astro to si
  template<int AE, int SM, int d>
  TUnit<AE,SM,d,0,0,0,0>
    convert(const unit::astro::TUnit<AE,SM,d> &Value)
  {
    double Factor = 1;
    if (AE > 0)
      Factor *= pow(149597870700.0, AE);
    else
      Factor /= pow(149597870700.0, -AE);
    if (SM > 0)
      Factor *= pow(1.9891e+30, SM);
    else
      Factor /= pow(1.9891e+30, -SM);
    if (d > 0)
      Factor *= pow(86400.0, d);
    else
      Factor /= pow(86400.0, -d);
    return (TUnit<AE,SM,d,0,0,0,0>(Value.getValue()*Factor));
  };
} // si
} // unit
```

Die Konvertierung in das SI-Einheitensystem wird am Beispiel der Geschwindigkeit im MKS-Einheitensystem und der Gravitationskonstante im astronomischen Einheitensystem dargestellt.

```
int main()
{
  unit::mks::TMeter   LengthMKS(5.0);      // [m]
  unit::mks::TSecond  TimeMKS(2.0);        // [s]
  unit::mks::TSpeed   SpeedMKS = LengthMKS / TimeMKS; // [m/s]

  unit::si::TSpeed    SpeedSi   = unit::si::convert(SpeedMKS); // [m/s]

  unit::astro::TUnit<3,-1,-2> G =
     unit::astro::TFactor(4.0*Pi*Pi)
    *unit::astro::pow3(unit::astro::TAE(1.0))
   /( unit::astro::pow2(unit::astro::TDay(365.2563835))
     *unit::astro::TSM(1.0+1.0/354710));

  // [m^3/(kg*s^2)]
  unit::si::TUnit<3,-1,-2,0,0,0,0>GSI = unit::si::convert(G);
  ...
}
```

8.6   Ein flexibles Einheitensystem

Der aufmerksame Leser wird schnell erkannt haben, dass alle bisher vorgestellten Einheitensysteme sowohl den gleichen strukturellen Aufbau als auch die gleiche Konvertierung zwischen den Einheitensystemen besitzen. Es wird daher in diesem Abschnitt versucht, auf Basis dieser Erfahrungen ein neues, sehr flexibles Einheitensystem abzuleiten. Das flexible Einheitensystem soll folgende Eigenschaften besitzen:

1. Die Anzahl der Basiseinheiten soll dynamisch sein.
2. Die Reihenfolge der Basiseinheiten soll beliebig gewählt werden können.
3. Die Einheiten müssen kompatibel und zueinander konvertierbar sein.

8.6.1   Definition des flexiblen Einheitensystems

Die Umsetzung der geforderten Eigenschaften wird mit dem Einsatz von Typlisten (siehe Abschn. 4.1 und 6.3) und der Definition fester Basiseinheiten erreicht. Im Beispiel werden die Basiseinheiten für Meter, Kilogramm und Sekunde im Namensbereich *unit:: dyn* definiert.

```
namespace unit
{
namespace dyn
{
  template <int DIM>
  struct TBaseMeter
  {
    enum {eDim = DIM};
  };

  template <int DIM>
  struct TBaseKilogram
  {
    enum {eDim = DIM};
  };

  template <int DIM>
  struct TBaseSecond
  {
    enum {eDim = DIM};
  };
} // dyn
} // unit
```

Das neue flexible Einheitensystem *unit::dyn::TUnit* enthält nur noch ein Templateargument für die Typliste.

```
namespace unit
{
namespace dyn
{
  template <typename T>
  struct TUnit
  {
    typedef T Type;

    private:
      double m_Value;  // [m]

    public:
      explicit TUnit(const double &Value)
      : m_Value(Value)
      {}

      const double& getValue() const {return (m_Value);};
  };
} // dyn
} // unit
```

Mit diesen Vorbereitungen können nun die Einheiten definiert werden. Das Templateargument *T* der Klasse *TUnit* wird als Typliste mit den jeweiligen Basiseinheiten und dem *tmp::NullType* als Abschluss definiert.

```
namespace unit
{
namespace dyn
{
  typedef TUnit<tmp::Typelist<TBaseMeter<1>,
                          tmp::NullType> > TMeter;
  typedef TUnit<tmp::Typelist<TBaseKilogram<1>,
                          tmp::NullType> > TKilogram;
  typedef TUnit<tmp::Typelist<TBaseSecond<1>,
                          tmp::NullType> > TSecond;
  typedef TUnit<tmp::Typelist<TBaseMeter<1>,
                    tmp::Typelist<TBaseSecond<-1>,
                    tmp::NullType> > > TSpeed;
  typedef TUnit<tmp::NullType> TFactor;
} // dyn
} // unit
```

Die Typliste kann auch einfacher über das bekannte Template *tmp::MakeTypelist* erfolgen.

```
typedef TUnit<tmp::MakeTypelist<TBaseMeter<1>,
                    TBaseSecond<-1> >::Result
        > TSpeed1;
typedef TUnit<tmp::MakeTypelist<TBaseSecond<-1>,
                    TBaseSecond<1> >::Result
        > TSpeed2;
```

Kombinierte Einheiten wie zum Beispiel die Geschwindigkeit *TSpeed* können auch in einer unterschiedlichen Reihenfolge der Basiseinheiten definiert werden.

```
typedef TUnit<tmp::MakeTypelist<TBaseMeter<1>,
                          TBaseSecond<-1> >::Result
            > TSpeed1;
typedef TUnit<tmp::MakeTypelist<TBaseSecond<-1>,
                          TBaseMeter<1> >::Result
            >   TSpeed2;
```

8.6.2   Addition, Subtraktion und Zuweisung

Der Additionsoperator wird außerhalb des Namensbereiches *unit::dyn* definiert. In erster Näherung reicht ein Templateargument *Unit* aus, um zwei Werte zu addieren.

```
/// operator+ for addition
template <typename Unit>
typename Unit operator+(Unit const &Value1, Unit const &Value2)
{
  return (typename Unit(Value1.getValue() + Value2.getValue()));
};
```

Weil die Reihenfolge der Basiseinheiten bei zusammengesetzten Einheiten unterschiedlich sein kann, muss der Additionsoperator auch mit zwei Argumenten definiert werden. Die beiden Typlisten der Argumente *Unit1* und *Unit2* müssen auf Gleichheit, bzw. dem gleichen Inhalt mit der Metafunktion *IsSame* geprüft werden.

```
/// operator+ for addition
template <typename Unit1, typename Unit2>
typename Unit1 operator+(Unit1 const &Value1,
                         Unit2 const &Value2)
{
   static_assert(unit::dyn::IsSame<Unit1::Type,
                             Unit2::Type>::Ret == 1,
              "Wrong unit for addition!");

   return (typename Unit1(Value1.getValue() +
                         Value2.getValue())));
};
```

Die Metafunktion *IsSame* prüft den Inhalt von zwei Typlisten. Dabei wird das *Head*-Element der zweiten Typliste *RHead* in der ersten Typliste *L* mit der Metafunktion *GetDim* rekursiv gesucht. Wenn der Typ in der Typliste vorhanden ist, wird der Typ aus der Typliste gelöscht und die Dimension im Enumerator *eDim* gespeichert. Wenn der Typ nicht vorhanden ist, dann ist der Enumerator *eDim* gleich 0. Die Metafunktion *IsSame* prüft, ob die Dimensionen für alle rekursiven Aufrufe gleich sind. Nur dann sind die beiden Typlisten vom Inhalt identisch. Die Rekursion wird beendet, wenn eine Spezialisierung für den *NullType* greift.

```
template <typename L, typename R> struct IsSame;

template <typename L, typename RHead, typename RTail>
struct IsSame<L, tmp::Typelist<RHead, RTail> >
{
  typedef GetDim<L, RHead> LNewType;
  typedef IsSame<typename LNewType::Type, RTail> Type;

  enum {Ret = Type::Ret &&
             RHead::eDim == LNewType::eDim ? 1 : 0};
};

template <typename L, typename RHead>
struct IsSame<L, tmp::Typelist<RHead, tmp::NullType> >
{
  typedef GetDim<L, RHead> LNewType;
  typedef IsSame<typename LNewType::Type, tmp::NullType> Type;

  enum {Ret = Type::Ret &&
             RHead::eDim == LNewType::eDim ? 1 : 0};
};

template <typename L>
struct IsSame<L, tmp::NullType>
{
  enum [Rct = 0];
};

template <>
struct IsSame<tmp::NullType, tmp::NullType>
{
  enum {Ret = 1};
};
```

Die Metafunktion *GetDim* prüft, ob der Typ *U* in der Typliste *tmp::Typelist<Head, Tail>* vorhanden ist. Bei Gleichheit des Typs greift die Spezialisierung mit den Template Template Parametern *template <int> class U*. Nur mit dieser Spezialisierung kann sowohl der Typ der Basiseinheit als auch die Dimension ermittelt werden. Die Dimension der Basiseinheit wird im Enumerator *eDim* abgelegt und der Typ der Basiseinheit aus der neuen Typliste entfernt.

```
template <typename T, typename U> struct GetDim;

template <typename Head, typename Tail, typename U>
struct GetDim<tmp::Typelist<Head, Tail>, U>
{
  enum {eDim = GetDim<Tail, U>::eDim};
  typedef tmp::Typelist<Head,
                        typename GetDim<Tail, U>::Type> Type;
};

template <typename Head, typename U>
struct GetDim<tmp::Typelist<Head, tmp::NullType>, U>
{
  enum {eDim = 0};
  typedef tmp::Typelist<Head, tmp::NullType> Type;
};

template <typename Tail, template <int> class U,
          int DIM1, int DIM2>
struct GetDim<tmp::Typelist<U<DIM1>, Tail>, U<DIM2> >
{
  enum {eDim = DIM1};
  typedef Tail Type;
};

template <template <int> class U, int DIM1, int DIM2>
struct GetDim<tmp::Typelist<U<DIM1>, tmp::NullType>, U<DIM2> >
{
  enum {eDim = DIM1};
  typedef tmp::NullType Type;
};

template <typename U>
struct GetDim<tmp::NullType, U>
{
  enum {eDim = 0};
  typedef tmp::NullType Type;
};
```

Der Vergleich zweier Typlisten könnte auch etwas eleganter umgesetzt werden. Da die Metafunktion *GetDim* aber auch für die Multiplikation und die Division notwendig ist, wurde diese Metafunktion für den Vergleich zweier Typlisten herangezogen.

Der Subtraktionsoperator ist adäquat aufgebaut, wie der Additionsoperator.

```
/// operator- for subtraction
template <typename Unit1, typename Unit2>
typename Unit1 operator-(Unit1 const &Value1,
                         Unit2 const &Value2)
{
  static_assert(unit::dyn::IsSame<Unit1::Type,
                         Unit2::Type>::Ret == 1,
                "Wrong unit for subtraction!");

  return (typename Unit1(Value1.getValue() -
                         Value2.getValue())));
};
```

Nun kann die Addition und die Subtraktion an einem einfachen Beispiel getestet werden. Wie zu erwarten war, spielt die Reihenfolge der Parameter in der zusammengesetzten Einheit der Geschwindigkeit eine wichtige Rolle, denn der Ergebnistyp ist der Typ des ersten Parameters. Daher führt die Zuweisung der Geschwindigkeit vom Typ *TSpeed2* zum Typ *TSpeed1* zu einem Compilerfehler.

```
int main()
{
  unit::dyn::TMeter  Meter1(10.0);  // 10 m
  unit::dyn::TMeter  Meter2(5.0);   // 5 m
  unit::dyn::TSpeed1 Speed1(2.0);   // 2 m/s
  unit::dyn::TSpeed2 Speed2(3.0);   // 3 m/s

  unit::dyn::TMeter  Meter3 = Meter1+Meter2;  // 15 m
  unit::dyn::TSpeed1 Speed3 = Speed1+Speed2;  // 5 m/s
  unit::dyn::TSpeed1 Speed4 = Speed3-Speed2;  // 2 m/s
  // cannot convert TSpeed2 to TSpeed1
  unit::dyn::TSpeed1 Speed5 = Speed2+Speed1;
  ...
}
```

Abhilfe schafft ein zweiter Konstruktor in der Klasse *TUnit*, der eine Typliste als Templateargument definiert. Die statische Assertion prüft, ob die Typliste *T* der Klasse *TUnit* und die Typliste *R* des Konstruktors den gleichen Inhalt haben. Weiterhin wird der Zuweisungsoperator *operator=* überschrieben, um auch hier die beiden Typlisten vergleichen zu können.

```cpp
template <typename T>
struct TUnit
{
  ...
  public:
    explicit TUnit(const double &Value)
    : m_Value(Value)
    {}

    template <typename R>
    TUnit(const TUnit<R> &Value)
    : m_Value(Value.getValue())
    {
      static_assert(IsSame<Type, R>::Ret == 1,
                    "Wrong unit for assignment!");
    }

    /// operator=
    template <typename R>
    TUnit<T>& operator=(const TUnit<R> &Value)
    {
      static_assert(IsSame<Type, R>::Ret == 1,
      "Wrong unit for assignment!");
      m_Value = Value.getValue();
      return (*this);
    }
    ...
};
```

Der Vollständigkeit halber sollte das Template *unit::dyn::TUnit* auch um die Operatoren += und −= erweitert werden.

```cpp
template <typename T>
struct TUnit
{
    ...
    /// operator+=
    template <typename R>
    TUnit<Type>& operator+=(TUnit<R> const& RightUnit)
    {
      static_assert(IsSame<Type, R>::Ret == 1,
                    "Wrong unit for operator+= !");
      m_Value += RightUnit.getValue();
      return (*this);
    };

    /// operator-=
    template <typename R>
    TUnit<Type>& operator-=(TUnit<R> const& RightUnit)
    {
      static_assert(IsSame<Type, R>::Ret == 1,
                    "Wrong unit for operator-= !");
      m_Value -= RightUnit.getValue();
      return (*this);
    };
    ...
}
```

Der folgende Test zeigt die korrekte Zuweisung der zusammengesetzten Einheiten.

```
int main()
{
  unit::dyn::TMeter  Meter1(10.0);  // 10 m
  unit::dyn::TSpeed1 Speed1(2.0);   // 2 m/s
  unit::dyn::TSpeed2 Speed2(3.0);   // 3 m/s

  unit::dyn::TSpeed1 Speed3 = Speed1+Speed2; // 5 m/s
  unit::dyn::TSpeed1 Speed4 = Speed2+Speed1; // OK
  unit::dyn::TSpeed1 Speed5 = Speed2;        // OK
  Speed5 = Speed2;                           // OK
  // error: cannot convert meter to speed
  unit::dyn::TSpeed Speed7 = Meter1;

  Speed += Speed;
  Speed -= Speed;
  ...
}
```

8.6.3   Multiplikation und Division

Die Multiplikation und die Division von einheitenbehafteten Größen sind immer möglich. Der Ergebnistyp setzt sich aus der Summe bzw. der Differenz der jeweiligen Basiseinheiten zusammen. Der Multiplikations- und der Divisionsoperator wird außerhalb des Namensbereiches *unit::dyn* definiert. Der Ergebnistyp wird mit der Metafunktion *TUnitResult* bestimmt.

```
/// operator* for multiplication
template <typename Unit1, typename Unit2>
typename unit::dyn::TUnitResult<typename Unit1::Type,
                                typename Unit2::Type,
                                unit::dyn::eAdd>::Type
operator*(Unit1 const &Value1, Unit2 const &Value2)
{
  return (typename unit::dyn::TUnitResult<typename Unit1::Type,
                                          typename Unit2::Type,
                                          unit::dyn::eAdd>::Type
          (Value1.getValue() * Value2.getValue()));
};

/// operator/ for division
template <typename Unit1, typename Unit2>
typename unit::dyn::TUnitResult<typename Unit1::Type,
                                typename Unit2::Type,
                                unit::dyn::eSub>::Type
operator/(Unit1 const &Value1, Unit2 const &Value2)
{
  return (typename unit::dyn::TUnitResult<typename Unit1::Type,
                                          typename Unit2::Type,
                                          unit::dyn::eSub>::Type
          (Value1.getValue() / Value2.getValue()));
};
```

Die Metafunktion *TUnitResult* nimmt zwei Typlisten als Templateargumente entgegen und erzeugt eine neue Typliste bzw. einen *NullType* mit dem Ergebnistyp. Für die Multiplikation und die Division mit einem einheitenlosen Wert, der als *TUnit<tmp:: NullType>* definiert ist, werden zusätzlich zwei Spezialisierungen für den *tmp::NullType* angelegt, eine Spezialisierung für den Typ *TFactor* auf der linken Seite des Operanden und eine für die rechte Seite des Operanden. Um zwei einheitenlosen Werte miteinander zu multiplizieren bzw. dividieren wird eine dritte Spezialisierung notwendig, die für beide Typlisten den *NullType* erwartet. Der Ergebnistyp wird mit der Hilfsfunktion *TUnit-ResultHelp* erzeugt.

```cpp
/// result unit of combination
template <typename L, typename R, int Combiner>
struct TUnitResult;

template <template <int> class L, typename LTail,
          template <int> class R, typename RTail, int Combiner>
struct TUnitResult<tmp::Typelist<L, LTail>,
                   tmp::Typelist<R, RTail>, Combiner>
{
  typedef TUnit<typename TUnitResultHelp<tmp::Typelist<L, LTail>,
                                         tmp::Typelist<R, RTail>,
                                         Combiner
                                         >::Type> Type;
};

/// specialization for left NullType
template <template <int> class R, typename RTail, int Combiner>
struct TUnitResult<tmp::NullType,
                   tmp::Typelist<R, RTail>, Combiner>
{
  typedef TUnit<typename TUnitResultHelp<tmp::NullType,
                                         tmp::Typelist<R, RTail>,
                                         Combiner
                                         >::Type> Type;
};

/// specialization for right NullType
template <template <int> class L, typename LTail, int Combiner>
struct TUnitResult<tmp::Typelist<L, LTail>,
                   tmp::NullType, Combiner>
{
  typedef TUnit<typename TUnitResultHelp<tmp::Typelist<L, LTail>,
                                         tmp::NullType,
                                         Combiner
                                         >::Type> Type;
};

/// specialization for both NullType
template <int Combiner>
struct TUnitResult<tmp::NullType, tmp::NullType, Combiner>
{
  typedef TUnit<tmp::NullType> Type;
};
```

Die Metafunktion *TUnitResultHelp* definiert schließlich den Ergebnistyp, indem sie alle Typen der beiden Typlisten rekursiv zueinander vergleicht und die Ergebnisdimension berechnet. Das aus dem Abschn. 8.6.2 bekannte Template *GetDim* durchsucht die rechte Typliste nach dem ersten Typ der linken Typliste. Wenn der Typ *L* in der Typliste *tmp:: Typelist<R, RTail>* vorhanden ist, dann wird der Typ *L* aus der rechten Typliste entfernt und die Dimension im Enumerator *eDim* zwischengespeichert. Die Templates *TCombiner* bzw. *TCombineDim* bestimmen auf Basis des Kombinationstyps *Combiner* die neue Dimension der Basiseinheit. Wenn die Dimension gleich null ist, wird die Basiseinheit nicht in die Ergebnistypliste aufgenommen. Die Spezialisierungen für den Typ *NullType* auf der linken, rechten oder beiden Seiten der Typliste beenden die Rekursion.

```
/// helper class to calculate the result unit
template <typename L, typename R, int Combiner>
struct TUnitResultHelp;

template <typename L, typename LTail, typename R,
          typename RTail, int Combiner>
struct TUnitResultHelp<tmp::Typelist<L, LTail>,
                       tmp::Typelist<R, RTail>, Combiner>
{
  typedef GetDim<tmp::Typelist<R, RTail>, L> NewTypelist;
  enum {eDim = NewTypelist::cDim};

  typedef typename TCombiner<L, eDim, Combiner
                      >::Type NewType; // new dimension

  typedef typename
  tmp::If<NewType::eDim == 0, // check for dimension null
          typename TUnitResultHelp<LTail,
                                   typename NewTypelist::Type,
                                   Combiner>::Type,
          tmp::Typelist<NewType,
                        typename TUnitResultHelp<LTail,
                          typename NewTypelist::Type,
                          Combiner>::Type
                       >
         >::Ret Type;
};

/// specialization for right NullType
template <typename L, typename LTail, int Combiner>
struct TUnitResultHelp<tmp::Typelist<L, LTail>,
                       tmp::NullType, Combiner>
{
  typedef typename tmp::Typelist<L,
                                 typename TUnitResultHelp<LTail,
                                 tmp::NullType,
                                 Combiner>::Type > Type;
};
```

```
/// specialization for left NullType
template <typename R, typename RTail, int Combiner>
struct TUnitResultHelp<tmp::NullType,
                       tmp::Typelist<R, RTail>, Combiner>
{
  typedef tmp::Typelist<
          typename TCombineDim<R,
                       Combiner>::Type,
          typename TUnitResultHelp<tmp::NullType,
                       RTail,
                       Combiner>::Type> Type;
};

/// specialization for both NullType
template <int Combiner>
struct TUnitResultHelp<tmp::NullType, tmp::NullType, Combiner>
{
  typedef tmp::NullType Type;
};
```

Die möglichen Varianten in der Kombination von Dimensionen werden im Enumerator *ECombiner* definiert.

```
enum ECombiner
{
  eEqual = 0, // compare two units
  eAdd,       // add two units
  eSub,       // subtract two units
  eMul,       // multiplicate two units
  eDiv        // divide two units
};
```

Die Metafunktion *TCombiner* verknüpft die Dimension von zwei gleichen Basiseinheiten miteinander. Da bei einer Division der Einheiten ein Rest entstehen kann, wird dieser mit einer statischen Assertion auf null geprüft. Die Metafunktion *TCombineDim* verknüpft nur eine Dimension, wenn der erste Parameter beim Operanden vom Typ *NullType* ist. Damit wird die Dimension von *1/Dim* berechnet. In diesem Fall kann kein Template Template Parameter als Argument für die Metafunktion *TCombiner* verwendet werden.

```
/// combine two units
template <typename L, int DimCombiner, int Combiner>
struct TCombiner;

template <template <int> class L, int DIM,
          int DimCombiner, int Combiner>
struct TCombiner<L<DIM>, DimCombiner, Combiner>
{
  static_assert(Combiner != eDiv || DIM % DimCombiner == 0,
                "Wrong unit division!");
  typedef typename
    tmp::Switch<Combiner,
                tmp::Case<eEqual, L<DIM>,
                tmp::Case<eAdd, L<DIM+DimCombiner>,
                tmp::Case<eSub, L<DIM-DimCombiner>,
                tmp::Case<eMul, L<DIM*DimCombiner>,
                tmp::Case<eDiv, L<DIM/(DimCombiner == 0 ? 1 :
                                        DimCombiner)>,
                tmp::NilCase> > > > >
                >::Ret Type;
};

/// combine one unit only
template <typename R, int Combiner> struct TCombineDim;

template <template <int> class R, int DIM, int Combiner>
struct TCombineDim<R<DIM>, Combiner>
{
  typedef typename tmp::Switch<Combiner,
                              tmp::Case<eEqual, R<DIM>,
                              tmp::Case<eAdd, R<DIM>,
                              tmp::Case<eSub, R<-DIM>,
                              tmp::NilCase> > >
                              >::Ret Type;
};
```

Die Operatoren *= und /= sollten ebenfalls in das Template *unit::dyn::TUnit* mit aufgenommen werden.

```
template <typename T>
struct TUnit
{
    ...
    /// operator*=
    TUnit<Type>& operator*=(TUnit<tmp::NullType> const& Factor)
    {
      m_Value *= Factor.getValue();
      return (*this);
    }

    /// operator/=
    TUnit<Type>& operator/=(TUnit<tmp::NullType> const& Factor)
    {
      m_Value /= Factor.getValue();
      return (*this);
    }
    ...
}
```

Das folgende Beispiel zeigt die korrekte Arbeitsweise der Multiplikations- und Divisionsoperatoren. Wenn der Ergebnistyp der Rechenoperation unbekannt ist, kann auch die Metafunktion *TUnitResult* zur Hilfe genommen werden.

```
int main()
{
  unit::dyn::TMeter  Meter(10.0); // 10 m
  unit::dyn::TSecond Second(2.0); // 2 s

  unit::dyn::TSpeed Speed  = Meter / Second;  // 10m / 2s = 5m/s
  unit::dyn::TMeter Meter1 = Speed * Second;  // 5m/s * 2s = 10m
  unit::dyn::TFactor Res   = Meter1 / Meter1; // 1

  unit::dyn::TUnitResult<unit::dyn::TMeter::Type,
                         unit::dyn::TSecond::Type,
                         unit::dyn::eSub    // subtract two units
                        >::Type Speed_ = Meter / Second;

  unit::dyn::TFactor Factor(2.0);
  Speed *= Factor;
  Speed /= Factor;
  ...
}
```

8.6.4   Potenz- und Wurzelfunktionen

Die Potenz- und Wurzelfunktionen benutzen die gleichen Metafunktionen wie die Multiplikations- und Divisionsoperationen. Im Unterschied hierzu werden die Dimensionen der Basiseinheiten mit dem Exponenten multipliziert bzw. dividiert, um den Ergebnistyp zu bilden.

```
/// power with exponent
template<int Exponent, typename Unit>
typename unit::dyn::TUnitResultPow<typename Unit::Type,
                                   Exponent,
                                   unit::dyn::eMul>::Type
        power(Unit const &Value)
{
  return (typename unit::dyn::TUnitResultPow<typename Unit::Type,
                                             Exponent,
                                             unit::dyn::eMul>
              ::Type(pow(Value.getValue(), Exponent)));
}

/// power 2
template<typename Unit>
typename unit::dyn::TUnitResultPow<typename Unit::Type, 2,
                                   unit::dyn::eMul
                                  >::Type sqr(Unit const &Value)
{
  return (typename unit::dyn::TUnitResultPow<typename Unit::Type,
                                             2, unit::dyn::eMul>
              ::Type(Value.getValue() * Value.getValue()));
}

/// root with exponent
template<int Exponent, typename Unit>
typename unit::dyn::TUnitResultPow<typename Unit::Type,
                                   Exponent,
                                   unit::dyn::eDiv
                                  >::Type root(Unit const &Value)
{
  return (typename unit::dyn::TUnitResultPow<typename Unit::Type,
                                             Exponent,
                                             unit::dyn::eDiv>
              ::Type(pow(Value.getValue(), 1.0/Exponent)));
}

/// square root
template<typename Unit>
typename unit::dyn::TUnitResultPow<typename Unit::Type, 2,
                                   unit::dyn::eDiv
                                  >::Type sqrt(Unit const &Value)
{
  return (unit::dyn::TUnitResultPow<typename Unit::Type, 2,
                                    unit::dyn::eDiv>::Type
          (pow(Value.getValue(), 1.0/2.0)));
}
```

Die Metafunktion *TUnitResultPow* ermittelt den Ergebnistyp der Potenz- und Wurzelfunktionen.

```
/// result unit of combination
template <typename L, int Exponent, int Combiner>
struct TUnitResultPow;

template <typename L, typename LTail, int Exponent, int Combiner>
struct TUnitResultPow<tmp::Typelist<L, LTail>,
                      Exponent, Combiner>
{
  typedef TUnit<tmp::Typelist<typename TCombiner<L, Exponent,
                                            Combiner>::Type,
                         typename TUnitResultPow<LTail,
                                            Exponent,
                                            Combiner
                                            >::Type>
                      > Type;
};

template <typename L, int Exponent, int Combiner>
struct TUnitResultPow<tmp::Typelist<L, tmp::NullType>,
                      Exponent, Combiner>
{

  typedef tmp::Typelist<typename TCombiner<L, Exponent,
                                     Combiner>
                        ::Type,tmp::NullType> Type;
};
```

Die Potenz- und Wurzelfunktionen können nun auch für dieses Einheitensystem benutzt werden.

```
int main()
{
  unit::dyn::TMeter  Meter(10.0); // 10 m
  unit::dyn::TSecond Second(2.0); // 2 s
  unit::dyn::TSpeed Speed = Meter / Second;  // 10m / 2s = 5m/s

  /// define type m^3/s^3
  unit::dyn::TUnit<tmp::Typelist<
                 unit::dyn::TBaseMeter<3>,
                 tmp::Typelist<unit::dyn::TBaseSecond<-3>,
                 tmp::NullType> > > Speed_3 = power<3>(Speed);
  unit::dyn::TSpeed Speed_1 = root<3>(Speed_3);
  ...
}
```

8.6.5   Konvertierung zum SI-Einheitensystem

Das flexible Einheitensystem kann sehr einfach in alle bisher vorgestellten Einheitensysteme konvertiert werden. Im folgenden Beispiel wird die Konvertierung des flexiblen Einheitensystems zum SI-Einheitensystem und umgekehrt vorgestellt. Das Template *TConvertSi* definiert auf Basis der Typliste *T* das SI-Einheitensystem. Hierzu ermittelt die Metafunktion *GetDim* die Dimension jeder Basiseinheit und fügt diese als entsprechendes Templateargument der Klasse *unit::si::TUnit* ein.

```cpp
namespace unit
{
namespace dyn
{
  // convert unit from dyn to si
  template<typename T>
  struct TConvertSi
  {
    typedef unit::si::TUnit<
                    GetDim<T, TMeter::Type::Head>::eDim,
                    GetDim<T, TKilogram::Type::Head>::eDim,
                    GetDim<T, TSecond::Type::Head>::eDim,
                    GetDim<T, TAmpere::Type::Head>::eDim,
                    GetDim<T, TKelvin::Type::Head>::eDim,
                    GetDim<T, TMole::Type::Head>::eDim,
                    GetDim<T, TCandela::Type::Head>::eDim
                        > Type;
  };

  // convert unit from dyn to si
  template<typename T>
  typename TConvertSi<T>::Type
          convert(const unit::dyn::TUnit<T> &Value)
  {
    return (TConvertSi<T>::Type(Value.getValue()));
  };
```

Das Template *TConvertDyn* erzeugt eine Typliste des flexiblen Einheitensystems auf Basis der sieben SI-Einheiten. Der Algorithmus prüft, beginnend mit der letzten Einheit Candela, ob die Dimension der Einheit ungleich null ist. Wenn das der Fall ist, wird eine neue Typliste mit dem *Head*-Element der Einheit und der vorher definierten Typliste als *Tail*-Element angelegt. Diese Vorgehensweise ist notwendig, um nicht vorhandene Basiseinheiten auch nicht in die Typliste aufzunehmen.

```
// convert unit from si to dyn
template<int m, int kg, int s, int A, int K, int mol, int cd>
struct TConvertDyn
{
  typedef tmp::NullType Type1;

  typedef typename
          tmp::If<cd != 0,
                  tmp::Typelist<TBaseCandela<cd>, Type1>,
                  Type1
                  >::Ret Type2;
  typedef typename
          tmp::If<mol != 0,
                  tmp::Typelist<TBaseMole<mol>, Type2>,
                  Type2
                  >::Ret Type3;
  typedef typename
          tmp::If<K   != 0,
                  tmp::Typelist<TBaseKelvin<K>, Type3>,
                  Type3
                  >::Ret Type4;
  typedef typename
          tmp::If<A   != 0,
                  tmp::Typelist<TBaseAmpere<A>, Type4>,
                  Type4
                  >::Ret Type5;
  typedef typename
          tmp::If<s   != 0,
                  tmp::Typelist<TBaseSecond<s>, Type5>,
                  Type5
                  >::Ret Type6;
  typedef typename
          tmp::If<kg  != 0,
                  tmp::Typelist<TBaseKilogram<kg>, Type6>,
                  Type6
                  >::Ret Type7;
  typedef typename
          tmp::If<m   != 0,
                  tmp::Typelist<TBaseMeter<m>, Type7>,
                  Type7
                  >::Ret Type8;

  typedef unit::dyn::TUnit<Type8> Type;
};

/// unit for meter, kilogram, second, ampere,
///         kelvin, mole and candela
template<int m, int kg, int s, int A, int K, int mol, int cd>
typename TConvertDyn<m, kg, s, A, K, mol, cd>::Type
  convert(const unit::si::TUnit<m, kg, s, A, K, mol, cd>
          &Value)
{
  return (TConvertDyn<m, kg, s, A, K, mol, cd>
          ::Type(Value.getValue()));
};

}   // dyn
}   // unit
```

Im Beispiel ist die Einfachheit der Konvertierung zwischen dem flexiblen Einheitensystem und dem SI-Einheitensystem dargestellt.

```
int main()
{
  unit::dyn::TMeter  Meter(10.0);  // 10 m
  unit::dyn::TSecond Second(2.0);  // 2 s

  unit::dyn::TSpeed  Speed = Meter / Second; // 5 m/s

  // convert from dyn to si
  unit::si::TSpeed   SpeedSi  = unit::dyn::convert(Speed);
  // convert from si to dyn
  unit::dyn::TSpeed  SpeedDyn = unit::dyn::convert(SpeedSi);

  // convert a factor
  unit::si::TFactor FactorSi = unit::dyn::convert(Factor);
  unit::dyn::TFactor FactorDyn = unit::dyn::convert(FactorSi);
  ...
};
```

Literatur

1. Stroustrup, Bjarne. 2012. Software development for infrastructure. IEEE Computer Society.
2. Wikipedia. 2014. Mars climate orbiter. Online. http://de.wikipedia.org/wiki/Mars_Climate_Orbi ter. Zugegriffen am 15. 03. 2014.
3. Wikipedia. 2014. Internationales Einheitensystem. Internationales Einheitensystem Online. http://de.wikipedia.org/wiki/SI-Einheitensystem. Zugegriffen am 15. 03. 2014.
4. Montenbruck, Oliver. 2005. *Grundlagen der Ephemeridenrechnung*. Heidelberg: Spektrum Akademischer Verlag.
5. Wikipedia. 2014. Ephemeriden. Ephemeriden Online. http://de.wikipedia.org/wiki/Ephemeriden. Zugegriffen am 30 03. 2014.

Speicheroptimierung mit Bitfeldern 9

Das Arbeiten mit Bitfeldern zur Laufzeit der Programme ist relativ aufwendig, langsam und ineffizient. In diesem Kapitel wird gezeigt, wie mit Templates Bitfelder realisiert werden können und wie auf die einzelnen Elemente des Bitfeldes sehr effizient zugegriffen werden kann.

Für das Arbeiten mit Bitfeldern werden drei Varianten der Realisierung mit Templates vorgestellt. In der ersten Variante wird eine feste Anzahl von Templateargumenten zur Beschreibung des Bitfeldes definiert. In der zweiten Variante werden Typlisten eingesetzt, um die Anzahl der Templateargumente variabel zu gestalten. Schließlich werden in der dritten Variante variadische Templates eingesetzt, die seit dem Standard C++11 verfügbar sind. Damit sollen am Beispiel eines Bitfeldes unterschiedliche Realisierungen mit Templates gegenübergestellt werden. Es obliegt dem Anwender, welche Variante er für welche Art von Bitfeldern einsetzen möchte.

9.1 Vorbetrachtung

Bitfelder werden benutzt, um Speicherplatz einzusparen oder auf die Peripherie von Hardwarekomponenten zugreifen zu können. Der zur Verfügung stehende Speicher in einem modernen Rechner ist zwar riesig gegenüber dem Speicherbedarf von Programmen, jedoch führt das Verschicken großer Datenmengen über das Netzwerk oft zu einem Engpass. In Echtzeitanwendungen ist es zum Beispiel unumgänglich, neben der Laufzeit der Programme auch den Speicherbedarf in den Schnittstellen zu optimieren.

Großes Einsparpotential gibt es dann, wenn Datenstrukturen viele, nur wenige Bits lange Ganzzahlen enthalten. In der Tab. 9.1 sind einige Beispiele aufgeführt.

Das Arbeiten mit Bitfeldern zur Laufzeit der Programme ist relativ langsam, weil der Zugriff auf Bitfelder ineffizient ist. Zuerst muss die Maske für das entsprechende Bitfeld

© Springer-Verlag Berlin Heidelberg 2016
J. Lemke, *C++-Metaprogrammierung*, DOI 10.1007/978-3-662-48550-7_9

Tab. 9.1 Anwendungsbeispiele für Bitfelder

Anwendungsfall	Wertebereich	Anzahl
Flags mit einfacher Ja-/Nein-Entscheidung bzw. An/Aus	0...1	1 Bit
Flags bzw. Statusvariablen, bei denen der Wert 0 nicht erlaubt ist (1: An, 2:Aus)	0...3	2 Bits
Variablen mit Werten von 0 bis 3 (z. B. Schaltjahr)	0...3	2 Bits
Variablen mit Werten von 0 bis 7 (z. B. Wochentag)	0...7	3 Bits
Variablen mit Werten von 0 bis 15 (z. B. Monat)	0...15	4 Bits
Variablen mit Werten von 0 bis 31 (z. B. Tag, Stunde)	0...31	5 Bits
Variablen mit Werten von 0 bis 63 (z. B. Minute, Sekunde)	0...63	6 Bits
Variablen mit Werten von 0 bis 127 (z. B. Millisekunde)	0...127	7 Bits

erzeugt werden, anschließend sind binäre Operationen notwendig und das Ergebnis muss wieder mit dem zugehörigen Speicher verknüpft werden.

In der Regel stehen die Informationen über die Elemente eines Bitfelds bereits zur Kompilationszeit fest. Ein Bitfeld kann dann über eine Strukturdefinition mit Membervariablen definiert werden. Die Anzahl der Bits eines Elements werden mit einem Doppelpunkt hinter jeder Variablen angegeben.

```
struct STimeStamp
{
  unsigned char sec : 6;  // seconds after the minute [0,59]
  unsigned char min : 6;  // minutes after the hour   [0,59]
  ...
};
```

Die Definition eines Bitfelds nach diesem Schema hat jedoch einige Nachteile.

- Für jedes Bitfeld muss eine eigene Struktur angelegt werden (Maske).
- Jeder Variablen muss ein Typ zugewiesen werden.
- Beim Schreiben eines Elements des Bitfelds erfolgt keine Längenprüfung der Variablen. Es werden nur die passenden Bits kopiert.
- Auf ein Bitfeldelement kann weder eine Adresse noch eine Referenz gebildet werden. Damit können Bitfelder nicht direkt mit *std::cin* gelesen oder mit *std::cout* geschrieben werden.
- Das Bitfeld kann nur über die einzelnen Elemente gelesen und geschrieben werden. Das Lesen und Schreiben aller Wert zusammen ist direkt nicht möglich.
- Weil Bitfelder selten benutzt werden sind die Compiler nicht darauf optimiert, effizienten Code für diese zu erzeugen.

In den folgenden Abschnitten wird gezeigt, wie mit Techniken der Metaprogrammierung Bitfelder sehr effizient gelesen und geschrieben werden können [1].[1] Als Beispiel soll die Struktur des Zeitstempels *tm* der C-Headerdatei *time.h* dienen, weil hier die einzelnen Variablen unterschiedliche Zahlenbereiche repräsentieren. Ziel soll es dabei sein, das Datum und die Uhrzeit in einer 32-Bit Ganzzahl abzulegen.

```
struct tm
{
  int tm_sec;     // seconds after the minute   [0,59]
  int tm_min;     // minutes after the hour     [0,59]
  int tm_hour;    // hours since midnight        [0,23]
  int tm_mday;    // day of the month            [1,31]
  int tm_mon;     // months since January        [0,11]
  int tm_year;    // years since 1900
  int tm_wday;    // days since Sunday           [0,6]
  int tm_yday;    // days since January 1        [0,365]
  int tm_isdst;   // daylight savings time flag
};
```

9.2   Bitfelder mit Templates realisieren

9.2.1   Bitfelder definieren

Bitfelder können mit Templates realisiert werden, wenn die Größe der einzelnen Elemente zur Kompilationszeit feststeht [1]. Die Bitfeldelemente (*Field*) werden als Nichttyp-Templateargumente im Klassentemplate *TBitfield* definiert und ab dem 2. Element mit dem Standardwert 0 vorbelegt. In diesem Beispiel kann *TBitfield* maximal 8 Elemente verarbeiten. Alle Klassen und Methoden für Bitfelder befinden sich im Namensbereich *bf* für *bit field*.

```
namespace bf  // namespace for bit-fields
{
template <unsigned int Field1,    unsigned int Field2 = 0,
          unsigned int Field3 = 0, unsigned int Field4 = 0,
          unsigned int Field5 = 0, unsigned int Field6 = 0,
          unsigned int Field7 = 0, unsigned int Field8 = 0>
class TBitfield
{
...
}
} // bf
```

---

[1] Alexandrescu verweist in seiner Präsentation darauf, dass die Idee Bitfelder mit Templates zu realisieren aus einem Web-Blog von Tudor Bosman stammt. Diesen Blog habe ich allerdings im Web nicht gefunden.

Es ist für das Beispiel des Zeitstempels zweckmäßig, die Größen der einzelnen Elemente in Bits mit Enumeratoren fest vorzugeben. Weil die Summe aller Bits 32 beträgt, reicht eine 32-Bit Ganzzahl aus, um alle Bits zu verarbeiten. Allerdings muss hierfür die Elementgröße für das Jahr von 8 auf 6 Bits reduziert werden. Demzufolge repräsentiert das Element *bf_year* die Jahre von 2000 bis 2063.

```
enum
{
  bf_sec   = 6,   // seconds after the minute [0,59]
  bf_min   = 6,   // minutes after the hour   [0,59]
  bf_hour  = 5,   // hours since midnight      [0,23]
  bf_mday  = 5,   // day of the month          [1,31]
  bf_mon   = 4,   // months since January      [0,11]
  bf_year  = 6    // years since 2000          [0,63]
};
```

Ein Bitfeld für das Datum und die Uhrzeit kann nun wie folgt definiert werden:

```
bf::TBitfield<bf_sec, bf_min, bf_hour, bf_mday,
              bf_mon, bf_year> Bitfield;
```

Natürlich könnten auch die Zahlen der Elementgrößen direkt eingetragen werden. Für das später beschriebene Lesen und Schreiben der einzelnen Elemente ist diese Vorgehensweise aber unübersichtlich und fehleranfällig.

```
bf::TBitfield<6, 6, 5, 5, 4, 6> Bitfield;
```

9.2.2 Speichern des Bitfelds

Das Bitfeld in *TBitfield* muss in einer Ganzzahlvariablen abgelegt werden. Als Typen kommen hierfür *uint8_t*, *uint16_t*, *uint32_t* und *uint64_t* in Frage, die in der Headerdatei *<cstdint>* definiert werden. Die Typen *short*, *int* oder *long* sollten nicht verwendet werden, da der C++-Standard nicht die genaue Größe, sondern nur die Reihenfolge bezüglich ihrer Größe vorgibt. Das Template *TGetType* bestimmt in Abhängigkeit der Summe aller Elementgrößen den besten Typ. Hierzu wird im ersten Schritt die nächstgrößere Zahl bestimmt, die durch 8 teilbar ist. Anschließend wird über die Spezialisierung von *TGetType* der Typ *Type* definiert.

```
namespace bf  // namespace for bit-fields
{
template <unsigned int Bits> struct TGetType
{
  enum { Rem  = Bits % 8,
         Int  = Bits - Rem,
         Size = Rem ? Int+8 : Int };
  typedef typename TGetType<Size>::Type Type;
};
template <> struct TGetType<8>  { typedef uint8_t  Type; };
template <> struct TGetType<16> { typedef uint16_t Type; };
template <> struct TGetType<24> { typedef uint32_t Type; };
template <> struct TGetType<32> { typedef uint32_t Type; };
template <> struct TGetType<40> { typedef uint64_t Type; };
template <> struct TGetType<48> { typedef uint64_t Type; };
template <> struct TGetType<56> { typedef uint64_t Type; };
template <> struct TGetType<64> { typedef uint64_t Type; };
} // bf
```

Die Kenntnis über die Anzahl aller Elemente eines Bitfelds ist für das Prüfen der Position im Bitfeld unerlässlich. Die Anzahl der Elemente wird mit dem Template *TNoOfFields* rekursiv bestimmt. Die Rekursion wird beendet, wenn alle Templateargumente gleich null sind.

```
template <unsigned int Field1,     unsigned int Field2 = 0,
          unsigned int Field3 = 0, unsigned int Field4 = 0,
          unsigned int Field5 = 0, unsigned int Field6 = 0,
          unsigned int Field7 = 0, unsigned int Field8 = 0>
struct TNoOfFields
{
  enum {Value = TNoOfFields<Field2, Field3, Field4, Field5,
                            Field6, Field7, Field8>::Value+1 };
};

template <>
struct TNoOfFields<0, 0, 0, 0, 0, 0, 0, 0>
{
  enum { Value = 0 };
};
```

Das Template *TBitfield* wird um die Enumeratoren *Size* und *NoOfFields*, der Typdefinition *Type* und der privaten Membervariablen *m_Value* erweitert. Der Enumerator *Size* enthält die Summe aller Elemente, die im Bitfeld abgelegt werden soll und der Enumerator *NoOfFields* die Anzahl der Elemente im Bitfeld. Der Typ *Type* wird anschließend mit dem Template *TGetType* und der Summe aller Elemente *Size* ermittelt und definiert. Der Typdefinition muss das Schlüsselwort *typename* folgen, um dem

Compiler mitzuteilen, dass es sich bei der Definition von *TGetType<Size>::Type* um einen Typen handelt. Abschließend kann die Membervariable *m_Value* vom Typ *Type* definiert werden.

```
namespace bf  // namespace for bit-fields
{
template <unsigned int Field1,    unsigned int Field2 = 0,
          unsigned int Field3 = 0, unsigned int Field4 = 0,
          unsigned int Field5 = 0, unsigned int Field6 = 0,
          unsigned int Field7 = 0, unsigned int Field8 = 0>
class TBitfield
{
public:
  enum { Size      =   Field1 + Field2 + Field3 + Field4
                     + Field5 + Field6 + Field7 + Field8,
         NoOfFields = TNoOfFields<Field1, Field2, Field3, Field4,
                                  Field5, Field6, Field7, Field8
                      >::Value };
  typedef typename TGetType<Size>::Type Type;

private:
  Type m_Value;
...
}
} // bf
```

9.2.3   Lesen der Elemente

Das Lesen eines Elements des Bitfelds soll mit einer globalen *get*-Methode im Namensbereich *bf* erfolgen, wie im folgenden Beispiel dargestellt ist.

```
unsigned int Field2 = bf::get<2>(Bitfield);
```

Die Methode *get* ist ein Funktionstemplate, dem die Position *Pos* des Elements als Templateargument übergeben wird. Zusätzlich muss die Argumentenliste alle Argumente des Bitfelds enthalten, um das Bitfeld in der Parameterliste definieren zu können. Der Rückgabetyp ist vom gleichen Typ, wie die Membervariable *m_Value* der Klasse *TBitfield*, weil für ein 64-Bit großes Bitfeld in einer 32-Bit Umgebung der Typ *unsigned int* zu klein ist.

```
template <unsigned int Pos,
          unsigned int Field1, unsigned int Field2,
          unsigned int Field3, unsigned int Field4,
          unsigned int Field5, unsigned int Field6,
          unsigned int Field7, unsigned int Field8>
typename TBitfield<Field1, Field2, Field3, Field4,
                   Field5, Field6, Field7, Field8>::Type
  get(TBitfield<Field1, Field2, Field3, Field4,
                Field5, Field6, Field7, Field8> Bitfield)
{
  return (getBitfield<Pos, 0, Field1, Field2, Field3, Field4,
                      Field5, Field6, Field7, Field8
                  >(Bitfield.m_Value));
};
```

Die Funktion *get* ruft die Hilfsfunktion *getBitfield* auf, die rekursiv das entsprechende Element des Bitfelds ermittelt und den Inhalt zurückliefert. Weil die Funktion *get* direkt auf die Membervariable *m_Value* des Bitfelds zugreifen muss, wird die Funktion *get* als *friend* in der Klasse *TBitfield* deklariert. Leider darf bei einer *friend*-Deklaration kein *typedef* benutzt werden, welches auf ein Templateargument der Klasse selbst zurückgreift.

```
// error, cannot access private member
friend Type get(TBitfield<Field1, Field2, Field3, Field4,
                          Field5, Field6, Field7, Field8>);
```

Daher muss der *typedef* hinter der *friend*-Deklaration ausgeschrieben werden.

```
template <unsigned int Field1,     unsigned int Field2 = 0,
          unsigned int Field3 = 0, unsigned int Field4 = 0,
          unsigned int Field5 = 0, unsigned int Field6 = 0,
          unsigned int Field7 = 0, unsigned int Field8 = 0>
class TBitfield
{
...
public:
  template <unsigned int Pos,
            unsigned int Field1, unsigned int Field2,
            unsigned int Field3, unsigned int Field4,
            unsigned int Field5, unsigned int Field6,
            unsigned int Field7, unsigned int Field8>
  friend typename TBitfield<Field1, Field2, Field3, Field4,
                            Field5, Field6, Field7, Field8
                        >::Type
  get(TBitfield<Field1, Field2, Field3, Field4,
                Field5, Field6, Field7, Field8>);
...
};
```

Das Hilfstemplate *getBitfield* enthält gegenüber der Funktion *get* zusätzlich das Templateargument *FirstPos*, welches die erste Position eines Elements im Bitfeld enthalten soll. Als Startwert setzt die Funktion *get* das Argument *FirstPos* auf 0, weil dort das erste Element im Bitfeld beginnt. Die Funktion *get* ruft sich selbst rekursiv solange auf, bis die Elementposition erreicht ist, d. h. *Pos* gleich 0 ist.

```
template <unsigned int Pos,    unsigned int FirstPos,
          unsigned int Field1, unsigned int Field2,
          unsigned int Field3, unsigned int Field4,
          unsigned int Field5, unsigned int Field6,
          unsigned int Field7, unsigned int Field8>
typename TBitfield<Field1, Field2, Field3, Field4,
                   Field5, Field6, Field7, Field8>::Type
  getBitfield(typename TBitfield<Field1, Field2, Field3, Field4,
                                 Field5, Field6, Field7, Field8
                                 >::Type Value)
{
  static_assert(Pos <= TBitfield<Field1, Field2, Field3, Field4,
                                 Field5, Field6, Field7, Field8
                                 >::NoOfFields,
                "Invalid position in bitfield");
  if (Pos == 0)
  {
    typedef TBitfield<Field1, Field2, Field3, Field4,
                      Field5, Field6, Field7, Field8
                      >::Type Type;
    if (Field1 == 1)
      return ((Value & (Type(1u) << FirstPos)) != 0);

    return ((Value >> FirstPos) & ((Type(1u) << Field1) - 1));
  }

  return (getBitfield<Pos-(Pos ? 1 : 0),
                      FirstPos+(Pos ? Field1 : 0),
                      Field2, Field3, Field4, Field5,
                      Field6, Field7, Field8, Field1>(Value));
};
```

Die Rekursion muss ohne eine Spezialisierung für das Argument *Pos = 0* beendet werden, weil Funktionstemplates nur vollständig spezialisiert werden können, was jedoch mit den Feldargumenten *Field1* bis *Field8* unmöglich ist. Hier hilft der bereits im Abschn. 3.1.6 beschriebene Trick die Position *Pos* nur dann um eins zu reduzieren, wenn *Pos* ungleich 0 ist.

Mit jeder Rekursion wird die Position *Pos* um eins reduziert und die Position des Elements im Bitfeld *FirstPos* mit der aktuellen Elementgröße addiert. Wenn die Position *Pos* gleich 0 erreicht ist, wird der Inhalt des Elements über den Verschiebeoperator an den Anfang des Bitfelds verschoben (*Value >> FirstPos*) und anschließend mit der Bitmaske der Elementgröße (*(Type(1u) << Field1) – 1*) mit dem UND-Operator & verknüpft. Für den Sonderfall, dass das Element nur ein Bit lang ist, kann aus Gründen der Performance der Inhalt direkt mit der Bitmaske verknüpft und das Ergebnis auf ungleich 0 geprüft werden.

Die Typumwandlung auf *Type(1u)* ist in der Funktion notwendig, weil für die Bitmaskierung eines 64-Bit großen Bitfelds in einer 32-Bit Umgebung auch eine 64-Bit große Maske angelegt werden muss. Der Wert für 1u wäre aber nur 32-Bit lang. Aus diesem Grund wurde der Typ des Bitfelds in *TBitfield* als *Type* definiert.

Jedes Element im Bitfeld kann nun mit der Funktion *get<Pos>(Bitfield)* gelesen werden. Wird eine größere Position als Elemente im Bitfeld definiert worden sind angegeben, wird eine statische Assertion ausgelöst (siehe Abschn. 4.5).

```
int main()
{
  bf::TBitfield<bf_sec, bf_min, bf_hour,
             bf_mday, bf_mon, bf_year> Bitfield;
...
  std::cout << "Hour: " << bf::get<bf_hour>(Bitfield)
          << std::endl;
...
};
```

9.2.4 Schreiben der Elemente

Das Schreiben der Elemente eines Bitfelds erfolgt analog dem Lesen.

```
bool Return = bf::set<2>(Bitfield, Field2);
```

Die Methode *set* enthält neben dem Bitfeld auch den zu speichernden Wert *Param* in der Parameterliste. Dieser muss wieder vom gleichen Typ wie die Membervariable *m_Value* sein. Die Methode liefert *true* zurück, wenn *Param* im Bitfeld gespeichert werden konnte.

```
template <unsigned int Pos,
          unsigned int Field1, unsigned int Field2,
          unsigned int Field3, unsigned int Field4,
          unsigned int Field5, unsigned int Field6,
          unsigned int Field7, unsigned int Field8>
bool set(TBitfield<Field1, Field2, Field3, Field4,
                   Field5, Field6, Field7, Field8> &Bitfield,
         typename TBitfield<Field1, Field2, Field3, Field4,
                            Field5, Field6, Field7, Field8
                   >::Type Param)
{
  return (setBitfield<Pos, 0, Field1, Field2, Field3, Field4,
                      Field5, Field6, Field7, Field8
                >(Bitfield.m_Value, Param));
};
```

Die Funktion *set* ruft die Hilfsfunktion *setBitfield* auf, die rekursiv das entsprechende Element des Bitfelds ermittelt und den Wert *Param* im Element speichert. Weil auch die Funktion *set* direkt auf die Membervariable *m_Value* des Bitfelds zugreift, wird sie ebenfalls als *friend* in der Klasse *TBitfield* deklariert. Auch hier muss der *typedef* wegen der *friend*-Deklaration ausgeschrieben werden.

```
template <unsigned int Field1,     unsigned int Field2 = 0,
          unsigned int Field3 = 0, unsigned int Field4 = 0,
          unsigned int Field5 = 0, unsigned int Field6 = 0,
          unsigned int Field7 = 0, unsigned int Field8 = 0>
class TBitfield
{
...
public:
  template <unsigned int Pos,
            unsigned int Field1, unsigned int Field2,
            unsigned int Field3, unsigned int Field4,
            unsigned int Field5, unsigned int Field6,
            unsigned int Field7, unsigned int Field8>
  friend bool set(TBitfield<Field1, Field2, Field3, Field4,
                            Field5, Field6, Field7, Field8>&,
    typename TBitfield<Field1, Field2, Field3, Field4,
                       Field5, Field6, Field7, Field8>::Type);
...
};
```

Das Hilfstemplate *setBitfield* arbeitet analog dem Hilfstemplate *getBitfield*. Es unterscheidet sich nur in den Bitoperationen zum Schreiben des Wertes *Param*.

```
template <unsigned int Pos,      unsigned int FirstPos,
          unsigned int Field1, unsigned int Field2,
          unsigned int Field3, unsigned int Field4,
          unsigned int Field5, unsigned int Field6,
          unsigned int Field7, unsigned int Field8>
bool setBitfield(typename TBitfield<Field1, Field2, Field3,
                                    Field4, Field5, Field6,
                                    Field7, Field8
                                    >::Type &Value,
                 typename TBitfield<Field1, Field2, Field3,
                                    Field4, Field5, Field6,
                                    Field7, Field8
                                    >::Type Param)
{
  static_assert(Pos <= TBitfield<Field1, Field2, Field3, Field4,
                                 Field5, Field6, Field7, Field8
                                 >::NoOfFields,
                "Invalid position in bitfield");
  if (Pos == 0)
  {
    typedef TBitfield<Field1, Field2, Field3, Field4,
                      Field5, Field6, Field7, Field8
                      >::Type Type;

    if (Param > (Type(1u) << Field1)-1)
      return (false);

    if (Field1 == 1)
    {
      Value &= ~(Type(1u) << FirstPos);
      Value |= ((Type(1u) & Param) << FirstPos);
      return (true);
    }

    Value &= ~(((Type(1u) << Field1) - 1) << FirstPos);
    Value |= (((Type(1u) << Field1) - 1) & Param) << FirstPos;

    return (true);
  }

  return (setBitfield<Pos-(Pos ? 1 : 0),
                      FirstPos +(Pos ? Field1 : 0),
                      Field2, Field3, Field4, Field5,
                      Field6, Field7, Field8, Field1
                      > (Value, Param));
};
```

Jedes Element im Bitfeld kann nun mit der Funktion *set<Pos>(Bitfield, Value)*
geschrieben werden.

9.2.5   Lesen und Schreiben eines Zeitstempels im Bitfeld

Im folgenden Beispiel wird der aktuelle Zeitstempel mit der Funktion *time* ermittelt und mit der Funktion *localtime* in die Struktur *tm* gefüllt. Neben den Elementgrößen des Zeitstempels sollte auch die Position im Bitfeld als Enumerator fest vorgegeben werden (siehe Abschn. 9.2.1).

```
enum
{
  bf_pos_sec   = 0,    // seconds after the minute [0,59]
  bf_pos_min   = 1,    // minutes after the hour   [0,59]
  bf_pos_hour  = 2,    // hours since midnight     [0,23]
  bf_pos_mday  = 3,    // day of the month         [1,31]
  bf_pos_mon   = 4,    // months since January     [0,11]
  bf_pos_year  = 5     // years since 2000         [0,63]
};

int main()
{
  bf::TBitfield<bf_sec, bf_min, bf_hour, bf_mday, bf_mon, bf_year> Bitfield;

  // get current time stamp
  time_t TimeInSeconds;
  time(&TimeInSeconds);
  tm LocalTime = *localtime(&TimeInSeconds);

  // write time stamp to Bitfield
  bf::set<bf_pos_sec  >(Bitfield, LocalTime.tm_sec);
  bf::set<bf_pos_min  >(Bitfield, LocalTime.tm_min);
  bf::set<bf_pos_hour >(Bitfield, LocalTime.tm_hour);
  bf::set<bf_pos_mday >(Bitfield, LocalTime.tm_mday);
  bf::set<bf_pos_mon  >(Bitfield, LocalTime.tm_mon);
  bf::set<bf_pos_year >(Bitfield, LocalTime.tm_year-100);

  // read time stamp from Bitfield and output
  std::cout << std::setfill('0')
    << std::setw(2) << bf::get<bf_pos_mday >(Bitfield)   << "."
    << std::setw(2) << bf::get<bf_pos_mon  >(Bitfield)+1 << "."
    << 2000+bf::get<bf_pos_year >(Bitfield)              << " "
    << std::setw(2) << bf::get<bf_pos_hour >(Bitfield)   << ":"
    << std::setw(2) << bf::get<bf_pos_min  >(Bitfield)   << ":"
    << std::setw(2) << bf::get<bf_pos_sec  >(Bitfield)
    << std::setfill(' ') << std::endl;
...
};
```

9.2.6 Weitere nützliche Methoden für Bitfelder

Neben dem Lesen und Schreiben der Elemente in Bitfeldern gibt es noch eine Reihe weiterer nützlicher Funktionen. Die Funktionen *getValue* und *setValue* von *TBitfield* erlauben zum Beispiel das Lesen und Schreiben eines kompletten Bitfelds.

```
template <unsigned int Field1,    unsigned int Field2 = 0,
          unsigned int Field3 = 0, unsigned int Field4 = 0,
          unsigned int Field5 = 0, unsigned int Field6 = 0,
          unsigned int Field7 = 0, unsigned int Field8 = 0>
class TBitfield
{
...
public:
  Type getValue() const
  {
    return (m_Value);
  }

  template <typename T>
  void setValue(T Value)
  {
    static_assert(sizeof(Type) >= sizeof(T),
                  "Invalid size of parameter");
    m_Value = Value;
  }
...
};
```

Weiterhin könnten auch folgende Funktionen nützlich sein:

*   *getFieldSize<Pos>* um die Größe eines Elements im Bitfeld zu ermitteln,
*   *getBitMask<Pos>* um die Maske für ein Elements des Bitfelds zu bestimmen,
*   *getNoOfShift<Pos>* um die erste Position des Elements im Bitfeld zu bestimmen usw.

Auf die Darstellung dieser Funktionen soll hier verzichtet werden, weil sich diese leicht über die Methoden *getBitfield* bzw. *setBitfield* herleiten lassen.

9.3 Umsetzung der Bitfelder mit Typlisten

Bisher wurden die Elemente der Bitfelder über 8 fest vorgegebene Templateargumente realisiert. Alle unbenutzten Argumente wurden dabei auf den Standardwert 0 gesetzt. Wenn jedoch mehr als 8 Elemente verarbeitet werden sollen, müssen alle Templates erweitert werden. Flexibler ist hier der Einsatz einer Typliste als Templateargument für alle Elemente des Bitfelds. Die Typlisten wurden bereits in den Abschn. 4.1 und 6.3 ausführlich vorgestellt.

9.3.1 Anlegen der Typliste

Typlisten können beliebig viele Typen in einer Liste verwalten. Für Bitfelder werden aber keine Typen, sondern nur Nichttyp-Parameter verwenden. Deshalb müssen diese in einer Verwaltungsklasse gekapselt werden. Hierfür wird das Klassentemplate *TValue* aus dem Abschn. 3.2.2 verwendet und im Namensbereich *tmp* definiert.

```
namespace tmp   // namespace for template metaprogramming
{
template <unsigned int Value>
struct TValue
{
  enum {eValue = Value};
};
} // tmp
```

Die Typlisten können nun mit dem Makro *TYPELIST* angelegt werden.

```
// create typelist with macro
typedef TYPELIST(tmp::TValue<bf_sec>,  tmp::TValue<bf_min>,
                 tmp::TValue<bf_hour>, tmp::TValue<bf_mday>,
                 tmp::TValue<bf_mon>, tmp::TValue<bf_year>
                 ) TimeStampType;
```

In der Schreibweise des Makros fällt auf, dass alle Argumente immer gleich mit dem Template *tmp::TValue<>* gekapselt werden. Diese Arbeit könnten auch die Makros selbst übernehmen. Im folgenden Beispiel werden die Makros *TYPELIST_DATA* entwickelt, die alle Makroparameter in der Klasse *tmp::TValue<>* kapseln.

```
#define TYPELIST_DATA(...) \
        VA_TYPELIST_DATA((VA_NUM_ARGS(__VA_ARGS__),__VA_ARGS__))
#define VA_TYPELIST_DATA(tuple) VA_TYPELIST_DATA_ tuple
#define VA_TYPELIST_DATA_(n, ...) \
        VA_TYPELIST_DATA__(n, (__VA_ARGS__))
#define VA_TYPELIST_DATA__(n, tuple) \
        VA_GLUE_2(TYPELIST_DATA_,n) tuple

#define TYPELIST_DATA_1(T1) \
    tmp::Typelist<tmp::TValue<T1>, tmp::NullType>
#define TYPELIST_DATA_2(T1, T2) \
    tmp::Typelist<tmp::TValue<T1>, TYPELIST_DATA_1(T2)>
#define TYPELIST_DATA_3(T1, T2, T3) \
    tmp::Typelist<tmp::TValue<T1>, TYPELIST_DATA_2(T2, T3)>
#define TYPELIST_DATA_4(T1, T2, T3, T4) \
    tmp::Typelist<tmp::TValue<T1>, TYPELIST_DATA_3(T2, T3, T4)>
#define TYPELIST_DATA_5(T1, T2, T3, T4, T5) \
    tmp::Typelist<tmp::TValue<T1>,                   \
                  TYPELIST_DATA_4(T2, T3, T4, I5)>
#define TYPELIST_DATA_6(T1, T2, T3, T4, T5, T6) \
    tmp::Typelist<tmp::TValue<T1>,                   \
                  TYPELIST_DATA_5(T2, T3, T4, T5, T6)>
```

Nun vereinfacht sich die Schreibweise zum Anlegen der Typliste wie folgt:

```
// create typelist with macro
typedef TYPELIST_DATA(bf_sec, bf_min, bf_hour,
                      bf_mday, bf_mon, bf_year) TimeStampType;
```

Alternativ kann die Typliste auch mit dem Template *tmp::MakeTypelist* angelegt werden (siehe Abschn. 4.1.1).

```
// create typelist with class template
typedef tmp::MakeTypelist<tmp::TValue<bf_sec>,
                          tmp::TValue<bf_min>,
                          tmp::TValue<bf_hour>,
                          tmp::TValue<bf_mday>,
                          tmp::TValue<bf_mon>,
                          tmp::TValue<bf_year>
                          >::Result TimeStampType;
```

Auch beim Anlegen der Typliste mit dem Template *tmp::MakeTypelist* fällt auf, dass alle Daten vorher mit dem Template *tmp::TValue<>* gekapselt werden. Diese Aufgabe kann zukünftig das Template *tmp::MakeTypelistData* übernehmen.

```
namespace tmp
{
  // helper class to create a typelist
  template <unsigned int T1 = 0,
            unsigned int T2 = 0,
            unsigned int T3 = 0,
            unsigned int T4 = 0,
            unsigned int T5 = 0,
            unsigned int T6 = 0>
  struct MakeTypelistData
  {
  private:
    typedef typename MakeTypelistData<T2 , T3 , T4 , T5, T6>
                      ::Result TailResult;

  public:
    typedef Typelist<tmp::TValue<T1>, TailResult> Result;
  };

  template <>
  struct MakeTypelistData<>
  {
    typedef NullType Result;
  };
} // tmp
```

Die Schreibweise zum Anlegen der Typliste vereinfacht sich nun zu:

```
// create typelist with class template
typedef tmp::MakeTypelistData<bf_sec,  bf_min, bf_hour,
                              bf_mday, bf_mon, bf_year
                  >::Result TimeStampType;
```

9.3.2   Definition des Bitfelds

Nach diesen umfangreichen Vorbereitungen zum Anlegen der Typliste vereinfacht sich nun deutlich der Source für das Template *TBitfield*, weil nur noch ein Templateargument definiert werden muss. Die Anzahl der Elemente des Bitfelds *NoOfFields* muss jetzt nicht mehr mit dem Template *TNoOfFields* ermittelt werden, weil die Länge der Typliste mit der Metafunktion *tmp::Length* bestimmt werden kann (siehe Abschn. 4.1.2).

```
template <typename TList>
class TBitfield
{
public:
  enum { Size      = Sum<TList>::value,
         NoOfFields = tmp::Length<TList>::value };
  typedef typename TGetType<Size>::Type Type;

private:
  typename Type m_Value;

public:
  ...
  template <unsigned int Pos, typename TList>
  friend typename TBitfieldTL<TList>::Type get(TBitfield<TList>);

  template <unsigned int Pos, typename TList>
  friend bool set(TBitfield<TList>&,
                  typename TBitfieldTL<TList>::Type);
};
```

Um die Größe des Bitfelds zu bestimmen, wird bei Typlisten das Template *Sum* benötigt. Dieses Template arbeitet rekursiv die Typliste ab und summiert alle Werte von *tmp::TValue* auf.

```
template <typename TList>
struct Sum;

template <>
struct Sum<tmp::NullType>
{
  enum { value = 0 };
};

template <unsigned int Value, typename U>
struct Sum< tmp::Typelist<tmp::TValue<Value>, U> >
{
  enum { value = Value + Sum<U>::value };
};
```

9.3.3 Lesen und Schreiben der Elemente

Die *get*- und *set*-Funktionen zum Lesen und Schreiben der Elemente eines Bitfelds vereinfachen sich mit Typlisten zu:

```
template <unsigned int Pos, typename TList>
typename TBitfield<TList>::Type get(TBitfield<TList> Bitfield)
{
  return (getBitfield<Pos, 0,
                     typename TBitfield<TList>::Type, TList
                     >(Bitfield.m_Value));
};

template <unsigned int Pos, typename TList>
bool set(TBitfield<TList> &Bitfield,
         typename TBitfield<TList>::Type Param)
{
  return (setBitfield<Pos, 0,
                     typename TBitfield<TList>::Type, TList
                     >(Bitfield.m_Value, Param));
};
```

Hier ist aber eine Besonderheit zu beachten. Weil die untergeordneten Methoden *getBitfield* und *setBitfield* rekursiv die Typliste abarbeiten und diese dadurch kleiner wird ist es innerhalb dieser Methoden nicht mehr möglich, den Typ des Bitfelds für die Verschiebeoperationen zu bestimmen. Daher muss der Typ des Bitfelds *typename TBitfield<TList>::Type* den Methoden als Templateargument zusätzlich mit übergeben werden.

Beim rekursiven Aufruf von Funktionstemplates ohne Spezialisierung wurde erläutert, dass die Position *Pos* nur dann reduziert werden darf, wenn diese ungleich 0 ist. Der Grund hierfür ist, dass der Compiler alle Codezeilen der Funktion übersetzt, auch die für den rekursiven Aufruf mit der *Pos* = 0 (siehe Abschn. 3.1.6 und 9.2.3). Das gleiche Problem tritt nun auch bei der Typliste zutage. Es darf auch bei der Typliste nur auf das nächste Element *Tail* verwiesen werden, wenn das nächste Element nicht der *tmp:: NullType* ist. Um das sicherzustellen definiert das Template *bf::NextType* nur dann den nächsten Typ der Typliste, wenn dieser nicht dem *tmp::NullType* entspricht.

```
template <typename TList>struct NextType;

// static class for if condition
template <typename Head, typename Tail>
struct NextType<tmp::Typelist<Head, Tail> >
{
  typedef Tail Type;
};

// specialization for Condition = false
template <typename Head>
struct NextType<tmp::Typelist<Head, tmp::NullType> >
{
  typedef tmp::Typelist<Head, tmp::NullType> Type;
};
```

Die Funktionen *getBitfield* und *setBitfield* können nun für die Typliste *TList* angepasst werden.

```
template <unsigned int Pos, unsigned int FirstPos,
          typename Type, typename TList>
Type getBitfield(Type Value)
{
  static_assert(Pos <= TBitfield<TList>::NoOfFields,
                "Invalid position in bitfield");

  enum { Field1 = TList::Head::eValue };

  if (Pos == 0)
  {
    if (Field1 == 1)
      return ((Value & (1u << FirstPos)) != 0);

    return ((Value >> FirstPos) & ((1u << Field1) - 1));
  }

  return (getBitfield<Pos-(Pos ? 1 : 0),
                      FirstPos+(Pos ? Field1 : 0), Type,
                      typename bf::NextType<TList>::Type
                      >(Value));
};

template <unsigned int Pos, unsigned int FirstPos,
          typename Type, typename TList>
bool setBitfield(Type &Value, Type Param)
{
  static_assert(Pos <= TBitfield<TList>::NoOfFields,
                "Invalid position in bitfield");

  enum { Field1 = TList::Head::eValue };

  if (Pos == 0)
  {
    if (Param > (1u << Field1)-1)
      return (false);

    if (Field1 == 1)
    {
      Value &= ~(Type(1u) << FirstPos);
      Value |= ((Type(1u) & Param) << FirstPos);
      return (true);
    }

    Value &= ~(((1u << Field1) - 1) << FirstPos);
    Value |= (((1u << Field1) - 1) & Param) << FirstPos;

    return (true);
  }

  return (setBitfield<Pos-(Pos ? 1 : 0),
                      FirstPos+(Pos ? Field1 : 0), Type,
                      typename bf::NextType<TList>::Type
                      >(Value, Param));
};
```

9.4   Umsetzung der Bitfelder mit variadischen Templates

Die eleganteste Umsetzung der Bitfelder ist mit variadischen Templates möglich. Die
Idee für diese Umsetzung wurde in [1] von Andrei Alexandrescu vorgestellt.

9.4.1   Definition des Bitfelds

Mit variadischen Templates vereinfacht sich die Definition des Bitfelds erheblich. Die
Elemente des Bitfelds werden über die variable Argumentenliste mit dem Ellipsenoperator deklariert (siehe Abschn. 3.5.1). Die Anzahl der Elemente des Bitfelds
werden bei variadischen Templates mit dem Operator *sizeof. . .* bestimmt.

```
template <unsigned int... Fields>
class TBitfield
{
public:
  enum { Size      = Sum<Fields...>::Value,
         NoOfFields = sizeof...(Fields) };
  typedef typename TGetType<Size>::Type Type;

private:
  typename Type m_Value;

public:
  ...
  template <unsigned int Pos, unsigned int... Fields>
  friend typename TBitfield<Fields...>::Type
                  get(TBitfield<Fields...>);

  template <unsigned int Pos, unsigned int... Fields>
  friend bool set(TBitfield<Fields...>&,
                  typename TBitfield<Fields...>::Type);
};
```

Die Größe des Bitfelds wird, ähnlich wie bei Typlisten auch, mit dem Template *Sum*
bestimmt. Dieses Template arbeitet rekursiv die variadischen Argumente ab und
summiert alle Wert von *tmp::TValue* auf.

```
template <unsigned int...> struct Sum;

template <unsigned int Field>
struct Sum<Field>
{
  enum { Value = Field };
};

template <unsigned int Field, unsigned int... Fields>
struct Sum<Field, Fields...>
{
  enum { Value = Field + Sum<Fields...>::Value };
};
```

9.4.2   Lesen und Schreiben der Elemente

Die *get*- und *set*-Funktionen zum Lesen und Schreiben der Elemente eines Bitfelds
vereinfachen sich mit variadischen Argumenten zu:

```
template <unsigned int Pos, unsigned int... Fields>
typename TBitfield<Fields...>::Type
        get(TBitfield<Fields...> Bitfield)
{
  return (getBitfield<Pos, 0, Fields...>(Bitfield.m_Value));
};

template <unsigned int Pos, unsigned int... Fields>
bool set(TBitfield<Fields...> &Bitfield,
        typename TBitfield<Fields...>::Type Param)
{
  return (setBitfield<Pos, 0, Fields...
                  >(Bitfield.m_Value, Param));
};
```

Die Methoden *getBitfield* und *setBitfield* können im Gegensatz zu den Typlisten wieder
den Typ des Bitfelds selber bestimmen. Daher kann auf die Übergabe der Typinformation
als Argument verzichtet werden.

```
typedef TBitfield<Field, Fields...>::Type Type;
```

Um eine Rekursion mit variadischen Templates für die Methoden *getBitfield* und
setBitfield zu ermöglichen, muss die variable Argumentenliste in zwei Argumente
aufgeteilt werden, einem Nichttyp-Parameter *Field* und einem variablen Argument
Fields. Die Funktionen sehen für variadische Templates wie folgt aus.

```cpp
template <unsigned int Pos, unsigned int FirstPos,
          unsigned int Field, unsigned int... Fields>
typename TBitfield<Field, Fields...>::Type
        getBitfield(typename TBitfield<Field, Fields...
                                       >::Type Value)
{
  static_assert(Pos <= sizeof...(Fields),
                "Invalid position in bitfield");

  if (Pos == 0)
  {
    typedef TBitfield<Field, Fields...>::Type Type;

    if (Field == 1)
      return ((Value & (Type(1u) << FirstPos)) != 0);

    return ((Value >> FirstPos) & ((Type(1u) << Field) - 1));
  }

  return (getBitfield<Pos-(Pos ? 1 : 0),
                      FirstPos+(Pos ? Field : 0),
                      Fields..., Field>(Value));
};

template <unsigned int Pos,   unsigned int FirstPos,
          unsigned int Field, unsigned int... Fields>
bool setBitfield(typename TBitfield<Field, Fields...
                                    >::Type &Value,
                 typename TBitfield<Field, Fields...
                                    >::Type Param)
{
  static_assert(Pos <= sizeof...(Fields),
                "Invalid position in bitfield");

  if (Pos == 0)
  {
    typedef TBitfield<Field, Fields...>::Type Type;

    if (Param > (Type(1u) << Field)-1)
      return (false);

    if (Field == 1)
    {
      Value &= ~(Type(1u) << FirstPos);
      Value |= ((Type(1u) & Param) << FirstPos);
      return (true);
    }

    Value &= ~(((Type(1u) << Field) - 1) << FirstPos);
    Value |= (((Type(1u) << Field) - 1) & Param) << FirstPos;

    return (true);
  }

  return (setBitfield<Pos-(Pos ? 1 : 0),
                      FirstPos+(Pos ? Field : 0),
                      Fields..., Field>(Value, Param));
};
```

9.5 Prüfen von Gleitkommazahlen mit Bitfeldern

Gleitkommazahlen (reelle Zahlen) setzen sich aus drei Schlüsselwerten zusammen, dem Vorzeichen, dem Exponenten und der Mantisse. Nach dem IEEE-Format ist die Anzahl der Bits für jeden Wert genau festgelegt. Eine Gleitkommazahl mit 4 Bytes enthält ein Vorzeichenbit, 8 Bits zur Darstellung des Exponenten und 23 Bits für die Mantisse (siehe Abb. 9.1).

Die Darstellung einer Gleitkommazahl x erfolgt nach folgender Gleichung:

$$x = (-1)^{Vorzeichen} \cdot Mantisse \cdot 2^{Exponent-127}$$

Um beim Rechnen mit dem Exponenten unabhängig vom Vorzeichen zu sein, wird der Exponent für den Wert 0 in die Mitte des Zahlenbereiches gelegt, also Exponent-127. Alle Zahlen werden normalisiert dargestellt, so wie das in der Exponentialdarstellung auch üblich ist. Normalisiert bedeutet, dass nur die erste Zahl vor dem Komma dargestellt wird, alle weiteren dahinter. Das Gleiche gilt auch für Binärzahlen, das erste Bit ist vor dem Komma, alle weiteren dahinter.

Die kleinste darstellbare Zahl größer 0 berechnet sich zu:

$$x_{min} = 1 \cdot 2^{1-127} = 2^{-126} = 1.175 \cdot 10^{-38}$$

Die größte darstellbare Zahl ergibt sich zu:

$$x_{max} = Mantisse \cdot 1 \cdot 2^{127} = 2 \cdot 2^{127} \approx 2^{128} = 3.403 \cdot 10^{38}$$

Die Zahl 0 wird dargestellt, wenn sowohl die Mantisse, als auch der Exponent gleich 0 sind. Nicht definiert bzw. unendlich ist eine Zahl dann, wenn der Exponent gleich 255 ist (siehe Tab. 9.2).

Eine Gleitkommazahl mit 8 Bytes enthält ein Vorzeichenbit, 11 Bits zur Darstellung des Exponenten und 52 Bits für die Mantisse (siehe Abb. 9.2).

Nicht definiert bzw. unendlich ist eine Zahl dann, wenn der Exponent gleich 2047 ist (siehe Tab. 9.3).

Mit Bitfeldern kann das Vorzeichenbit, der Exponent und die Mantisse einer Zahl leicht ermittelt werden. Im folgenden Beispiel werden diese Werte für die Zahl 10.1 als Gleitkommazahl mit 4 Bytes und als Gleitkommazahl mit 8 Bytes bestimmt.

Abb. 9.1 Bitverteilung einer Gleitkommazahl mit 4 Bytes nach dem IEEE-Standardformat (float)

Tab. 9.2 Interpretation von Exponent und Mantisse einer Gleitkommazahl mit 4 Bytes

Exponent	Mantisse	Wert
0 < Exponent < 255	0 und ≠0	Reelle Zahl
0	0	Zahl null
0	≠0	Nichtnormalisierte Zahl
255	0	Unendlich
255	≠0	Keine Zahl (NAN)

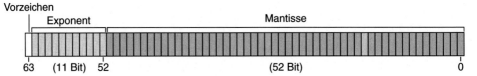

Abb. 9.2 Bitverteilung einer Gleitkommazahl mit 8 Bytes nach dem IEEE-Standardformat (double)

Tab. 9.3 Interpretation von Exponent und Mantisse einer Gleitkommazahl mit 8 Bytes

Exponent	Mantisse	Wert
0 < Exponent < 2047	0 und ≠0	Reelle Zahl
0	0	Zahl null
0	≠0	Nichtnormalisierte Zahl
2047	0	Unendlich
2047	≠0	Keine Zahl (NAN)

```cpp
int main()
{
  bf::TBitfield<23,8,1> FloatType;
  FloatType.setBinary(10.1f);
  std::cout << std::hex
            << "Sign:       " << bf::get<2>(FloatType)
            << ", Exponent: " << bf::get<1>(FloatType)-127
            << ", Fraction: " << bf::get<0>(FloatType)
            << std::endl;

  bf::TBitfield<52,11,1> DoubleType;
  DoubleType.setBinary(10.1);
  std::cout << " Sign:       " << bf::get<2>(DoubleType)
            << ", Exponent: " << bf::get<1>(DoubleType)-1023
            << ", Fraction: " << bf::get<0>(DoubleType)
            << std::endl;
  ...
};
```

Weiterhin kann mit Bitfeldern die Gültigkeit einer Gleitkommazahl geprüft werden. Nach Tab. 9.2 und 9.3 ist eine Gleitkommazahl ungültig, wenn der Exponent gleich 255 (0xff) bzw. 2047 (0x7ff) ist. Im Beispiel prüfen die Funktionen *isValid(. . .)*, ob der Parameter *Value* eine gültige Gleitkommazahl ist.

```
/// check for invalide double
extern inline bool isValid(const double &Value)
{
  bf::TBitfield<52,11,1> DoubleType;
  DoubleType.setBinary(Value);

  if (bf::get<1>(DoubleType) == 0x7ff)
    return (false);

  return (true);
}

/// check for invalide double
extern inline bool isValid(const float &Value)
{
  bf::TBitfield<23,8,1> FloatType;
  FloatType.setBinary(Value);

  if (bf::get<1>(FloatType) == 0xff)
    return (false);

  return (true);
}
```

Die Funktionen *isValid()* können leicht überprüft werden.

```
int main()
{
  double DoubleValue = -std::numeric_limits<double>::quiet_NaN();
  double FloatValue  = -std::numeric_limits<float>::quiet_NaN();

  if (isValid(DoubleValue))
    std::cout << "Value: " << DoubleValue << " is valid!\n";
  else
    std::cout << "Value: " << DoubleValue << " is not valid! \n";

  if (isValid(FloatValue))
    std::cout << "Value: " << FloatValue << " is valid! \n";
  else
    std::cout << "Value: " << FloatValue << " is not valid! \n";

  DoubleValue = 10.1;
  if (isValid(DoubleValue))
    std::cout << "Value: " << DoubleValue << " is valid! \n";
  else
    std::cout << "Value: " << DoubleValue << " is not valid! \n";

  FloatValue = 10.1f;
  if (isValid(DoubleValue))
    std::cout << "Value: " << FloatValue << " is valid! \n";
  else
    std::cout << "Value: " << FloatValue << " is not valid! \n";

  ...
};
```

Literatur

1. Alexandrescu, Andrej. 2013. Writing quick code in C++, quickly. http://channel9.msdn.com/
   Events/GoingNative/2013/Writing-Quick-Code-in-Cpp-Quickly. Zugegriffen am 05.11.2014.

Metaprogrammierung mit Gleitkommazahlen 10

Die Metaprogrammierung mit Gleitkommazahlen zielt sowohl auf die Berechnung von komplexen mathematischen Funktionen zur Übersetzungszeit, als auch auf die Optimierung von mathematischen Algorithmen.

In diesem Kapitel wird gezeigt, wie komplexe mathematische Funktionen durch eine Reihe einfacher Operationen derart nachgebildet werden können, dass die Berechnung vollständig zur Übersetzungszeit durchgeführt werden kann. Weiterhin wird an Beispielen von Feldern und Matrizen mit bekannter Dimension gezeigt, wie der Compiler den Quellcode stark optimieren kann. Abschließend werden zwei Varianten vorgestellt, um Gleitkommazahlen als Nichttyp-Templateargumente zu definieren. Es werden Algorithmen hierfür abgeleitet, mit denen einfache mathematische Operationen für Gleitkommazahlen durchgeführt werden können.

10.1 Gleitkommaarithmetik zur Übersetzungszeit

Einfache mathematische Operationen mit Gleitkommazahlen kann der Compiler bereits zur Übersetzungszeit durchführen und optimieren. Diese Fähigkeit des Compilers wird in der Metaprogrammierung ausgenutzt, um komplexere mathematische Funktionen durch eine Reihe einfacher Operationen nachzubilden [1].

10.1.1 Erweiterte mathematische Funktionen

Der Compiler kann die Berechnung der Potenz einer Zahl mit der Funktion *power* aus Abschn. 3.1.2 zur Übersetzungszeit durchführen, wenn der Exponent eine natürliche Zahl und der Parameter *Value* bekannt ist. Das ist möglich, weil in der Funktion *power* nur eine

© Springer-Verlag Berlin Heidelberg 2016
J. Lemke, *C++-Metaprogrammierung*, DOI 10.1007/978-3-662-48550-7_10

einfache Schleife konstanter Größe durchlaufen und als mathematische Operation nur eine Grundrechenart verwendet wird.

```cpp
template <unsigned int n, typename T>
inline T power(const T &Value)
{
  T Result = 1;
  for (unsigned int i=0; i<n; i++)
    Result *= Value;

  return (Result);
};
```

Wird die Funktion *std::pow* zur Berechnung der Potenz einer Zahl verwendet, kann der Compiler das Ergebnis in der Regel nicht zur Übersetzungszeit ermitteln.

```cpp
int main()
{
  double Wert    = 2.5;

  double Power   = power<5>(Wert);
  std::cout << Power << std::endl;

  double Power1 = std::pow(Wert, 5);
  std::cout << Power1 << std::endl;
  ...
};
```

Wenn der Parameter *Value* der Funktion *power* zur Übersetzungszeit unbekannt und der Exponent weiterhin ein Templateargument ist, kann der Compiler die Berechnung der Potenz intern optimieren. Hierzu löst er die Schleife auf und ersetzt diese durch die notwendige Anzahl von Multiplikationen. Unterstützt kann diese Optimierung durch den Einsatz von Rekursionen werden (siehe Abschn. 3.1.6).

Ein anderes Beispiel ist die Berechnung der Quadratwurzel einer Zahl. Diese kann nach dem Heron-Verfahren[1] näherungsweise bestimmt werden. Die Iterationsvorschrift lautet:

$$x_{n+1} = \frac{x_n + \frac{a}{x_n}}{2} \quad \text{mit} \quad a > 0.$$

Die Iteration kann mit einem beliebigen Startwert x_0 größer 0 begonnen werden. Ein guter Startwert ist:

---

[1] Heron von Alexandria war ein griechischer Mathematiker des 1. Jahrhundert nach Christus. Er entwickelte das Verfahren zur Berechnung der Quadratwurzel, sowie einen Lehrsatz zur Berechnung des Flächeninhalts eines Dreiecks einzig auf Basis der Seitenlängen.

$$x_0 = \frac{a + 1}{2}$$

Die Funktion *square_root* ermittelt die Quadratwurzel nach dem Heron-Verfahren. Das Templateargument *n* legt die Anzahl der Iterationen fest, damit der Compiler die Funktion zur Übersetzungszeit auflösen kann. Für eine Gleitkommazahl mit 4 Bytes (Typ *float*) reichen in der Regel 3 Iterationsschritte aus. Ein zusätzliches Abbruchkriterium über eine *if*-Bedingung kann die Optimierung zur Übersetzungszeit behindern.

```
template <unsigned int n>
double square_root(const double &Value)
{
  double Result = (Value + 1.0)/2.0;

  for (unsigned int i=0; i<n; i++)
    Result = (Result + Value / Result) / 2.0;

  return (Result);
}

int main()
{
  double Sqrt = square_root<10>(2.5);
  ...
};
```

Als letztes Beispiel soll die Sinus-Funktion dargestellt werden. Sie kann nach der Taylorreihe[2] iterativ beschrieben werden, wobei der Parameter *x* im Bogenmaß angegeben wird.

$$\sin(x) = \sum_{n=0}^{\infty} (-1)^n \frac{x^{2n+1}}{(2n+1)!} = \frac{x}{1!} - \frac{x^3}{3!} + \frac{x^5}{5!} - \frac{x^7}{7!} \pm \cdots$$

Die Funktion *sinus* ermittelt den Sinuswert nach der vorgestellten Reihe. Mit einer als Templateargument *n* vorgegebenen Anzahl von Iterationen kann der Sinuswert zur Übersetzungszeit ermittelt werden.

---

[2] Die Taylorreihe wurde nach dem britischen Mathematiker Brook Taylor (1685–1731) benannt. Mit ihr wird der Wert einer stetigen Funktion an einer bestimmten Position über eine Reihenentwicklung ermittelt.

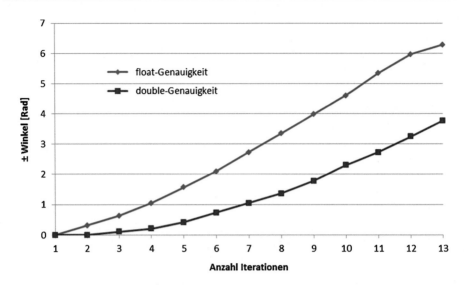

Abb. 10.1 Anzahl der notwendigen Iterationen zur Berechnung von Sinus

```
template <unsigned int n>
double sinus(const double &Value)
{
  double Result = 1.0;
  double Temp   = 1.0;
  for (unsigned int i=0; i<n; i++)
  {
    Temp   *= -Value*Value/((2*i+2)*(2*i+3));
    Result += Temp;
  }

  return (Value * Result);
}
```

Die notwendige Anzahl der Iterationen zur Erreichung einer bestimmten Genauigkeit ist abhängig vom Parameter *Value*. Liegt dieser zwischen $\pm\pi/4$ reichen für eine Genauigkeit $<10^{-7}$ bereits 4 Schritte aus, bei $\pm2\pi$ sind 13 Schritte notwendig (siehe Abb. 10.1).

10.1.2 Vektor- und Matrizenrechnung

Es gibt eine Reihe von Bibliotheken zur Vektor- und Matrizenrechnung in C++. Das größte Optimierungspotential bleibt aber häufig unberücksichtigt. Die Rechenperformance kann stark verbessert werden, wenn die Art und die Dimension einer Matrix bereits zur Übersetzungszeit feststehen. In diesem Fall kann der Compiler viele Optimierungen intern durchführen und die Performance mehr als verdoppeln.

Beim Lösen von Gleichungssystemen werden häufig quadratische Matrizen mit einer definierten Dimension verwendet. Das ist zum Beispiel der Fall, wenn eine Ausgleichsfunktion nach der Methode der kleinsten Fehlerquadrate[3] berechnet werden soll. Die Dimension der Matrix wird durch die Art der Funktion und die Anzahl der Parameter bestimmt. Für einen linearen Ansatz mit 7 Parametern besteht das Gleichungssystem aus 8 unbekannten, d. h. einer Matrix 8×8. Eine quadratische Matrix mit bekannter Dimension kann wie folgt definiert werden:

```
template <unsigned int DIM>
class CSquareMatrix
{
public:
  enum { eDim = DIM };

private:
  double m_Matrix[DIM][DIM];

public:
  CSquareMatrix()
  {
    memset(m_Matrix, 0, sizeof(m_Matrix));
  }

  inline double* operator[](unsigned int Row)
  {
    return (m_Matrix[Row]);
  }

  inline const double* operator[](unsigned int Row) const
  {
    return (m_Matrix[Row]);
  }
};
```

Die einfachste Matrizenoperation ist die Multiplikation der Matrix mit einer skalaren Größe. Hierfür wird jedes Element der Matrix mit der skalaren Größe multipliziert. Es bietet sich an, den Operator *= für diese Multiplikation zu überladen. Da die Dimension der Matrix bekannt ist, kann der Compiler die beiden ineinander geschachtelten *for*-Schleifen bereits gut optimieren.

---

[3] Carl Friedrich Gauß (1777–1855) entwickelte bereits mit 18 Jahren die Methode der kleinsten Quadrate zur Berechnung der Bewegung von Himmelskörpern.

```
CSquareMatrix<eDim>& operator*= (const double &Scalar)
{
  for(unsigned int Row = 0; Row < eDim; Row++)
  {
    for(unsigned int Col = 0; Col < eDim; Col++)
    {
      m_Matrix[Row][Col] *= Scalar;
    }
  }
  return (*this);
};
```

Die Optimierung der *for*-Schleifen sollte durch rekursive Aufrufe von Funktions- oder Klassentemplates weiter unterstützt werden (siehe Abschn. 3.1.6 und 3.2.6). Im ersten Schritt wird die innere *for*-Schleife durch eine Rekursion ersetzt. Die Umsetzung der Rekursion mit einem Klassentemplate würde wie folgt aussehen:

```
CSquareMatrix<eDim>& operator*= (const double &Scalar)
{
  for(unsigned int Row = 0; Row < eDim; Row++)
  {
    // recursion with class templates
    TMulRowWithScalar<eDim>::calculate(m_Matrix[Row], Scalar);
  }
  return (*this);
};
```

Im Klassentemplate *TMulRowWithScalar* wird die statische Funktion *calculate* definiert. Als Parameter werden der Funktion die Adresse der Zeile der Matrix sowie der skalare Wert übergeben. Das Template wird solange rekursiv aufgerufen, bis die Spezialisierung für den Wert 1 die Rekursion beendet. Damit wurden alle Zeilenelemente mit dem Skalar multipliziert.

```
template <unsigned int DIM>
struct TMulRowWithScalar
{
  static void calculate(double *Row, const double &Scalar)
  {
    *Row *= Scalar;
    TMulRowWithScalar<DIM-1>::calculate(Row+1, Scalar);
  }
};

template <>
struct TMulRowWithScalar<1>
{
  static void calculate(double *Row, const double &Scalar)
  {
    *Row *= Scalar;
  }
};
```

Die Umsetzung der Rekursion mit dem Funktionstemplate *multRowWithScalar* in einer zweiten Variante ist etwas einfacher zu realisieren, da sie vollständig spezialisiert werden kann.

```
CSquareMatrix<eDim>& operator*= (const double &Scalar)
{
  for(unsigned int Row = 0; Row < eDim; Row++)
  {
    // recursion with function templates
    multRowWithScalar<eDim>(m_Matrix[Row], Scalar);
  }
  return (*this);
};
```

Die Parameter der Funktion *multRowWithScalar* sind identisch zur statischen Funktion des Klassentemplates *TMulRowWithScalar::calculate*.

```
template <unsigned int iDim>
void multRowWithScalar(double *Row, const double &Scalar)
{
  *Row *= Scalar;
  multRowWithScalar<iDim-1>(Row+1, Scalar);
}

template <>
void multRowWithScalar<1>(double *Row, const double &Scalar)
{
  *Row *= Scalar;
}
```

Im zweiten Schritt kann auch die äußere *for*-Schleife durch eine Rekursion ersetzt werden. Diese wird mit dem Funktionstemplate *multWithScalar* realisiert.

```
CSquareMatrix<eDim>& operator*= (const double &Scalar)
{
  multWithScalar<eDim>(Scalar);
  return (*this);
};
```

Das Funktionstemplate *multWithScalar* ruft wiederum rekursiv das Funktionstemplate *multRowWithScalar* auf, um alle Zeilen der Matrix mit dem Skalar zu multiplizieren.

```
template <unsigned int iDim>
void multWithScalar(const double &Scalar)
{
  multRowWithScalar<eDim>(m_Matrix[iDim-1], Scalar);
  multWithScalar<iDim-1>(Scalar);
}

template <>
void multWithScalar<1>(const double &Scalar)
{
  multRowWithScalar<eDim>(m_Matrix[0], Scalar);
}
```

Im letzten Beispiel der Matrizenrechnung soll gezeigt werden, dass auch das Invertie-ren der Matrix nach dem Gauß-Jordan-Algorithmus mit Pivotisierung (2) sehr effizient ist. In der Methode *calculateInverse()* werden 9 *for*-Schleifen benötigt, die, dank der zur Übersetzungszeit feststehenden Dimension, die Berechnung um den Faktor 2 beschleuni-gen können. Auch hier sollten die Schleifen durch Rekursionen ersetzt werden, worauf in diesem Beispiel aber verzichtet werden soll.

```cpp
template <unsigned int DIM>
class CSquareMatrix
{
private:
  double m_Matrix[DIM][DIM];

public:
  ...
  // calculate the inverse of matrix
  bool calculateInverse()
  {
    bool Ret = true;
    int   m_IndexColumn[DIM];    // index help vector for column
    int   m_IndexRow[DIM];       // index help vector for row
    int   m_IndexPivot[DIM] = {0}; // index help vector for pivot

    for (unsigned int i=0; i<DIM; i++)
    {
      double MaxValue    = 0.0;
      unsigned int iCol - 0;
      unsigned int iRow = 0;

      for (unsigned int j=0; j<DIM; j++)
      {
        if (m_IndexPivot[j] != 1)
        {
          for (unsigned int k=0; k<DIM; k++)
          {
            if (0 == m_IndexPivot[k])
            {
              double tmp = fabs(m_Matrix[j][k]);
              if (tmp >= MaxValue)
              {
                MaxValue = tmp;
                iRow = j;
                iCol = k;
              }
            }
            else
            {
              if (m_IndexPivot[k] > 1.0)
                Ret = false;  // Singular Matrix
            }
          }
        }
      }

      ++(m_IndexPivot[iCol]);
      if (iRow != iCol)
      {
        for (unsigned int l=0; l<DIM; l++)
          std::swap(m_Matrix[iRow][l], m_Matrix[iCol][l]);
      }
      m_IndexRow[i] = iRow;
      m_IndexColumn[i] = iCol;
      if (0.0 == m_Matrix[iCol][iCol])
        Ret = false;  // Singular Matrix
      double pivinv = 1.0/m_Matrix[iCol][iCol];
```

```
    m_Matrix[iCol][iCol] = 1.0;

    for (unsigned int j=0; j<DIM; j++)
      m_Matrix[iCol][j] *= pivinv;

    for (unsigned int j=0; j<DIM; j++)
    {
      if (j != iCol)
      {
        double tmp        = m_Matrix[j][iCol];
        m_Matrix[j][iCol] = 0.0;
        for (unsigned int k=0; k<DIM; k++)
          m_Matrix[j][k] -= m_Matrix[iCol][k]*tmp;
      }
    }
  }

  for (int i=DIM-1; i>=0; i--)
  {
    if (m_IndexRow[i] != m_IndexColumn[i])
    {
      for (unsigned int j=0; j<DIM; j++)
        std::swap(m_Matrix[j][m_IndexRow[i]],
                  m_Matrix[j][m_IndexColumn[i]]);
    }
  }

  return (Ret);
  }
};
```

Abschließend stellt sich noch die Frage, wie der Performancevorteil auch für Matrizen mit variabler Dimension genutzt werden kann. Hierfür eignet sich eine Fabrikklasse (siehe Abschn. 5.2.3.1) zum Anlegen der Matrix nach folgendem Muster:

```
class CMatrixFactory
{
public:
  virtual IMatrix* createMatrix(unsigned int Row,
                                unsigned int Column) const
  {
    if (Row == Column)
    {
      switch (Row)
      {
      case 2:
        return (new CSquareMatrix<2>());
      case 3:
        return (new CSquareMatrix<3>());
      case 4:
        return (new CSquareMatrix<4>());
      case 5:
        return (new CSquareMatrix<5>());
      ...
      case 20:
        return (new CSquareMatrix<20>());
      }
    }

    return (new CMatrix(Row, Column));
  }
};
```

Wenn die Anzahl der Zeilen gleich der Anzahl der Spalten ist, kann in der *Switch*-Anweisung die Matrix *CSquareMatrix* mit der entsprechenden festen Dimension erzeugt werden. Andernfalls wird die allgemeingültige Matrix *CMatrix* angelegt. Das Muster der Fabrikklasse funktioniert aber nur dann, wenn alle Matrix-Klassen von der gleichen Interfaceklasse abgeleitet sind. Im folgenden Beispiel wird daher die Interfaceklasse *IMatrix* deklariert. Es ist wichtig, dass alle später benötigten Funktionen und Überladungen virtuell und abstrakt definiert werden.

```
class IMatrix
{
public:
  virtual double* operator[] (unsigned int i) = 0; // abstract

  // abstract
  virtual IMatrix& operator*= (const double &Scalar) = 0;

  // calculate the inverse of matrix
  virtual bool calculateInverse() = 0;  // abstract
};

template <unsigned int DIM>
class CSquareMatrix : public IMatrix
{ ...
};
```

10.2   Gleitkommazahlen als Templateargumente

Nichttyp-Templateparameter dürfen nur konstante ganze Zahlen, Enumeratoren, oder
konstante Zeiger auf extern definierte Objekte sein (siehe Abschn. 3.1.2 bzw. 3.2.2). In
der Regel kommt man mit diesen Einschränkungen auch recht gut zurecht. Aber in der
Metaprogrammierung werden Nichttyp-Templateparameter auch zum Speichern von
Informationen verwendet. Im Abschn. 6.7 Dokumentation der generierten Strukturen
wurden beispielsweise Limits für Variablen definiert, die vom Typ einer Gleitkommazahl
waren. Dort wurde die Gleitkommazahl mit dem Faktor 1000 multipliziert, in eine
Ganzzahl umgewandelt und ein Exponent mit -3 definiert. Innerhalb der Klasse
TParameter wurde der Parameter wieder mit dem Exponenten in eine Gleitkommazahl
zurückgerechnet.

Im folgenden Abschnitt wird eine Möglichkeit vorgestellt, wie auch Gleitkommazahlen, in Genauigkeit einer *float*-Variablen, als Templateargument verwendet werden
können.

10.2.1 Definition und Normalisierung

Im Abschn. 9.5 wurde beschrieben, dass eine Gleitkommazahl aus drei Schlüsselwerten
besteht, dem Vorzeichen, dem Exponenten und der Mantisse. Diese Schlüsselwerte
werden für die statische *float*-Variable als Templateargumente definiert. Dabei kann das
Vorzeichenbit und die Mantisse (engl. *significand*) zusammengefasst werden. Das
Klassentemplate *TStaticFloat* beschreibt somit eine statische *float*-Variable.

```
template <int Significand, int Exponent>
struct TStaticFloat
{
  enum {Sig = Significand,
        Exp = Exponent };
};
```

Für die nachfolgenden mathematischen Operationen ist es notwendig, die Mantisse
immer so klein wie möglich darzustellen, um möglichst lange Gleitkommazahlen verarbeiten zu können. Das Template *TStaticNorm* ermittelt rekursiv die richtige Kombination
aus Mantisse und Exponent, indem der *Significand* solange durch 10 dividiert wird, bis er
kein vielfaches von 10 mehr ist. Mit jeder Division durch 10 wird der Exponent um eins
erhöht.

```
/// class to create a nomalized number (delete trailing zeros)
template <int Significand, int Exponent, int Modulo>
struct TStaticNorm
{
  enum {Sig = Significand,
        Exp = Exponent};
};

template <int Exponent>
struct TStaticNorm<0, Exponent, 0>
{
  enum {Sig = 0,
        Exp = Exponent};
};

template <int Significand, int Exponent>
struct TStaticNorm<Significand, Exponent, 0>
{
  typedef TStaticNorm<Significand/10, Exponent+1,
                      (Significand/10) % 10> Type;

  enum {Sig = Type::Sig,
        Exp = Type::Exp};
};
```

Die Normalisierung wird sofort durchgeführt, bevor die Mantisse und der Exponent in der statischen *float*-Variablen als Enumeratoren gespeichert werden. Die Methode *getValue()* gibt die Zahl als *double*-Wert zurück. Die Funktion *power* für positive und negative Exponenten wurde im Abschn. 3.1.6 bereits vorgestellt.

```
template <int Significand, int Exponent>
struct TStaticFloat
{
  typedef TStaticNorm<Significand, Exponent, Significand%10
                      > Type;

  enum {Sig = Type::Sig,
        Exp = Type::Exp};

  static double getValue()
  {
    return (Sig * power<Exp>(10.0));
  }
};
```

Die Zahl 1000 wird als statische *float*-Variable wie folgt dargestellt.

```
int main()
{
  std::cout << "Significand: " << TStaticFloat<1000, 0>::Sig
            << ", Exponent: "  << TStaticFloat<1000, 0>::Exp
            << ", Value: "
            << TStaticFloat<1000, 0>::getValue();
  ...
}
```

Ausgabe:

```
Significand: 1, Exponent: 3, Value: 1000
```

10.2.2 Realisierung der Grundrechenarten

10.2.2.1 Addition

Für die Addition zweier statischer *float*-Variablen sind zwei Schritte notwendig. Zuerst müssen die Zahlen so dargestellt werden, dass beide Exponenten gleich groß sind. Anschließend können die Mantissen aufsummiert werden. Das Template *TStaticAdd* addiert zwei Parameter vom Typ *TStaticFloat* und definiert das Ergebnis wieder als Typ *TStaticFloat*.

```
template <typename T1, typename T2> struct TStaticAdd;

template <int Significand1, int Exponent1,
          int Significand2, int Exponent2>
struct TStaticAdd<TStaticFloat<Significand1, Exponent1>,
                  TStaticFloat<Significand2, Exponent2> >
{
  typedef TConvertToAdd<Significand1, Exponent1,
                        Significand2, Exponent2,
         (Exponent1>Exponent2) ? Exponent1-Exponent2 :
                                 Exponent2-Exponent1> ConvertType;

  enum {SigSum = ConvertType::Sig1+ConvertType::Sig2,
        Add    = (SigSum%10)>4 ? 1 : 0,
        Check  = SigSum > 200000000 || SigSum < -200000000 };

  typedef TStaticFloat<Check ? SigSum/10+Add : SigSum,
                       Check ? ConvertType::Exp1+1 :
                               ConvertType::Exp1> Type;
};
```

Innerhalb des Templates *TStaticAdd* werden die Mantissen und Exponenten mit dem Template *TConvertToAdd* so konvertiert, dass die Exponenten gleich groß sind. Die Differenz der beiden Exponenten wird dem Template als Argument *Diff* übergeben. Das

Template *TConvertToAdd* wird solange rekursiv aufgerufen, bis die Differenz der Exponenten gleich null ist. Anschließend werden die Mantissen aufaddiert.

```
template <int Significand1, int Exponent1,
         int Significand2, int Exponent2, int Diff>
struct TConvertToAdd
{
  enum {Inc1   = (Significand1 > 200000000) ||
                 (Significand1 < -200000000) ? 0 : 1,
        Inc2   = (Significand2 > 200000000) ||
                 (Significand2 < -200000000) ? 0 : 1,
        Add1   = (Significand1%10) > 4 ? 1 : 0,
        Add2   = (Significand2%10) > 4 ? 1 : 0,
        Sig1_10 = Significand1/10 + Add1,
        Sig2_10 = Significand2/10 + Add2};

  typedef TConvertToAdd<
    (Exponent1>Exponent2) ? TAdd10<Significand1, Inc1>::Sig :
                            (Inc2 ? Significand1 : Sig1_10    ),
    (Exponent1>Exponent2) ? (Inc1 ? Exponent1-1  : Exponent1 ):
                            (Inc2 ? Exponent1     : Exponent1+1),
    (Exponent1>Exponent2) ? (Inc1 ? Significand2 : Sig2_10    ):
                            TAdd10<Significand2, Inc2>::Sig,
    (Exponent1>Exponent2) ? (Inc1 ? Exponent2    : Exponent2+1):
                            (Inc2 ? Exponent2-1   : Exponent2  ),
    Diff-1> Type;

  enum {Sig1 = Type::Sig1,
        Exp1 = Type::Exp1,
        Sig2 = Type::Sig2,
        Exp2 = Type::Exp2};
};

template <int Significand1, int Exponent1,
         int Significand2, int Exponent2>
struct TConvertToAdd<Significand1, Exponent1,
                     Significand2, Exponent2, 0>
{
  enum {Sig1 = Significand1,
        Exp1 = Exponent1,
        Sig2 = Significand2,
        Exp2 = Exponent2};
};
```

Das Template *TAdd10* multipliziert die Mantisse mit 10, wenn das Templateargument *Inc* ungleich null ist.

```
template <int Significand, int Inc>
struct TAdd10
{
  enum {Sig = Significand * 10};
};

template <int Significand>
struct TAdd10<Significand, 0>
{
  enum {Sig = Significand};
};
```

Die Addition zweier statischer *float*-Variablen kann nun, auch für sehr große Exponenten, getestet werden.

```
int main()
{
  std::cout << TStaticAdd<TStaticFloat<1000, 0>,
                          TStaticFloat<200, 3>
                     >::Type::getValue() << std::endl;

  std::cout << TStaticAdd<TStaticFloat<1000,-2>,
                          TStaticFloat<200, 3>
                     >::Type::getValue() << std::endl;

  std::cout << TStaticAdd<TStaticFloat<1000, 4>,
                          TStaticFloat<200, 23>
                     >::Type::getValue() << std::endl;

  ...
}
```

10.2.2.2 Subtraktion

Für die Subtraktion zweier statischer *float*-Variablen wird das gleiche Template *TConvertToAdd* zum Abgleich der Exponenten verwendet. Anschließend wird von der ersten Mantisse die zweite Mantisse abgezogen.

```
template <typename T1, typename T2> struct TStaticSub;

template <int Significand1, int Exponent1,
          int Significand2, int Exponent2>
struct TStaticSub<TStaticFloat<Significand1, Exponent1>,
                  TStaticFloat<Significand2, Exponent2> >
{
  typedef TConvertToAdd<Significand1, Exponent1,
                        Significand2, Exponent2,
        (Exponent1>Exponent2) ? Exponent1-Exponent2 :
                                Exponent2-Exponent1> ConvertType;

  enum {SigDiff = ConvertType::Sig1-ConvertType::Sig2};

  typedef TStaticFloat<SigDiff, ConvertType::Exp1> Type;
};
```

10.2.2.3 Multiplikation

Die Multiplikation zweier statischer *float*-Variablen ist im Vergleich zur Addition und Subtraktion etwas aufwendiger, da sich die Anzahl der Stellen der Mantisse verdoppeln kann. Aus diesem Grunde werden im ersten Schritt die jeweiligen höherwertigen und niederwertigen Teile der Mantisse ermittelt.

```
enum {Sig1Low  = Significand1%10000,
      Sig1High = (Significand1-Sig1Low)/10000,
      Sig2Low  = Significand2%10000,
      Sig2High = (Significand2-Sig2Low)/10000};
```

Danach erfolgt die Multiplikation der vier Mantissen.

```
enum {Product1 = Sig1High * Sig2High,
      Product2 = Sig1High * Sig2Low,
      Product3 = Sig1Low  * Sig2High,
      Product4 = Sig1Low  * Sig2Low};
```

Anschließend kann der höherwertige und niederwertige Teil der Matisse bestimmt werden

```
enum {Add      = ((Product2%10000) + (Product3%10000) +
                    Product4/10000)/10000,
      SigHigh  = Product1 + Product2/10000 +
                    Product3/10000 + Add,
      SigLow   = (((Product2%10000) + (Product3%10000)) *
                    10000)%100000000 + Product4};
```

Das Template *TStaticMul* zur Multiplikation zweier statischer *float*-Variablen kann wie folgt entwickelt werden.

```
template <typename T1, typename T2> struct TStaticMul;

template <int Significand1, int Exponent1,
          int Significand2, int Exponent2>
struct TStaticMul<TStaticFloat<Significand1, Exponent1>,
                  TStaticFloat<Significand2, Exponent2> >
{
  enum {Sig1Low  = Significand1%10000,
        Sig1High = (Significand1-Sig1Low)/10000,
        Sig2Low  = Significand2%10000,
        Sig2High = (Significand2-Sig2Low)/10000,
        Product1 = Sig1High * Sig2High,
        Product2 = Sig1High * Sig2Low,
        Product3 = Sig1Low  * Sig2High,
        Product4 = Sig1Low  * Sig2Low,
        Add      = ((Product2%10000) + (Product3%10000) +
                      Product4/10000)/10000,
        SigHigh  = Product1 + Product2/10000 +
                      Product3/10000 + Add,
        SigLow   = (((Product2%10000) + (Product3%10000))
                      *10000)%100000000 + Product4};

  typedef TConvertToInt<SigHigh, SigLow,
                        Exponent1+Exponent2> ConvertType;
  typedef TStaticFloat<ConvertType::Sig,
                       ConvertType::Exp> Type;
};
```

Im letzten Schritt muss der höherwertige und niederwertige Teil der Matisse wieder verkürzt werden, damit sie von der Anzahl der Stellen her wieder in einen Enumerator passt. Diese Aufgabe übernimmt das Template *TConvertToInt*. Es dividiert den höherwertigen Teil der Mantisse durch 10 und fügt dabei den Rest der Division an die vorderste Stelle des niederwertigen Teils der Mantisse ein. Die Rekursion wird beendet, wenn der höherwertige Teil der Mantisse *SigHigh* gleich null ist. Das Ergebnis vom Template *TStaticMul* wird wieder im Typ *TStaticFloat* abgelegt.

```
Template <int SigHigh, int SigLow, int Exp>
struct TConvertToInt
{
  enum {Add = (SigLow%10)>4 ? 1 : 0};

  typedef TConvertToInt<SigHigh/10,
                        SigLow/10+Add+(SigHigh%10)*10000000,
                        Exp+1> Type;

  enum {Sig = Type::Sig,
        Exp = Type::Exp};
};

template <int SigLow, int Exp>
struct TConvertToInt<0, SigLow, Exp>
{
  enum {Sig = SigLow,
        Exp = Exp};
};
```

10.2.2.4 Division

Die Division zweier statischer *float*-Variablen ist am aufwendigsten zu realisieren. Bei der Division wird der Dividend in einer Rekursion solange mit dem Divisor dividiert, bis die maximale Genauigkeit erreicht ist, oder sich der Dividend nicht mehr ändert. Die Umsetzung ähnelt dem Prinzip der schriftlichen Division. Das Template *TStaticDiv* definiert das rekursiv arbeitende Template *TDivLoop* und übergibt diesen als Rest der Division die Mantisse und den Exponenten des Dividenden als Templateargumente.

```
template <typename T, typename U> struct TStaticDiv;

template <int Significand1, int Exponent1,
          int Significand2, int Exponent2>
struct TStaticDiv<TStaticFloat<Significand1, Exponent1>,
                  TStaticFloat<Significand2, Exponent2> >
{
  typedef TDivLoop<0, 0, Significand2, Exponent2,
                   Significand1, Exponent1> TypeLoop;
  typedef TStaticFloat<TypeLoop::Type::Sig,
                       TypeLoop::Type::Exp> Type;
};
```

Der Rest der Division *ModSig* und *ModExp* werden mit dem Template *TStaticNormMax* so verändert, dass die Mantisse einen maximal möglichen Zahlenwert annehmen kann. Anschließend wird der ganzzahlige Teil der Division und der Restwert ermittelt. Dieser wird dann zum Ergebnis in *Significand1* und *Exponent1* aufaddiert. Anschließend erfolgt der nächste rekursive Aufruf von *TDivLoop*.

```
template <int Significand1, int Exponent1,
          int Significand2, int Exponent2,
          int ModSig,       int ModExp>
struct TDivLoop
{
  typedef TStaticNormMax<ModSig, ModExp, false> TypeMax;

  enum {Sig1    = TypeMax::Sig / Significand2,
        Exp1    = TypeMax::Exp-Exponent2,
        ModSig1 = TypeMax::Sig % Significand2,
        ModExp1 = TypeMax::Exp};

  typedef TStaticFloat<Sig1, Exp1> Type2;
  typedef TStaticFloat<Significand1, Exponent1> Type1;
  typedef TStaticAdd<Type1, Type2> TypeAdd;

  enum {ModSigNew = (TypeAdd::Type::Sig> 200000000) ||
                    (TypeAdd::Type::Sig<-200000000) ||
                    (Significand1 == TypeAdd::Type::Sig) ? 0 :
                     ModSig1,
        ModExpNew = (TypeAdd::Type::Sig> 200000000) ||
                    (TypeAdd::Type::Sig<-200000000) ||
                    (Significand1 == TypeAdd::Type::Sig) ? 0 :
                     ModExp1};

  typedef TDivLoop<TypeAdd::Type::Sig, TypeAdd::Type::Exp,
                   Significand2,        Exponent2,
                   ModSigNew,           ModExpNew> TypeLoop;

  typedef TStaticFloat<TypeLoop::Type::Sig,
                       TypeLoop::Type::Exp> Type;
};

template <int Significand1, int Exponent1,
          int Significand2, int Exponent2>
struct TDivLoop<Significand1, Exponent1,
                Significand2, Exponent2, 0, 0>
{
  typedef TStaticFloat<Significand1, Exponent1> Type;
};
```

Das Template *TStaticNormMax* multipliziert den *Significand* solange mit 10 und dekrementiert den Exponenten, bis der maximale bzw. minimale Wert von 200000000 bzw. -200000000 erreicht wird.

```
template <int Significand, int Exponent, bool Mod>
struct TStaticNormMax
{
  enum {Sig = Significand,
        Exp = Exponent};
};

template <int Exponent>
struct TStaticNormMax<0, Exponent, false>
{
  enum {Sig = 0,
        Exp = 0};
};

template <int Significand, int Exponent>
struct TStaticNormMax<Significand, Exponent, false>
{
  typedef TStaticNormMax<Significand*10, Exponent-1,
                ((Significand*10)>200000000 ||
                (Significand*10)<-200000000)> Type;

  enum {Sig = Type::Sig,
        Exp = Type::Exp};
};
```

10.2.2.5 Beispiele

Zum Schluss können nun die Grundrechenarten beispielhaft geprüft werden.

```
typedef TStaticFloat<12181, 1> SA1;
typedef TStaticFloat< 1818, 2> SA2;
typedef TStaticAdd<SA1, SA2>::Type SA3;

typedef TStaticFloat<52356111, +4> SS1;
typedef TStaticFloat<99356111, +5> SS2;
typedef TStaticSub<SS1, SS2>::Type SS3;

typedef TStaticFloat<20, 2> SM1;
typedef TStaticFloat<12, 1> SM2;
typedef TStaticMul<SM1, SM2>::Type SM3;

typedef TStaticFloat<1234, 8> SD1;
typedef TStaticFloat< 11, 0> SD2;
typedef TStaticDiv<SD1,SD2>::Type SD3;

int main()
{
  std::cout << SA1::getValue() << " + "
            << SA2::getValue() << " = "
            << SA3::getValue() << std::endl;

  std::cout << SS1::getValue() << " - "
            << SS2::getValue() << " = "
            << SS3::getValue() << std::endl;

  std::cout << SM1::getValue() << " * "
            << SM2::getValue() << " = "
            << SM3::getValue() << std::endl;

  std::cout << SD1::getValue() << " / "
            << SD2::getValue() << " = "
            << SD3::getValue() << std::endl;
  ...
}
```

  Ausgabe:

```
121810 + 181800 = 303610
5.23561e+011 - 9.93561e+012 = -9.41205e+012
2000 * 120 = 240000
1.234e+011 / 11 = 1.12182e+010
```

10.2.3 Erweiterte mathematische Funktionen

Die komplexeren mathematischen Funktionen wie *power*, *square_root* und *sinus* aus dem Abschn. 10.1 sollen nun mit den Grundrechenarten realisiert werden, um auch diese Funktionen zur Kompilationszeit verwenden zu können.

Die Berechnung der Potenz einer Zahl ist mit einer einfachen Rekursion leicht nachzubilden. Die Metafunktion *TStaticPow* ruft rekursiv die Funktion *TStaticMul* und *TStaticPow* solange auf, bis die Spezialisierung für den Exponenten 1 greift und die Rekursion beendet wird.

```
/// calculates the power of value^n
template <typename T, unsigned int n> struct TStaticPow;

template <int Significand, int Exponent, unsigned int n>
struct TStaticPow<TStaticFloat<Significand, Exponent>, n>
{
  typedef typename TStaticMul<TStaticFloat<Significand,
                                           Exponent>,
                typename TStaticPow<TStaticFloat<Significand,
                                                 Exponent>,
                         n-1>::Type
                >::Type Type;
};

template <int Significand, int Exponent>
struct TStaticPow<TStaticFloat<Significand, Exponent>, 1>
{
  typedef TStaticFloat<Significand, Exponent> Type;
};
```

Im folgenden Beispiel wird die 3. Potenz von 0.52359878 berechnet.

```
typedef TStaticFloat<52359878, -8> StaticFloat;
typedef TStaticPow<StaticFloat,3>::Type Pow3;

int main()
{
  std::cout << "Sig: "       << StaticFloat::Sig
            << ", Exp: " << StaticFloat::Exp
            << ", Number: " << StaticFloat::getValue()
            << std::endl;

  std::cout << "Sig: "       << Pow3::Sig
            << ", Exp: " << Pow3::Exp
            << ", Number: " << Pow3::getValue()
            << std::endl << std::endl;
  ...
};
```

Ausgabe:

```
Sig: 52359878, Exp: -8, Number: 0.523599
Sig: 1435476, Exp: -7, Number: 0.143548
```

Die Quadratwurzel wird mit der Metafunktion *TStaticSqrt* berechnet. Diese startet die Iteration mit der Hilfsfunktion *TSqrtLoop* und legt einfachheitshalber als Startbedingung $x_0 = a$ fest.

```
/// calculate the square root of value
template <typename T> struct TStaticSqrt;

template <int Significand, int Exponent>
struct TStaticSqrt<TStaticFloat<Significand, Exponent> >
{
  typedef typename TSqrtLoop<TStaticFloat<Significand,
                                          Exponent>,
                            TStaticFloat<Significand,
                                          Exponent>, // x0 = a
                            10,     // no of iterations
                            false   // flag to stop the recursion
                           >::Type Type;
};
```

Die Metafunktion *TSqrtLoop* realisiert die Iterationsvorschrift für einen Iterationsschritt *n*.

$$x_{n+1} = x_n + \frac{\frac{a}{x_n}}{2} \quad \text{mit} \quad x_0 = \frac{a+1}{2} \quad \text{und} \quad a > 0.$$

Eine Iteration setzt sich aus einer Addition und zweier Divisionen zusammen.

```
/// loop to calculate the square root of value
template <typename T, typename U,
         unsigned int n, bool Stop> struct TSqrtLoop;

template <int Significand1, int Exponent1,
         int Significand2, int Exponent2,
         unsigned int n, unsigned int Stop>
struct TSqrtLoop<TStaticFloat<Significand1, Exponent1>,
                 TStaticFloat<Significand2, Exponent2>, n, Stop>
{
  typedef typename TStaticDiv<TStaticFloat<Significand1,
                                          Exponent1>,
                             TStaticFloat<Significand2,
                                          Exponent2>
                            >::Type TypeDiv;

  typedef typename TStaticAdd<TStaticFloat<Significand2,
                                          Exponent2>,
                             TypeDiv >::Type TypeSqrt;

  typedef typename TStaticDiv<TypeSqrt, TStaticFloat<2, 0>
                            >::Type TypeRes;

  enum { Stop = Significand2 == TypeRes::Sig };
  typedef typename TSqrtLoop<TStaticFloat<Significand1,
                                          Exponent1>,
                             TStaticFloat<TypeRes::Sig,
                             TypeRes::Exp>,
                             n-1, Stop>::Type Type;
};
```

Die Rekursion wird beendet, wenn die beiden Mantissen gleich groß sind, oder die maximale Anzahl der Iterationen erreicht wurde.

```
template <int Significand1, int Exponent1,
          int Significand2, int Exponent2, bool Stop>
struct TSqrtLoop<TStaticFloat<Significand1, Exponent1>,
                 TStaticFloat<Significand2, Exponent2>, 0, Stop>
{
  typedef TStaticFloat<Significand2, Exponent2> Type;
};


template <int Significand1, int Exponent1,
          int Significand2, int Exponent2, unsigned int n>
struct TSqrtLoop<TStaticFloat<Significand1, Exponent1>,
                 TStaticFloat<Significand2, Exponent2>, n, true>
{
  typedef TStaticFloat<Significand2, Exponent2> Type;
};
```

Im Beispiel wird beispielhaft die Wurzel aus 8880 zur Kompilationszeit berechnet.

```
typedef TStaticFloat<888, 1> StaticFloat;
typedef TStaticSqrt<SQRT>::Type Sqrt;

int main()
{
  std::cout << "Sig: "      << StaticFloat::Sig
            << ", Exp: " << StaticFloat::Exp
            << ", Number: " << StaticFloat::getValue()
            << std::endl;

  std::cout << "Sig: "      << Sqrt::Type::Sig
            << ", Exp: " << Sqrt::Type::Exp
            << ", Number: " << Sqrt::getValue()
            << std::endl << std::endl;
  ...
};
```

Ausgabe:

```
Sig: 888, Exp: 1, Number: 8880
Sig: 94233752, Exp: -6, Number: 94.2338
```

Die Sinusfunktion wird mit der Metafunktion *TStaticSin* realisiert. Diese startet die Rekursion mit der Hilfsfunktion *TSinLoop*. Die Templateargumente entsprechen den *float*-Zahlen für *Value*, *Result* und *Temp* nach dem Beispiel aus Abschn. 10.1.

```
/// calculate the sinus
template <typename T> struct TStaticSin;

template <int Significand, int Exponent>
struct TStaticSin<TStaticFloat<Significand, Exponent> >
{
  typedef typename
    TSinLoop<TStaticFloat<Significand, Exponent>, // Value
            TStaticFloat<1, 0>,                    // Result
            TStaticFloat<1, 0>,                    // Temp
            4,                              // no of iterations
            0                                // counter i
            >::Type Type;
};
```

Die Metafunktion *TSinLoop* realisiert die Iterationsvorschrift für einen Iterationsschritt n.

$$\sin(x) = \sum_{n=0}^{\infty} (-1)^n \frac{x^{2n+1}}{(2n+1)!}$$

```
for (unsigned int i=0; i<n; i++)
{
  Temp    *= -Value*Value/((2*i+2)*(2*i+3));
  Result += Temp;
}

return (Value * Result);
```

Die Berechnung innerhalb einer Rekursion setzt sich aus zwei Multiplikationen, einer Division und einer Addition zusammen.

```
/// loop to calculate the sinus
template <typename T, typename U, typename V,
         unsigned int n, unsigned int i> struct TSinLoop;

template <int Significand1, int Exponent1,  // Value
         int Significand2, int Exponent2,  // Result
         int Significand3, int Exponent3,  // Temp
         unsigned int n, unsigned int i>
struct TSinLoop<TStaticFloat<Significand1, Exponent1>,
                TStaticFloat<Significand2, Exponent2>,
                TStaticFloat<Significand3, Exponent3>, n, i>
{
  enum
  {
    eValue = (2*i+2)*(2*i+3)
  };

  typedef typename TStaticMul<TStaticFloat<Significand3,
                                           Exponent3>,
                              TStaticFloat<-Significand1,
                                           Exponent1>
                 >::Type TypeMul1;

  typedef typename TStaticMul<TypeMul1,
                              TStaticFloat<Significand1,
                                           Exponent1>
                 >::Type TypeMul2;

  typedef typename TStaticDiv<TypeMul2,
                              TStaticFloat<eValue, 0>
                 >::Type TypeTemp;

  typedef typename TStaticAdd<TStaticFloat<Significand2,
                                           Exponent2>,
                              TypeTemp>::Type TypeResult;

  typedef typename TSinLoop<TStaticFloat<Significand1, Exponent1>,
                            TypeResult, TypeTemp, n-1, i+1>::Type Type;
};
```

Die Rekursion wird beendet, wenn die Spezialisierung für den Schleifenzähler gleich
null greift. Am Ende der Sinusberechnung werden die beiden *float*-Werte *Value* und
Result multipliziert (siehe Abschn. 10.1).

```
template <int Significand1, int Exponent1,  // Value
          int Significand2, int Exponent2,  // Result
          int Significand3, int Exponent3,  // Temp
          unsigned int i>
struct TSinLoop<TStaticFloat<Significand1, Exponent1>,
                TStaticFloat<Significand2, Exponent2>,
                TStaticFloat<Significand3, Exponent3>, 0, i>
{
  typedef typename TStaticMul<TStaticFloat<Significand1,
                                           Exponent1>,
                              TStaticFloat<Significand2,
                                           Exponent2>
                   >::Type Type;
};
```

Im nächsten Beispiel wird der Sinus von 30° berechnet. Hierfür muss zunächst der in Grad angegeben Winkel von 30° in das Bogenmaß umgerechnet werden. Dazu wird der Winkel mit Pi multipliziert und danach durch 180° dividiert. Anschließend kann dann die Berechnung des Sinuswertes erfolgen.

```
typedef TStaticFloat<30, 0> StaticFloat;
typedef TStaticFloat<31415296, -7> Pi;   // static value for pi
typedef TStaticDiv<TStaticMul<StaticFloat, Pi>::Type,
                   TStaticFloat<180, 0>
                  >::Type _30Deg;         // convert 30° to deg
typedef TStaticSin<_30Deg>::Type Sinus;  // calculate sin(30°)

int main()
{
  std::cout << "Sig: "      << StaticFloat::Sig
            << ", Exp: " << StaticFloat::Exp
            << ", Number: " << StaticFloat::getValue()
            << std::endl;

  std::cout << "Sig: "      << Sinus::Sig
            << ", Exp: " << Sinus::Exp
            << ", Number: " << Sinus::getValue()
            << std::endl << std::endl;
  ...
};
```

Der Sinus von 30° beträgt 0.5. Durch Näherungen in der Iteration der Sinusschleife *TSinLoop* wird eine leichte Abweichung berechnet.

```
Sig: 3, Exp: 1, Number: 30
Sig: 49999091, Exp: -8, Number: 0.499991
```

10.3 Bruchrechnung mit Templateargumenten

Die im Abschn. 10.2 vorgestellte Realisierung einer statischen Gleitkommazahl über die beiden Templateargumente Mantisse und Exponent ist recht komplex und aufwendig. Etwas einfacher ist die Umsetzung einer statischen Gleitkommazahl in Form einer Bruchdarstellung.

10.3.1 Definition und Normalisierung

Zur Darstellung einer statischen Gleitkommazahl als Bruch werden ganzzahlige Zähler (engl. *numerator*) und ganzzahlige Nenner (engl. *denominator*) benötigt. Diese werden als Templateargumente der Klasse *TFractionFloat* definiert. Zur Vermeidung einer Division durch null wird der Nenner zur Kompilationszeit mit *static_assert* auf ungleich null geprüft.

```
template <int Numerator, int Denominator>
struct TFractionFloat
{
  static_assert(Denominator != 0, "Denominator can not be zero!");

  enum
  {
    eNum   = Numerator,
    eDenom = Denominator
  };
};
```

Der Gültigkeitsbereich einer *float*-Zahl in der Bruchdarstellung wird durch den Typ *int* limitiert. Er liegt für eine 32-Bit Ganzzahl im Bereich von ± 2147483647. Weiterhin sind auch nur die *float*-Zahlen darstellbar, die sich durch eine Division von Zähler und Nenner ergeben.

Es empfiehlt sich in der Bruchdarstellung, adäquat zur Exponentendarstellung, die Zahlen soweit wie möglich zu kürzen. Hierzu müssen der Zähler und der Nenner durch den größten gemeinsamen Teiler (*ggT*) dividiert werden. Dieser kann mit dem euklidischen Algorithmus[4] bestimmt werden. In diesem Algorithmus wird in jedem Schritt der Divisor durch den Rest der vorherigen Division solange dividiert, bis der Rest gleich null ist. Als Beispiel soll der größte gemeinsame Teiler aus den Zahlen 1512 und 1161 bestimmt werden.

---

[4]Euklid von Alexandria war ein griechischer Mathematiker des 3. Jahrhundert vor Christus. In seinem Werk „Die Elemente" fasste er das mathematische Wissen seiner Zeit zusammen. In dieser Abhandlung beschrieb er das nach ihm benannte Verfahren, welches aber wahrscheinlich nicht selbst von ihm stammen dürfte (Wikipedia).

$$1512 = 1 \cdot 1161 + 351$$
$$1161 = 3 \cdot 351 + 108$$
$$351 = 3 \cdot 108 + 27$$
$$108 = 4 \cdot 27 + 0$$

Der Rest der Division ist für den Wert 27 gleich null. Daher ist 27 der größte gemeinsame Teiler.

$$\frac{1512}{1161} = \frac{1512/27}{1161/27} = \frac{56}{43}$$

Der euklidische Algorithmus kann mit einer einfachen Rekursion nachgebildet werden. Das Klassentemplate *TEuclid* wird solange rekursiv aufgerufen, bis die Spezialisierung für den Rest $b = 0$ greift.

```
template <int a, int b>
struct TEuclid
{
  enum {Value = TEuclid<b, a % b>::Value};
};

template <int a>
struct TEuclid<a, 0>
{
  enum {Value = a};
};
```

Die Normalisierung der Bruchzahl erfolgt nun mit dem euklidischen Algorithmus in der Klasse *TFractionNorm*.

```
template <int Numerator, int Denominator>
struct TFractionNorm
{
  enum {GGT = TEuclid<Numerator, Denominator>::Value};

  enum
  {
    eNum   = Numerator/GGT,
    eDenom = Denominator/GGT
  };
};
```

Die Klasse *TFractionFloat* wird um die Normalisierung der Bruchzahl erweitert. Weiterhin wird auch für diese Klasse die statische Funktion *getValue()* zur Berechnung der Gleitkommazahl vom Typ *double* hinzugefügt.

```
template <int Numerator, int Denominator>
struct TFractionFloat
{
  static_assert(Denominator != 0,
               "Denominator can not be zero!");

  typedef TFractionNorm<Numerator, Denominator> Type;

  enum
  {
    eNum   = Type::eNum,
    eDenom = Type::eDenom
  };

  static double getValue()
  {
    return ((double)eNum / (double)eDenom);
  }
};
```

10.3.2 Realisierung der Grundrechenarten

10.3.2.1 Addition und Subtraktion

Brüche müssen vor der Addition oder Subtraktion gleichnamig gemacht werden. Hierfür ist die Ermittlung des kleinsten gemeinsamen Vielfachen (kgV) der beiden Nenner notwendig. Das kleinste gemeinsame Vielfache wird indirekt über den euklidischen Algorithmus bestimmt. Es gilt folgende Beziehung:

$$ggT(Nenner1, Nenner2) \cdot kgV(Nenner1, Nenner2) = |Nenner1 \cdot Nenner2|$$

Durch Umstellen der Gleichung nach dem kleinsten gemeinsamen Vielfachen folgt:

$$kgV(Nenner1, Nenner2) = \frac{|Nenner1 \cdot Nenner2|}{ggT(Nenner1, Nenner2)}$$

Die Addition kann nun nach folgender Gleichung erfolgen:

$$\frac{Zähler1}{Nenner1} + \frac{Zähler2}{Nenner2} = \frac{Zähler1 * \frac{Nenner2}{ggT} + Zähler2 * \frac{Nenner1}{ggt}}{\frac{Nenner1}{ggt} \cdot \frac{Nenner2}{ggT} \cdot ggT}$$

Das Template *TFractionAdd* addiert zwei Bruchzahlen vom Typ *TFractionFloat* nach dem vorgestellten Verfahren. Das Templateargument *Count != 0* legt fest, ob vor der eigentlichen Berechnung die Brüche noch einmal gerundet werden müssen, um ein Überlauf der Zahlen durch die Multiplikation zu verhindern.

```
template <typename T1, typename T2, int Count=1>
struct TFractionAdd;

template <int Numerator1, int Denominator1,
          int Numerator2, int Denominator2>
struct TFractionAdd<TFractionFloat<Numerator1, Denominator1>,
                    TFractionFloat<Numerator2, Denominator2>, 0>
{
  enum
  {
    eGGT     = TEuclid<Denominator1, Denominator2>::Value,
    eDenom1  = Denominator1 / eGGT,
    eDenom2  = Denominator2 / eGGT,
    eNum1    = Numerator1    * eDenom2,
    eNum2    = Numerator2    * eDenom1,
    eDenom   = Denominator1 * eDenom2
  };

  typedef TFractionFloat<eNum1+eNum2, eDenom> Type;
};
```

Im folgenden Beispiel soll die Summe aus den Brüchen 28/33 und 5/22 ermittelt werden.

$$\frac{28}{33} + \frac{5}{22} = \frac{28 \cdot \frac{22}{11} + 5 \cdot \frac{33}{11}}{\frac{33}{11} \cdot \frac{22}{11} \cdot 11} = \frac{28 \cdot 2 + 5 \cdot 3}{3*22} = \frac{71}{66}$$

Die Umsetzung der Bruchrechnung für das Beispiel sieht wie folgt aus.

```
typedef TFractionFloat<28, 33> A1;
typedef TFractionFloat< 5, 22> A2;
typedef TFractionAdd  <A1, A2>::Type A3;

int main()
{
  std::cout << A1::eNum << " / " << A1::eDenom << " = "
            << A1::getValue() << std::endl;
  std::cout << A2::eNum << " / " << A2::eDenom << " = "
            << A2::getValue() << std::endl;
  std::cout << A3::eNum << " / " << A3::eDenom << " = "
            << A3::getValue() << std::endl;
  ...
}
```

Ausgabe:

```
28 / 33 = 0.848485
5 / 22 = 0.227273
71 / 66 = 1.07576
```

Die Subtraktion wird ebenfalls über das Template *TFractionAdd* durchgeführt, indem das Vorzeichen des zweiten Zählers (*Numerator2*) geändert wird, bevor die Addition erfolgt.

```
template <typename T1, typename T2> struct TFractionSub;

template <int Numerator1, int Denominator1,
          int Numerator2, int Denominator2>
struct TFractionSub<TFractionFloat<Numerator1, Denominator1>,
                    TFractionFloat<Numerator2, Denominator2> >
{
  typedef TFractionFloat< Numerator2, Denominator2> Type2;
  typedef typename TFractionAdd<TFractionFloat<Numerator1,
                                   Denominator1>,
                     Type2>::Type Type;
};
```

Im Beispiel soll die Differenz aus den Brüchen 28/33 und 5/22 ermittelt werden.

$$\frac{28}{33} - \frac{5}{22} = \frac{28 \cdot \frac{22}{11} - 5 \cdot \frac{33}{11}}{\frac{33}{11} \cdot \frac{22}{11} \cdot 11} = \frac{28 \cdot 2 - 5 \cdot 3}{3*22} = \frac{41}{66}$$

Die Umsetzung der Bruchrechnung für das Beispiel sieht wie folgt aus.

```
typedef TFractionFloat<28, 33> A1;
typedef TFractionFloat< 5, 22> A2;
typedef TFractionSub  <A1, A2>::Type A4;

int main()
{
  std::cout << A1::eNum << " / " << A1::eDenom << " = "
            << A1::getValue() << std::endl;
  std::cout << A2::eNum << " / " << A2::eDenom << " = "
            << A2::getValue() << std::endl;
  std::cout << A4::eNum << " / " << A4::eDenom << " = "
            << A4::getValue() << std::endl;
  ...
}
```

Ausgabe:

```
28 / 33 = 0.848485
5 / 22 = 0.227273
41 / 66 = 0.621212
```

Wie bereits erwähnt ist es notwendig, vor der Multiplikation der Terme innerhalb der Addition eines Bruches die zu erwartende Länge der Zahl zu ermitteln, um einen numerischen Überlauf zu verhindern. Hierzu muss der Exponent zur Basis 10 für alle Faktoren bestimmt werden, bis die Zahl kleiner 1 ist. Der Exponent, bzw. die Anzahl der Zeichen einer Zahl wird mit dem Template *TGetPow10* bestimmt.

```cpp
template <int Number, int Count>
struct TGetPow10
{
  enum
  {
    eNumber = Number > 0 ? Number : -Number,  // make positive
    eValue  = TGetPow10<eNumber/10, Count+1>::eValue
  };
};

template <int Count>
struct TGetPow10<0, Count>
{
  enum { eValue = Count };
};
```

Das Template *TFractionAdd* für einen Wert *Count > 0* dient dem Runden der Brüche für eine bevorstehende Addition. Das Template wird solange rekursiv aufgerufen, bis das Ergebnis aller Multiplikationen weniger als 8 Ziffern hat. Da eine Addition eines Bruches aus drei Multiplikationen besteht, müssen auch die Exponenten zur Basis 10 für alle drei Multiplikationen kleiner als 8 geprüft werden. Die erwartete Länge nach der Multiplikation wird in den Enumeratoren *eSize1*, *eSize2* und *eSize3* abgelegt. Wenn nur eine dieser Werte größer als 7 ist, erfolgt das Runden für die Zahl, die den größten Exponenten zur Basis 10 im Zähler oder Nenner hat. Anschließen erfolgt eine erneute Berechnung der maximalen Anzahl von Ziffern. Wenn diese kleiner als 8 sind, wird der Wert *Count* auf 0 gesetzt und die Rekursion wird mit der Spezialisierung für *Count = 0* beendet und die Addition wird durchgeführt.

```
template <int Numerator1, int Denominator1, int Numerator2, int Denominator2,
          int Count>
struct TFractionAdd<TFractionFloat<Numerator1, Denominator1>,
TFractionFloat<Numerator2, Denominator2>, Count>
{
  enum
  {
    eGGT     = TEuclid<Denominator1, Denominator2>::Value,
    eDenom1  = Denominator1 / eGGT,
    eDenom2  = Denominator2 / eGGT,
    eSNum1   = TGetPow10<Numerator1, 0>::eValue,
    eSDen1   = TGetPow10<Denominator1, 0>::eValue,
    eSNum2   = TGetPow10<Numerator2, 0>::eValue,
    eSDen2   = TGetPow10<Denominator2, 0>::eValue,
    eSize1   = eSNum1 + eSDen2,
    eSize2   = eSNum2 + eSDen1,
    eSize3   = eSDen1 + TGetPow10<Denominator2, 0>::eValue,
    eMax1    = eSNum1 > eSDen1 ? eSNum1 : eSDen1,
    eMax2    = eSNum2 > eSDen2 ? eSNum2 : eSDen2,
    eSizeMax = eSize1 > 7 || eSize2 > 7 || eSize3 > 7 ? 8 : 0
  };

  typedef typename tmp::If<(eSizeMax > 7 && eMax1 >= eMax2),
                           TFractionRound<Numerator1,
                                          Denominator1, Count>,
                           TFractionFloat<Numerator1,
                                          Denominator1>
                          >::Ret RoundType1;

  typedef typename tmp::If<(eSizeMax > 7 && eMax2 >= eMax1),
                           TFractionRound<Numerator2,
                                          Denominator2, Count>,
                           TFractionFloat<Numerator2,
                                          Denominator2>
                          >::Ret RoundType2;

  enum
  {
    eGGT_1   = TEuclid<RoundType1::eDenom,
                       RoundType2::eDenom>::Value,
    eDenom_1 = RoundType1::eDenom / eGGT_1,
    eDenom_2 = RoundType2::eDenom / eGGT_1,
    eSize_1  = TGetPow10<RoundType1::eNum, 0>::eValue +
               TGetPow10<eDenom_2, 0>::eValue,
    eSize_2  = TGetPow10<RoundType2::eNum, 0>::eValue +
               TGetPow10<eDenom_1, 0>::eValue,
    eSize_3  = TGetPow10<eDenom_1, 0>::eValue          +
               TGetPow10<RoundType2::eDenom, 0>::eValue,
    eSize    = eSize_1 > 7 || eSize_2 > 7 ||
               eSize_3 > 7 ? Count+1 : 0
  };

  typedef typename TFractionAdd<TFractionFloat<RoundType1::eNum,
                                               RoundType1::eDenom>,
                                TFractionFloat<RoundType2::eNum,
                                               RoundType2::eDenom>,
                                eSize>::Type Type;
};
```

Das Runden erfolgt im Template *TFractionRound*. Es wird in Abhängigkeit von der Anzahl der Iterationen *Count* der Zähler oder der Nenner sowohl inkrementiert als auch dekrementiert. Nach dem Kürzen des Bruches wird das Ergebnis zurückgeliefert, dessen Nenner am kleinsten ist.

```
template <int Numerator, int Denominator, int Count>
struct TFractionRound
{
  enum
  {
    ePosNum    = Numerator   > 0 ? Numerator   : -Numerator,
    ePosDenom = Denominator > 0 ? Denominator : -Denominator,
    eModTmp    = ePosNum > ePosDenom ? ePosNum / ePosDenom :
                                       ePosDenom / ePosNum,
    eMod       = eModTmp > 1 ? eModTmp : 2
  };

  typedef typename
    tmp::If<(ePosNum > ePosDenom),
            TFractionNorm<(Count % eMod) ? Numerator+1 :
                                           Numerator,
                          (Count % eMod) ? Denominator :
                                           Denominator+1>,
            TFractionNorm<(Count % eMod) ? Numerator    :
                                           Numerator+1,
                          (Count % eMod) ? Denominator+1 :
                                           Denominator>
          >::Ret Type1;

  typedef typename
    tmp::If<(ePosNum > ePosDenom),
            TFractionNorm<(Count % eMod) ? Numerator-1 :
                                           Numerator,
                          (Count % eMod) ? Denominator :
                                           Denominator-1>,
            TFractionNorm<(Count % eMod) ? Numerator    :
                                           Numerator-1,
                          (Count % eMod) ? Denominator-1 :
                                           Denominator>
          >::Ret Type2;
  enum
  {
    eNum1  = Type1::eNum > 0 ? Type1::eNum : -Type1::eNum,
    eNum2  = Type2::eNum > 0 ? Type2::eNum : -Type2::eNum,
    eNum   = eNum1 < eNum2 ? Type1::eNum    : Type2::eNum,
    eDenom = eNum1 < eNum2 ? Type1::eDenom : Type2::eDenom,
  };
};
```

Im folgenden Beispiel wird der Bruch 28/33 gerundet.

```
typedef TFractionFloat<28, 33> A1;
typedef TFractionRound<A1::eNum, A1::eDenom, 0> A4;

int main()
{
  std::cout << A1::eNum << " / " << A1::eDenom << " -> round = "
            << A4::eNum << " / " << A4::eDenom << std::endl;
  ...
}
```

Ausgabe:

```
28 / 33 -> round = 9 / 11
```

10.3.2.2 Multiplikation und Division

Brüche werden Multipliziert, indem ihre Zähler und ihre Nenner miteinander multipliziert werden.

$$\frac{Z\ddot{a}hler1}{Nenner1} \cdot \frac{Z\ddot{a}hler2}{Nenner2} = \frac{Z\ddot{a}hler1 \cdot Z\ddot{a}hler2}{Nenner1 \cdot Nenner2}$$

Das Template *TFractionMul* multipliziert zwei Bruchzahlen vom Typ *TFractionFloat* nach dem vorgestellten Verfahren.

```
template <int Numerator1, int Denominator1,
          int Numerator2, int Denominator2>
struct TFractionMul<TFractionFloat<Numerator1, Denominator1>,
                    TFractionFloat<Numerator2, Denominator2> >
{
  enum
  {
    eNum    = Numerator1 * Numerator2,
    eDenom  = Denominator1 * Denominator2
  };

  typedef TFractionFloat<eNum, eDenom> Type;
};
```

Im Beispiel soll das Produkt aus den Brüchen 28/33 und 5/22 ermittelt werden.

$$\frac{28}{33} \cdot \frac{5}{22} = \frac{28 \cdot 5}{33 \cdot 22} = \frac{140}{726} = \frac{70}{363}$$

Die Umsetzung der Multiplikation für das Beispiel sieht wie folgt aus.

```
typedef TFractionFloat<28, 33> A1;
typedef TFractionFloat< 5, 22> A2;
typedef TFractionMul  <A1, A2>::Type A5;

int main()
{
  std::cout << A1::eNum << " / " << A1::eDenom << " = "
            << A1::getValue() << std::endl;
  std::cout << A2::eNum << " / " << A2::eDenom << " = "
            << A2::getValue() << std::endl;
  std::cout << A5::eNum << " / " << A5::eDenom << " = "
            << A5::getValue() << std::endl;
  ...
}
```

Ausgabe:

```
28 / 33 = 0.848485
5 / 22 = 0.227273
70 / 363 = 0.192837
```

Die Division wird auch über das Template *TFractionMul* durchgeführt, indem der Zähler und Nenner vertauscht wird, bevor die Multiplikation erfolgt.

```
template <typename T1, typename T2> struct TFractionDiv;

template <int Numerator1, int Denominator1,
          int Numerator2, int Denominator2>
struct TFractionDiv<TFractionFloat<Numerator1, Denominator1>,
TFractionFloat<Numerator2, Denominator2> >
{
  typedef TFractionFloat<Denominator2, Numerator2> Type2;
  typedef typename TFractionMul<TFractionFloat<Numerator1,
                                               Denominator1>,
                    Type2>::Type Type;
};
```

Im Beispiel soll der Quotient aus den Brüchen 28/33 und 5/22 ermittelt werden.

$$\frac{\frac{28}{33}}{\frac{5}{22}} = \frac{28}{33} \cdot \frac{22}{5} = \frac{616}{165} = \frac{56}{15}$$

Die Umsetzung der Division sieht wie folgt aus.

```
typedef TFractionFloat<28, 33> A1;
typedef TFractionFloat< 5, 22> A2;
typedef TFractionDiv  <A1, A2>::Type A6;

int main()
{
  std::cout << A1::eNum << " / " << A1::eDenom << " = "
            << A1::getValue() << std::endl;
  std::cout << A2::eNum << " / " << A2::eDenom << " = "
            << A2::getValue() << std::endl;
  std::cout << A5::eNum << " / " << A6::eDenom << " = "
            << A6::getValue() << std::endl;
  ...
}
```

Ausgabe:

```
28 / 33 = 0.848485
5 / 22 = 0.227273
56 / 15 = 3.73333
```

Die Anzahl der zu erwartenden Stellen der Zähler und Nenner nach der Multiplikation muss, wie bei der Addition bereits vorgestellt, vorher geprüft werden. Es bietet sich an, vor der eigentlichen Multiplikation der Zähler und Nenner die Teilbarkeit des Ergebnisses zu testen. Hierbei wird überprüft, ob es einen gemeinsamen Teiler aus den Brüchen Zähler1 und Nenner2 und Zähler2 und Nenner1 gibt. Wenn der größte gemeinsame Teiler kleiner als der jeweilige Nenner ist, können der Zähler und Nenner gekürzt werden, bevor die Multiplikation erfolgt.

Im Beispiel soll das Verfahren mit den bekannten Brüchen 28/33 und 5/22 vorgestellt werden. Nach dem Kommutativgesetz (Vertauschungsgesetz) können die Faktoren des Zählers vertauscht werden. Nach dem Vertauschen wird ersichtlich, dass der Bruch 28/22 durch 2 gekürzt werden kann.

$$\frac{28}{33} \cdot \frac{5}{22} = \frac{28}{22} \cdot \frac{5}{33} = \frac{14}{11} \cdot \frac{5}{33} = \frac{70}{363}$$

Das Template *TFractionMul* wird wie folgt erweitert:

```
template <int Numerator1, int Denominator1,
          int Numerator2, int Denominator2>
struct TFractionMul<TFractionFloat<Numerator1, Denominator1>,
TFractionFloat<Numerator2, Denominator2>, 0>
{
  enum
  {
    eGGT1   = TEuclid<Numerator1, Denominator1>::Value,
    eGGT2   = TEuclid<Numerator2, Denominator2>::Value,
    eNum1   = Numerator1 / eGGT1,
    eDenom1 = Denominator1 / eGGT2,
    eNum2   = Numerator2 / eGGT2,
    eDenom2 = Denominator2 / eGGT1,
    eNum    = eNum1   * eNum2,
    eDenom  = eDenom1 * eDenom2
  };

  typedef TFractionFloat<eNum, eDenom> Type;
};
```

Nach der Prüfung einer zusätzlichen Teilbarkeit der Faktoren wird die Anzahl der Stellen ermittelt und die maximal mögliche Zahlenlänge geprüft. Wenn der Zähler oder der Nenner nach der Multiplikation mehr als 7 Stellen benötigt, müssen die Brüche gerundet werden. Das Template *TFractionMul* für einen Wert *Count > 0* dient dem Runden der Brüche für eine bevorstehende Multiplikation. Das Template wird solange rekursiv aufgerufen, bis das Ergebnis aller Multiplikationen weniger als 8 Ziffern hat.

```
template <typename T1, typename T2, int Count=1>
struct TFractionMul;

template <int Numerator1, int Denominator1,
          int Numerator2, int Denominator2, int Count>
struct TFractionMul<TFractionFloat<Numerator1, Denominator1>,
                    TFractionFloat<Numerator2, Denominator2>,
                    Count>
{
  enum
  {
    eGGT1    = TEuclid<Numerator1, Denominator2>::Value,
    eGGT2    = TEuclid<Numerator2, Denominator1>::Value,
    eNum1    = Numerator1 / eGGT1,
    eDenom1  = Denominator1 / eGGT2,
    eNum2    = Numerator2 / eGGT2,
    eDenom2  = Denominator2 / eGGT1,
    eSNum1   = TGetPow10<eNum1,   0>::eValue,
    eSDen1   = TGetPow10<eDenom1, 0>::eValue,
    eSNum2   = TGetPow10<eNum2,   0>::eValue,
    eSDen2   = TGetPow10<eDenom2, 0>::eValue,
    eMax1    = eSNum1 > eSDen1 ? eSNum1 : eSDen1,
    eMax2    = eSNum2 > eSDen2 ? eSNum2 : eSDen2,
    eSize1   = eSNum1 + eSNum2,
    eSize2   = eSDen1 + eSDen2,
    eSizeMax = eSize1 > eSize2 ? eSize1 : eSize2
  };

  typedef typename tmp::If<(eSizeMax > 7 && eMax1 >= eMax2),
                           TFractionRound<Numerator1,
                                          Denominator1, Count>,
                           TFractionFloat<Numerator1,
                                          Denominator1>
                          >::Ret RoundType1;
  typedef typename tmp::If<(eSizeMax > 7 && eMax2 >= eMax1),
                           TFractionRound<Numerator2,
                                          Denominator2, Count>,
                           TFractionFloat<Numerator2,
                                          Denominator2>
                          >::Ret RoundType2;

  enum
  {
    eGGT_1   = TEuclid<RoundType1::eNum,
                       RoundType2::eDenom>::Value,
    eGGT_2   = TEuclid<RoundType2::eNum,
                       RoundType1::eDenom>::Value,
    eNum_1   = RoundType1::eNum / eGGT_1,
    eDenom_1 = RoundType1::eDenom / eGGT_2,
    eNum_2   = RoundType2::eNum / eGGT_2,
    eDenom_2 = RoundType2::eDenom / eGGT_1,
    eSize_1  = TGetPow10<eNum_1,   0>::eValue +
               TGetPow10<eNum_2,   0>::eValue,
    eSize_2  = TGetPow10<eDenom_1, 0>::eValue +
               TGetPow10<eDenom_2, 0>::eValue,
```

```
    eSize     = eSize_1 > 7 || eSize_2 > 7 ? Count+1 : 0
  };

  typedef typename TFractionMul<TFractionFloat<eNum_1,eDenom_1>,
                                TFractionFloat<eNum_2,eDenom_2>,
                                eSize>::Type Type;
};
```

10.3.3 Erweiterte mathematische Funktionen

Die komplexeren mathematischen Funktionen aus Abschn. 10.1 wie *power*, *square_root* und *sinus* sollen nun mit den Grundrechenarten der Bruchrechnung abgeleitet werden. Die Metafunktionen ähneln dabei stark den Metafunktionen aus dem Abschn. 10.2.3.

Die Berechnung der Potenz einer Zahl wird mit der Metafunktion *TFractionPow* durchgeführt. Sie ruft sich solange rekursiv auf, bis der Exponent gleich 1 ist und die Spezialisierung für das Beenden der Rekursion greift.

```
/// calculates the power of value^n
template <typename T, unsigned int n> struct TFractionPow;

template <int Numerator, int Denominator, unsigned int n>
struct TFractionPow<TFractionFloat<Numerator, Denominator>, n>
{
  typedef typename TFractionMul<TFractionFloat<Numerator,
                                               Denominator>,
                     typename TFractionPow<TFractionFloat<Numerator,
                                                          Denominator>,
                              n-1>::Type>::Type Type;
};

template <int Numerator, int Denominator>
struct TFractionPow<TFractionFloat<Numerator, Denominator>, 1>
{
  typedef TFractionFloat<Numerator, Denominator> Type;
};
```

Die Quadratwurzel wird mit der Metafunktion *TFractionSqrt* berechnet. Diese startet die Iteration mit der Hilfsfunktion *TSqrtLoopFraction*.

```
/// calculate the square root of value
template <typename T, int Loops> struct TFractionSqrt;

template <int Numerator, int Denominator, int Loops>
struct TFractionSqrt<TFractionFloat<Numerator,
                                    Denominator>, Loops>
{
  typedef typename TSqrtLoopFraction<
                      TFractionFloat<Numerator,
                                     Denominator>, // x0 = a
                      TFractionFloat<Numerator,
                                     Denominator>,
                      Loops                // no of iterations
                          >::Type Type;
};
```

Die Metafunktion *TSqrtLoopFraction* realisiert die Iterationsvorschrift für einen Iterationsschritt *n*.

$$x_{n+1} = \frac{x_n + \frac{a}{x_n}}{2} \quad \text{mit} \quad x_0 = \frac{a+1}{2} \quad \text{und} \quad a > 0.$$

Sie setzt sich aus einer Addition und zweier Divisionen zusammen.

```
/// loop to calculate the square root of value
template <typename T, typename U, unsigned int n>
struct TSqrtLoopFraction;

template <int Numerator1, int Denominator1,
          int Numerator2, int Denominator2, unsigned int n>
struct TSqrtLoopFraction<TFractionFloat<Numerator1,
                                        Denominator1>,
                         TFractionFloat<Numerator2,
                                        Denominator2>, n>
{
  typedef typename TFractionDiv<TFractionFloat<Numerator1,
                                               Denominator1>,
                                TFractionFloat<Numerator2,
                                               Denominator2>
                        >::Type TypeDiv;
  typedef typename TFractionAdd<TFractionFloat<Numerator2,
                                               Denominator2>,
                                TypeDiv >::Type TypeSqrt;
  typedef typename TFractionDiv<TypeSqrt, TFractionFloat<2, 1>
                        >::Type TypeRes;

  typedef typename TSqrtLoopFraction<
                      TFractionFloat<Numerator1,
                                     Denominator1>,
                      TFractionFloat<TypeRes::eNum,
                                     TypeRes::eDenom>,
                      n-1>::Type Type;
};
```

Die Rekursion wird beendet, wenn die maximale Anzahl der Iterationen erreicht wurde.

```
template <int Numerator1, int Denominator1,
          int Numerator2, int Denominator2>
struct TSqrtLoopFraction<TFractionFloat<Numerator1,
                                        Denominator1>,
                         TFractionFloat<Numerator2,
                                        Denominator2>, 0>
{
  typedef TFractionFloat<Numerator2, Denominator2> Type;
};
```

Die Sinusfunktion wird mit der Metafunktion *TFractionSin* realisiert. Diese startet die Rekursion mit der Hilfsfunktion *TFractionSinLoop*.

```
/// calculate the sinus
template <typename T> struct TFractionSin;

template <int Numerator, int Denominator>
struct TFractionSin<TFractionFloat<Numerator, Denominator> >
{
  typedef typename
    TFractionSinLoop<TFractionFloat<Numerator,
                                    Denominator>, // Value
                     TFractionFloat<1, 1>,        // Result
                     TFractionFloat<1, 1>,        // Temp
                     2,                   // number of iterations
                     0                            // counter i
                    >::Type Type;
};
```

Die Metafunktion *TFractionSinLoop* realisiert die Iterationsvorschrift für einen Iterationsschritt *n*. Die Berechnung innerhalb einer Rekursion setzt sich aus zwei Multiplikationen, einer Division und einer Addition zusammen.

```
/// loop to calculate the sinus
template <typename T, typename U, typename V,
          unsigned int n, unsigned int i>
struct TFractionSinLoop;

template <int Numerator1, int Denominator1,   // Value
          int Numerator2, int Denominator2,   // Result
          int Numerator3, int Denominator3,   // Temp
          unsigned int n, unsigned int i>
struct TFractionSinLoop<TFractionFloat<Numerator1, Denominator1>,
                        TFractionFloat<Numerator2, Denominator2>,
                        TFractionFloat<Numerator3, Denominator3>,
                        n, i>
{
  enum
  {
    eValue = (2*i+2)*(2*i+3)
  };

  typedef TFractionFloat<eValue, 1> ValueTmp;

  typedef typename TFractionMul<TFractionFloat<Numerator3,
                                               Denominator3>,
                                TFractionFloat<-Numerator1,
                                               Denominator1>
                      >::Type TypeMul1;
  typedef typename TFractionMul<TypeMul1,
                                TFractionFloat<Numerator1,
                                               Denominator1>
                      >::Type TypeMul2;
  typedef typename TFractionDiv<TypeMul2,
                                TFractionFloat<eValue, 1>
                      >::Type TypeTemp;

  typedef typename TFractionAdd<TFractionFloat<Numerator2,
                                               Denominator2>,
                                TypeTemp>::Type TypeResult;

  typedef typename TFractionSinLoop<TFractionFloat<Numerator1,
                                                   Denominator1>,
                                    TypeResult,
                                    TypeTemp, n-1, i+1
                      >::Type Type;
};
```

Die Rekursion wird für den Schleifenzähler gleich null beendet.

```
template <int Numerator1, int Denominator1,  // Value
          int Numerator2, int Denominator2,  // Result
          int Numerator3, int Denominator3,  // Temp
          unsigned int i>
struct TFractionSinLoop<TFractionFloat<Numerator1, Denominator1>,
                        TFractionFloat<Numerator2, Denominator2>,
                        TFractionFloat<Numerator3, Denominator3>,
                        0, i>
{
  typedef typename TFractionMul<TFractionFloat<Numerator1,
                                               Denominator1>,
                                TFractionFloat<Numerator2,
                                               Denominator2>
                    >::Type Type;
};
```

Literatur

1. Veldhuizen, Todd. 1995. Using C++ template metaprograms. *C++ Report* 7(4): 36 – 43.
2. Press, William H. et al. 1992. *Numerical recipes in C*. Cambridge: Cambridge University Press.

Weitere Beispiele der Metaprogrammierung 11

Dieses Kapitel umfasst einige Beispiele der Primzahlen- und astronomischen Zeit- und Datumsberechnung zur Übersetzungszeit. In diesen Beispielen werden nochmals einige Techniken des rekursiven Aufrufs von Klassentemplates dargestellt, sowie deren weitere Optimierung durch Verschachtelung von rekursiven Aufrufen. Die Beispiele sollen nur exemplarisch die allgemeine Herangehensweise in der Umsetzung einer Berechnung zur Übersetzungszeit beschreiben.

11.1 Berechnung von Primzahlen

11.1.1 Berechnung von kleinen Primzahlen

Die Ermittlung von Primzahlen war eines der ersten Metaprogramme in C++ mit Templates. Erwin Unruh präsentierte auf dem C++-Standardisierungstreffen 1994 in SanDiego ein kleines Metaprogramm, welches Primzahlen während der Übersetzungszeit berechnete. Auf seiner Homepage beschreibt er seine Erinnerung hierzu [1].

Das Prinzip der folgenden Primzahlenberechnung besteht darin, eine Zahl mit jeder kleineren Zahl zu dividieren. Sobald der Rest gleich null ist, handelt es sich nicht um eine Primzahl. Das Klassentemplate *TCheckPrime* testet den Rest der zu überprüfenden Zahl p mit der kleineren Zahl i. Wenn der Rest größer null ist, wird rekursiv das gleiche Klassentemplate mit der nächsten kleineren Zahl i aufgerufen, bis die Spezialisierung für die Zahl 1 greift.

© Springer-Verlag Berlin Heidelberg 2016
J. Lemke, *C++-Metaprogrammierung*, DOI 10.1007/978-3-662-48550-7_11

```
template <unsigned int p, unsigned int i>
struct TCheckPrime
{
  enum { prim = (p%i != 0) && (TCheckPrime<p, i-1>::prim)};
};

template <unsigned int p>
struct TCheckPrime<p, 1>
{
  enum { prim = 1};
};
```

Die nächste Aufgabe besteht nun darin, alle Primzahlen von 2 bis zu einer vorgegebenen Zahl zu bestimmen. Hierfür wird das zweite Klassentemplate *TIsPrime* verwendet, welches rekursiv alle Zahlen von *p* abwärts bis 2 auf Primzahlen testet. Das Ergebnis, ob eine Zahl eine Primzahl ist, wird in der Variablen *prim* gespeichert. Um Übersetzungszeit einzusparen, werden nur alle ungeraden Zahlen ungleich 2 getestet. Wird dem Template eine gerade Zahl größer 2 als Argument übergeben, wird die nächst kleinere Zahl bestimmt, bevor der Test mit *TCheckPrime* startet. Eine weitere Optimierung besteht darin, nur Zahlen, die kleiner als ein Drittel der zu testenden Zahl sind, auf den Rest der Division zu prüfen. Alle Primzahlen werden in einer Typliste mit dem Klassentemplate *PrimList* gespeichert.

```
template <unsigned int p>
struct TIsPrime
{
  enum {value = p%2 ? p : p-1,
        prim  = TCheckPrime<value, value/3>::prim};

  typedef typename PrimList<typename TIsPrime<value-2>::Result,
                            value, prim>::Result Result;
};

template <>
struct TIsPrime<2>
{
  enum {value = 2,
        prim  = 1};

  typedef tmp::Typelist<tmp::TValue<value>,
                        tmp::Nulltype> Result;
};

template <>
struct TIsPrime<3>
{
  enum {value = 3,
        prim  = TCheckPrime<value, 2>::prim};

  typedef tmp::Typelist<tmp::TValue<value>,
                        TIsPrime<2>::Result> Result;
};
```

Das Template *PrimList* erweitert die Typliste nur dann, wenn das Argument *prim* ungleich null ist. Zur Speicherung der Primzahlen wird die bereits in Abschn. 3.2.2 beschriebene Klasse *TValue* verwendet, der als Argument die Primzahl übergeben wird.

```
template <typename TList, unsigned int p, unsigned int prim>
struct PrimList
{
  typedef tmp::Typelist<tmp::TValue<p>, TList> Result;
};

template <typename TList, unsigned int p>
struct PrimList<TList, p, 0>
{
  typedef TList Result;
};
```

Ein Testprogramm für alle Primzahlen kleiner 100 könnte so aussehen.

```
int main()
{
  typedef TIsPrime<100>::Result TList;

  enum {length = tmp::Length<TList>::value};
  std::cout << "Value "
            << tmp::TypeAt<TList, length-1>::Result::value
            << std::endl;

  std::cout << "Value "
            << tmp::TypeAt<TList, length-2>::Result::value
            << std::endl;
  ...
  std::cout << "Value "
            << tmp::TypeAt<TList, length-25>::Result::value
            << std::endl;
  ...
};
```

11.1.2 Optimierung des Primzahlentests

Die Ermittlung von Primzahlen ist sehr rechen- und zeitaufwendig. Eine Optimierung kann helfen, Primzahlen schneller testen oder größere Primzahlen in annehmbarer Zeit bestimmen zu können. Ein paar einfache Optimierungen wurden bereits im einführenden Beispiel des vorherigen Abschnittes durchgeführt. Die folgenden Optimierungen des Primzahlentests ist zwar ein wenig Spielerei, sie können aber das Verständnis für die Metaprogrammierung weiter festigen.

Bisher wurde der Primzahlentest noch nicht abgebrochen, wenn ein Teiler gefunden wurde, also $p\%i = 0$ ist. Der Primzahlentest wird solange durchgeführt, bis die

Spezialisierung für den Teiler 1 greift. Der Compiler kann beim Aufbau der Rekursion noch nicht erkennen, ob die Bedingung einer &&-Verknüpfung bereits nicht erfüllt ist, um die Rekursion automatisch zu beenden.

```
template <unsigned int p, unsigned int i>
struct TCheckPrime
{
  enum { prim = (p%i != 0) && (TCheckPrime<p, i-1>::prim)};
};
```

Um die Rekursion sofort zu beenden, wenn der Rest der Division gleich 0 ist, muss dieser als Templateparameter hinzugefügt werden. Zur Beibehaltung der Deklaration im Template *TIsPrime<p>*, wird diesem Parameter der Wert 1 zugewiesen. Der Rest der Division wird dem nächsten rekursiven Aufruf zusätzlich als Parameter übergeben. Die partielle Spezialisierung für den Rest gleich 0 beendet die Rekursion.

```
template <unsigned int p, unsigned int i,
          unsigned int modulo = 1>
struct TCheckPrime
{
  enum { prim = modulo &&
               (TCheckPrime<p, i-1, p%(i-1)>::prim) };
};

template <unsigned int p, unsigned int i>
struct TCheckPrime<p, i, 0>
{
  enum { prim = 0 };
};

template <unsigned int p>
struct TCheckPrime<p, 1, 0>    // modulo of p%1 is 0
{
  enum { prim = 1 };
};
```

Diese Optimierung des Primzahlentest ist dann hilfreich, wenn viele Zahlen auf Primzahlen getestet werden sollen.

```
template <unsigned int p>
struct TIsPrime
{
  enum { prim = TCheckPrime<p, p/2>::prim };
};
```

In der nächsten Optimierung wird davon ausgegangen, dass nur ungerade Teiler in der Division geprüft werden müssen, denn eine Primzahl ist mit Ausnahme der Zahl 2 immer ungerade. Damit kann die Anzahl der Rekursionen halbiert werden, weil der Teiler *i* für die nächste Rekursion um 2 verringert wird.

```
template <unsigned int p, unsigned int i,
          unsigned int modulo = 1>
struct TCheckPrime
{
  enum { prim = modulo &&
              (TCheckPrime<p, i-2, p%(i-2)>::prim) };
};

template <unsigned int p, unsigned int i>
struct TCheckPrime<p, i, 0>
{
  enum { prim = 0 };
};

template <unsigned int p>
struct TCheckPrime<p, 1, 0>    // modulo of p%1 is 0
{
  enum { prim = 1 };
};
```

Im Template *TIsPrime<p>* muss sichergestellt werden, dass der erste Teiler, der *TCheckPrime<p, i, modulo>* übergeben wird, ungerade ist. Hierfür wird der Startwert für den Primzahlentest *first* um eins erhöht, wenn dieser gerade ist. Weiterhin muss sichergestellt werden, dass die zu testende Zahl *p* ungerade ist. Dieses wird indirekt dadurch sichergestellt, das als drittes Argument der Rest der Division der Zahl *p* durch 2 dem Template *TCheckPrime<p, i, modulo>* übergeben wird. Ist der Rest gleich 0 greift die Spezialisierung für *modulo = 0* und die Rekursion wird beendet bzw. gar nicht erst begonnen.

```
template <unsigned int p>
struct TIsPrime
{
  enum { first = p/2,
         start = (first%2 == 0) ? first+1 : first,
         prim  = TCheckPrime<p, start, p%2>::prim };
};
```

Mit dem Template *TNextPrime* im folgenden Beispiel kann nun schnell die nächste Primzahl einer vorgegebenen Zahl *p* bestimmt werden.

```
template <unsigned int p, unsigned int RetPrime = 0>
struct TNextPrime
{
  enum { prim = TNextPrime<p+1, TIsPrime<p+1>::prim>::prim };
};

template <unsigned int p>
struct TNextPrime<p, 1>
{
  enum { prim = p };
};
```

Die korrekte Funktionsweise der Templates *TIsPrime<p>* und *TNextPrime<p>* kann mit einem einfachen Test schnell überprüft werden.

```
int main()
{
  std::cout << "1009 is Primzahl? : "
            << TIsPrime<1009>::prim  << std::endl;
  std::cout << "The next prime behind 500 is: "
            << TNextPrime<500>::prim << std::endl;
  ...
};
```

11.1.3 Berechnung von großen Primzahlen

Die bisher vorgestellten Primzahlentests funktionieren nur für kleine Primzahlen bis 1000. Rekursionen mit Klassentemplates können wie im Abschn. 3.2.6 beschrieben nur bis zu einer bestimmten Tiefe durchgeführt werden. Wenn der Compiler beispielsweise eine Tiefe von 500 Rekursionen erlaubt, können nur Primzahlen kleiner 2003 getestet werden. Diese Zahl ergibt sich daraus, dass der erste Teiler 1001 die Hälfte der Testzahl 2003 ist, nur jede zweite Zahl als Teiler getestet und die Rekursion bei 1 beendet wird.

Um größere Primzahlen vom Compiler bestimmen zu können, muss die Rekursionstiefe reduziert werden. Im Abschn. 4.6 wurde ein Verfahren beschrieben, wie eine tiefe Rekursion in mehrere Einzelrekursionen aufgeteilt werden kann.

Das Template *TCheckPrime* wird um das zusätzliches Argument *count* erweitert. Mit jeder Rekursion wird der Zähler *count* um eins reduziert. Wenn der Zähler gleich 0 ist greift die partielle Spezialisierung und die Rekursion wird beendet. Da es nun vorkommen kann, dass mehrere Spezialisierungen für den Compiler in Frage kommen, müssen die Spezialisierungen für alle möglichen Kombinationen erweitert werden.

```
template <unsigned int p, unsigned int i,
          unsigned int modulo, unsigned int count>
struct TCheckPrime
{
  enum { prim = modulo &&
                (TCheckPrime<p, i-2, p%(i-2), count-1>::prim) };
};


template <unsigned int p, unsigned int i, unsigned int modulo>
struct TCheckPrime<p, i, modulo, 0>
{
  enum { prim = 1 };
};


template <unsigned int p, unsigned int i, unsigned int count>
struct TCheckPrime<p, i, 0, count>
{
  enum { prim = 0 };
};


template <unsigned int p, unsigned int i>
struct TCheckPrime<p, i, 0, 0>
{
  enum { prim = 0 };
};


template <unsigned int p, unsigned int count>
struct TCheckPrime<p, 1, 0, count>
{
  enum { prim = 1 };
};
```

Das Template *TCheckPrimeCount* schachtet die Rekursionen in mehrere Teilrekursionen. Der Startwert für den Zähler *count* wird mit 100 festgelegt. Da nur für jede ungerade, also jede zweite Zahl die Rekursion durchgeführt wird, muss der Teiler am Ende der Rekursion um jeweils 200 reduziert werden. Auch in diesem Template müssen Spezialisierungen für den letzten Teiler $i = 0$ und dem Rest der Division $modulo = 0$ in allen drei Kombinationen angegeben werden.

```
template <unsigned int p, unsigned int i, unsigned int modulo>
struct TCheckPrimeCount
{
  enum { counter = i > 200 ? i-200 : 0,
         prim    = TCheckPrime<p, i, p%i, 100>::prim &&
                   TCheckPrimeCount<p, counter, 1>::prim };
};

template <unsigned int p, unsigned int modulo>
struct TCheckPrimeCount<p, 0, modulo>
{
  enum { prim = 1 };
};

template <unsigned int p, unsigned int i>
struct TCheckPrimeCount<p, i, 0>
{
  enum { prim = 0 };
};

template <unsigned int p>
struct TCheckPrimeCount<p, 0, 0>
{
  enum { prim = 0 };
};
```

Der Primzahlentest kann für große Zahlen weiter beschleunigt werden, wenn die zu prüfende Zahl zu Beginn auf ganze Teilbarkeit von 2, 3, 5 und 7 geprüft wird. Der Startwert für den Primzahlentest kann nun ein elftel der Primzahl sein.

```
template <unsigned int p>
struct TIsPrime
{
  enum { modulo = (p==2 || p==3 || p==5 || p==7) ? 1 :
                  p%2 && p%3 && p%5 && p%7,
         first = p / 11,
         start = (first%2 == 0) ? first+1 : first,
         prim = TCheckPrimeCount<p, start, modulo>::prim };
};

template <>
struct TIsPrime<1>
{
  enum { prim = 0 };
};
```

Im folgenden kleinen Testprogramm kann nun ein deutlicher Anstieg der Kompilationszeit beobachtet werden.

```
int main()
{
  using namespace std;

  cout << "6001 is Primzahl? : " << TCheckPrime<6001>::prim  << endl;

  cout << "The next prime behind 6000 is: "
       << TNextPrime<6000>::prim  << endl;

  cout << "The next prime behind 6007 is: "
       << TNextPrime<6007>::prim  << endl;

  cout << "The next prime behind 6011 is: "
       << TNextPrime<6011>::prim  << endl;

  cout << "The next prime behind 6029 is: "
       << TNextPrime<6029>::prim  << endl;
  ...
};
```

11.2   Berechnung des Osterdatums

Es gibt eine Reihe von astronomischen Zeit- und Datumsberechnungen, die auf Berechnungen mit Ganzzahlen basieren. Bei der Division wird dabei ausschließlich der Ganzzahl- oder Restwert ausgewertet. Im folgenden Beispiel wird gezeigt, wie die Berechnung des Osterdatums zur Kompilationszeit erfolgen kann [2].

```cpp
template <unsigned int Year>
struct TEastern
{
  enum {y = Year,
        a = Year % 19,
        b = Year / 100,
        c = Year % 100,
        d = b / 4,
        e = b % 4,
        f = (b + 8) / 25,
        g = (b - f + 1) / 3,
        h = (19*a+b-d-g+15) % 30,
        i = c / 4,
        k = c % 4,
        l = (32+2*e+2*i-h-k) % 7,
        m = (a + 11*h + 22*l)/451,
        n = (h + l - 7*m + 114),
        Month = n / 31,
        Day   = n % 31 + 1};
};

int main()
{
  TEastern<2009> Eastern;

  std::cout << "Ostern " << Eastern.y  << " ist am "
            << Eastern.Day << "." << Eastern.Month << "." << std::endl;
  ...
};
```

Literatur

1. Unruh, Erwin. 2013. Temple Metaprogrammierung. Online. http://www.erwin-unruh.de/meta.html. Zugegriffen am 05.04.2013.
2. Duffett-Smith Peter, and Zwart, Jonathan. 2011. *Practical astronomy with you calculator or spreadsheet*. Cambridge: Cambridge University Press. ISBN:978-0-521-14654-8.

Stichwortverzeichnis

© Springer-Verlag Berlin Heidelberg 2016
J. Lemke, *C++-Metaprogrammierung*, DOI 10.1007/978-3-662-48550-7